KB046498

탄소로운 식탁

일러두기

- 이 책은 국립국어원의 표준어 규정 및 외래어 표기법을 따르되 일부 기업, 인명은
  실제 발음을 따른 경우가 있다.
- 이 책에 등장한 인물의 인터뷰 내용은 허락을 받았으며 필요에 따라 가명을 썼다.
- 단행본은 『』, 신문사 등은 《》, 논문, 기사, 영화는 〈〉로 표시했다.
- 본문의 인용문은 한국어판이 있는 경우, 기본적으로 한국어판의 번역을 따르되,
  부분적으로 수정해두었으며 한국어판 출처는 미주에서 밝혀두었다.

탄소로운 식탁

우리가 놓친 먹거리 속 기후위기 문제

윤지로 지음

세종

먹거리를 바꿔야
삶은 계속된다

조천호(전 국립기상과학원장, 『파란하늘 빨간지구』 저자)

70년 전에 전 세계 인구는 25억 명이었지만 지금은 80억 명에 도달했다. 더 많은 사람이 더 잘 먹게 되었다. 그런데 많은 사람이 먹는 음식들은 기후위기를 불러오고, 기후위기는 다시 먹거리에 영향을 미친다. 악순환이다.

인간의 활동이 많아질수록 지구에 더 큰 영향을 미치지만, 결국 그 영향은 인간에게 돌아온다. 그래서 인류가 과학적으로 발전하고 유례없는 위업을 달성한 이 시점에, 이 문명이 지속될 수 없다는 사실이 곳곳에서 드러나고 있다. 지금 이대로 내달린다면 인류가 지구에서 살 수 있는 여건은 우리의 욕망보다 먼저 무너질 것이다.

먹거리는 기후변화의 최대 피해자가 되어 우리를 위협한다. 기온이 올라갈수록 극단적인 날씨와 더 길고 더 잦은 가뭄이 늘어 곡물 생산량이 줄어들 것이다. 이와 함께 해수온 상승과 해양 산성화로 수산물 생산량도 줄어들 것이다. 곡물 수확량과 수산물 생산량의 감소는 무엇을 뜻하는 걸까? 전 세계의 식량을 인류가 골고루 나눈다면 식량이 모자라지 않는다. 하지만 지금은 전 인구의 약 10%가 기아에 시달리고 있다. 그런데 만일 기후위기로 식량이 일부라도 부족하면 이 세상의 식량 불평등은 더욱 커지고 수많은 삶이 붕괴될 것이다. 아무리 정교한 반도체를 만들어도 먹거리가 부족하면 문명은 무너지고 만다. 우리는 밥을 먹는 인간이지, 반도체를 씹어먹지는 않으니 말이다.

한편 기후변화의 최대 피해자인 듯한 먹거리는 사실 기후변화의 주요 가해자이기도 하다. 농기구 사용, 비료 생산과 사용, 비닐하우스와 양식장 운영, 어업 활동에서 온실가스는 계속 배출된다. 비료 사용은 토양과 물의 생태계를 파괴한다. 또한 우리의 먹는 욕망을 충족시키는 그 중심에 육식이 놓여 있는데 이는 가축의 트림, 방귀와 분뇨를 야기해 채식보다 더 많은 온실가스를 배출한다. 가축을 살찌우기 위해 더 많은 곡물 생산이 필요하여 아마존 숲이 헐벗고 있다. 우리가 먹고살고자 기후위기를 일으키고 숲을 파괴하는 중이다. 인간은 자연의 일부이므로 자연을 해치는 먹거리가 결국 인간을 해친다.

오늘날 전 세계 사람 모두를 잘 먹이는 것도 결코 쉬운 일이 아닌데 이번 세기 중반 인구가 100억 명에 이를 것으로 전망된다. 이래도 인류 전체가 지속 가능하게 먹을 수 있는가? 그것은 지금과는 다르게 먹어야 가능한 일이다. 그리고 그러려면 지금과는 다른 세상을 만들어야 한다.

먹거리 선택과 재배되는 방식을 극적으로 변화시키면 기후변화의 파괴적인 영향을 막을 수 있다. 우리는 기후위기를 덜 일으키며 생산한 안전한 먹거리를 원하지만, 먹거리 시스템은 이와는 다르게 작동한다. 소비자로서 저탄소 먹거리를 골라야 한다. 시민으로서 탄소를 줄일 수 있는 사회적 먹거리 시스템을 요구해야 한다.

기후위기는 우리가 일으켰으므로 우리가 바뀌면 기후위기를 늦추거나 멈추거나 되돌릴 시간은 여전히 있다. 희망은 있지만 망설이기에는 너무 늦었다. 우리는 조상으로부터 지구를 물려받았고 후손으로부터 지구를 빌렸다. 우리는 알고 있는 대로 행동할 것인가, 아니면 우리 후손의 미래를 미리 먹어 치울 것인가?

『탄소로운 식탁』에서 윤지로 기자는 수많은 인터뷰와 풍부한 자료를 바탕으로 기후변화 대응에서 먹거리가 중요함을 이해하기 쉽고 감칠맛나게 풀어낸다. 또한 일상에서 개인 실천과 제도 변화까지를 명확하게 엮어낸다. 우리가 선택해야 할 현실이 최선과 최악 사이 그 어딘가에 있을 것이라 여기며 최선에 가까이 가도록 분투하고 있는 실제 사례도 함께 다루고 있다. 사실을 통해 더 나은 세상을 향해 다가서고자 하는 기자의 모습을 엿볼 수 있다.

우리는 이 책을 통해 기후위기를 대비할 창의적인 방법들이 얼마나 희망적인지, 동시에 기후위기가 얼마나 심각한지를 인식하게 될 것이다. 이 희망과 인식은 혼자가 아니라 함께할 때 의미가 있다. 이 시대에 함께 읽고, 함께 생각해야 할 이야기가 가득한 책이다.

차례

1장
탄소가 왜?

2장
어쩌다 소 방귀까지 걱정하게 됐을까

3장
탄소가 차오른다, 논밭에

4장
무엇을 상상하든 그 이상! 어업의 세계

5장
어떻게 기를 것인가

먹거리는 기후변화의 피해자인가, 가해자인가

수백만 명이 유튜브 '먹방' 채널을 구독해서 보는 나라, 해산물 섭취 세계 1위, 돼지고기 소비량 세계 2위, 쇠고기 소비량 아시아 1위. 심지어 인사를 할 때도 "밥 한번 먹자", "밥은 먹고 다니냐", "식사는 하셨냐"라고 끼니를 챙기는 나라.

그야말로 먹는 일에 진심인 한국이다. 한국'만' 그런지, 한국'도' 그런지는 모르겠지만, 한국은 먹는 일에 대한 자부심, '먹부심'이 충만한 나라다.

그런데 먹는 일에 정성을 쏟는 우리는 이상하게도 먹거리가 밥상에 오르는 과정에는 놀라울 만큼 무관심하다. 먹거리가 나오는 논과 밭, 축사, 바다와 양식장에서 어떤 일이 벌어지는지는 관심을 두지 않는다. 이따금 기후변화로 사과와 배의 재배지가 북상했고, 강원도에서는 고랭지 배추 농사가 갈수록 어려워진다거나 더는 국산 명태를 잡을 수 없고 전복이 폐사한다는 이야기를 들을 때면 마음이 불편해지지만, 그렇다고 진심으로 걱정스러운 건 아니다. 마트에 가면 언제나 다양한 과일과 채소, 고기, 어패류가 기다리고 있지 않은가. 명태 씨가 말라도 내가 코다리찜이나 명란젓을 못 먹는 건 아니다. 사과·배 재배지가 북상하면 어떤가? 귤, 망고, 멜론…… 먹을 과일은 차고 넘치는데.

무심한 건 개인만이 아니다. 내가 몸담고 있는 언론도 마찬가지다. 2021년 11월을 기준으로 1년 치 신문기사에서 우리나라 농업 정책을 총괄하는 농림축산식품부는 18개 부 가운데 보도량이 꼴찌였다. 해양수산부도 뒤에서 세 번째로 막상막하다. 해당 부처에서 쓸 만한 보도자료를 내놓지 못했거나 기자들이 많은 관심을 두지 않았다는 방증이다.

그렇다고 농림부가 작은 부처인가 하면 그렇지도 않다. 농림부 정원은 상위권이다. 산업통상자원부와 기획재정부, 국방부 공무원을 다 합친 것보다 많다. 예산도 적지 않다. 그런데도 농업 부문 정책은 무주공산처럼 느껴진다. 한번은 공무원(농림부는 아니었다)과 밥을 먹다가 농업 관련 이야기가 나와서 정책이 좀 뜨뜻미지근하다고 했더니 그는 말했다.

"우리나라에서 농민은 건드리면 안 돼요. 잘못했다가는 소

끌고 올라와. 큰일 난다니까."

농자천하지대본의 현대적 해석이랄까. 농담 섞인 말이었지만 실제로 농업 분야 전문가나 공무원과 이야기를 나누면 이런 분위기를 종종 느낄 수 있다.

그 결과 우리나라 먹거리 부문은 제대로 된 정책도, 방향성도 잘 보이지 않는다. 하물며 농업 및 기후변화 정책이야 말할 것도 없다. 그런데 기후변화가 마침내 우리나라에서도 이슈로 떠올랐다!

2020년 5월 그린뉴딜이 발표됐다. 원래 이보다 앞서 대통령이 언급한 한국판 뉴딜에는 눈 씻고 찾아봐도 없던 이 단어는 2주 동안 무슨 일이 있었는지 당당히 디지털 뉴딜과 어깨를 나란히 하는 한국판 뉴딜의 기둥으로 등장했다.

그 후 나타난 변화는, 나처럼 학습능력이 떨어지는 평범한 사람은 따라잡기 어려울 정도다. 나는 2019년 여름 〈뜨거운 지구, 차가운 관심〉이라는 4회짜리 시리즈 기사를 쓴 적이 있다. 기후변화가 심각한데 우리 사회는 왜 관심이 없는지를 다룬 내용이다.

그런데 불과 1년 만에 너나 할 것 없이 기후위기를 이야기하고 있다. 에너지, 금융, 건축, 모빌리티 등 각 분야에서 전문적인 논의가 나오기 시작했다. 대화에 끼어들었다가 자막 없는 미국 영화를 볼 때처럼 무슨 소리인지 알아듣지도 못하면서 고개를 끄덕거린 적도 많다.

어쨌든 다양한 곳에서 기후위기 대응 전략을 구체적으로 짜기 시작했다는 건 반가운 일이다. 먹거리 분야에서도 기후를 언급하기 시작했다. 가장 크게 들린 목소리는 "육식, 문제 있다"라는 것이다.

동물복지단체는 일찌감치 육고기를 비롯해 물고기, 해산물 등 살아있는 생명을 먹는 행위에 큰 반감을 나타냈지만, 환경단체의 화두에서 먹거리 문제의 비중은 크지 않았다.

그런데 최근 두 단체가 먹거리에 관해 함께 목소리를 내기 시작했다. 이들이 주장하는 기후위기 시대 올바른 먹거리란 크게 두 가지로 요약된다.

하나는 탈육식(혹은 육식저감), 또 하나는 유기농 재배다.[1, 2] 육류에 탄소세를 부과하고, 이렇게 거둔 세금으로 축산업을 다른 업종으로 바꾸는 데 지원하자는 주장도 있다.

탈육식과 유기농이라는 해법의 미덕은 간명하다는 것이다. 복잡한 개념도 아니고, 마음만 먹으면 당장 오늘 저녁이라도 저 두 키워드에 맞춰 밥상을 차릴 수 있다.

문제는 저 두 해법을 우리 집 밥상이 아니라 국가 정책 테이블 위에서 풀어내는 건 완전히 다른 차원의 이야기라는 것이다.

탈육식을 예로 들어보자. 육식 섭취 인구가 크게 줄어든다면 축산업은 좌초자산, 그러니까 시장성이 없어 빚이 된 자산을 떠안을 것이다. 지난해 기준 우리나라 축산업 종사자는 9만 명[3]이 넘는다. 현재 가장 대표적인 좌초위기산업으로 꼽히는 석탄화력발전(남동·중부·서부 등 5개 발전사업자) 종사자 수[4]인 1만 6000명보다 훨씬 많다. 여기에 가공업, 식당 등 후방산업까지 포함하면 그 수는 몇 곱절 더 불어날 것이다. 수십 만 명에 이르는 축산업 관련 종사자의 일자리를 어떻게 전환할 수 있을까? 조선업 불황이나 GM 군산공장 폐쇄 이후 상황에서 보듯 일자리를 전환한다는 건 결코 쉬운 일이 아니다.

누군가 천재적인 아이디어를 내 마침내 축산업의 전환을 이뤘다고 치자. 하지만 누군가는 건강상의 이유로, 채소가 입에 맞지 않아서, 특이 체질이어서, 아니면 탈육식 자체를 지지하지 않아 고기를 먹고자 할 것이다. 이 고기는 어디서 조달할까? 수입하면 된다. 그런데 국내 축산업이 무너져 수입산에 의지해야 하는 상황이 됐을 때 과연 미국 쇠고기업자, 칠레 돼지농장이 지금처럼 저렴한 가격에 물량을 넘길까?

채소와 과일, 어패류는 어떤가. 유기농 재배를 확대하자는 주장은 탈육식보다 훨씬 현실적으로 들린다. 고기를 끊는 결연한 의지가 필요한 것도 아니고, 기존 농가(관행농)를 잘 설득해 유기농 재배를 하면 되니 좌초자산 부담도 없을 것 같다. 대형마트나 한살림 등 주변에서 쉽게 볼 수 있는 매장에서 언제든 유기농 채소·과일을 살 수 있는 것만 봐도 특별히 어려운 일 같지는 않다.

그런데 국내 유기농 재배는 2009년 이후 계속 내리막이다.[5] 농가 수로 보나 면적으로 보나 출하량으로 보나 전부 다 감소세다.[6] 분명 소비자의 관심은 이전보다 늘어난 것 같은데 이상하지 않은가? '현재 우리 농산물 시장에 뭔가 문제가 있는 건 아닐까'란 의심이 드는 지점이다.

또 온실가스라는 관점에서 봤을 때 농약과 화학비료를 안 쓰는 것만이 전부는 아니다. 기후변화로 변덕이 심해진 날씨를 피해 많은 작물이 온실 안으로 들어갔다. 양식장에서 나고 자란 해산물도 마찬가지다. 기후변화에 대한 '적응'의 한 방편인 셈인데, 이 때문에 전보다 더 많은 온실가스가 밭에서 나온다. 마치 도로 위 배기가스 마시기 싫다고 연비 10km/ℓ도 안 되는 차를 끌고 다니며 또다시 매연을 뿜어대는 상황이랄까.

결국 탈육식과 유기농이라는 해법을 정책적으로 풀어간다는 건 대량 실업의 우려와 농산물 시장에 얽힌 무언가를 뛰어넘어야 한다는 얘기다.

의지에 넘치는 활동가들은 이렇게 말할 것이다. "세상에 쉬운 일이 어디 있는가. 어렵고 복잡한 과제라도 하나씩 풀면 되지."

그런데 또 하나의 문제가 있다. 음식, 그러니까 먹는다는 건 지극히 개인 취향에 달렸다는 생각이다. 이 말은 다양하게 해석될 수 있을 텐데 이를테면 이런 식이다.

'먹는 것까지 건드리진 말자', '밥도 편하게 못 먹나', '난 태어날 때부터 고기를 좋아했다', '여태 이런 입맛으로 길들여졌는데 어떻게 바꾸나.'

이걸 아우르는 단어가 '취향 존중'이다. '내 입맛은 나의 것'이기 때문에 먹거리를 전환하는 일은 태양광 발전을 늘리거나 휘발유차 생산을 줄이는 것보다 더 어려울 수 있다.

그리고 또 이런 이유에서 먹거리가 남긴 탄소 발자국이 중요성에 비해 관심을 덜 받고 있는지도 모르겠다.

그런데 우리의 입맛이라는 건 정말 '개취(개인 취향)'이기만 한 걸까?

나의 경우는 그렇지 않다. 세상의 음식을 고기와 나머지로 분류할 만큼 육식주의자였던 나는 한순간에 '나머지'로 갈아탔다. 지구온난화에 대한 걱정보다 어느 날 우연히 읽은 책[7]에서 '고기로 태어난 것'들의 삶을 알게 됐고, 그 비참함이 절절히 느껴져 더는 전처럼 고기를 즐길 수 없었다. 이 일을 계기로 나는 입맛에 대해 다시 생각하게 됐다.

고려시대의 밥상과 조선시대 밥상, 오늘날의 밥상은 다르다. 알제리의 밥상과 핀란드의 밥상, 한국의 밥상 역시 다르다. 평범한 날의 한 끼와 손님에게 대접하는 한 끼 역시 다르다. 음식에 있어서 선택이라는 것은 시간과 장소, 맥락이라는 외부요건에서 자유로울 수 없다. 그리고 나의 경우처럼 외부요건이 충격으로 다가올 땐 내가 여태 DNA처럼 불변이라 여겼던 입맛이 아예 바뀌기도 한다. 승률이 낮아서 그렇지 때론 이성이 감성을 넘어설 때도 있다. 우리가 식재료와 음식을 고르는 행위는 개인적이라고 생각한 만큼이나 사회적인 것이다.

이런 부분을 받아들인다면 '기후위기 시대 먹거리 전환'이라는 주제도 좀 더 자연스럽게, 당위적인 문제로 받아들일 수 있지 않을까 싶다.

나는 『탄소로운 식탁』에서 이런 이야기를 풀어가려고 한다.

온실가스의 정체가 무엇이며, 왜 밥상 위에 주목하게 됐는지에서 시작해 고기와 채소, 과일, 해산물 등을 지나 취향의 문제까지 들여다볼 것이다. 먹는 것에 대한 진심 어린 관심을, 기르는 것에 조금만 나눠주면, 저탄고지(저탄수화물+고지방) 말고 저탄고지低炭高知, low carbon, high level of knowledge 밥상도 가능하다는 걸 이야기하고 싶다. 나와 당신, 우리가 다 같이 관심과 의지를 갖는다면 할 수 있다.

1장

탄소가
왜?

CARBON
NEUTRALITY

탄소를
아십니까

환경 기사를 많이 쓰다 보니 종종 이런 질문을 받는다. "왜 기후 문제에 관심을 갖게 됐어요?"

난 상황에 따라 둘 중 하나로 답한다. 격식 없고 가벼운 분위기에서는 "먹고살려고요. 2000년대 말 어떤 기사에서 '기후 과학 전공자는 앞으로 불러주는 데도 많고 돈도 잘 벌 것'이라고 하더군요. 그래서 슬쩍 발을 들였는데 여기까지 왔네요"라고 한다.

농담할 분위기가 아닐 땐 이렇게 말한다.

"아는 만큼 보인다고, 우리가 정말 엄청난 일을 저질렀다는 걸 피부로 느끼게 됐어요. 지금 대기 이산화탄소 농도가 400ppm 피피엠이 넘어요. 그런데 호모 사피엔스는 대대로

300ppm이 넘는 상황을 겪은 적이 없어요. 지금 1도 남짓 기온이 올랐는데도 기상 이변이 벌어지잖아요? 1.5도, 2도 오르면 어떻게 될지 모르겠어요. 북극곰이 말라 죽는 것도 불쌍하고, 저희 아이들이 겨울철 눈사람을 만드는 마지막 세대가 될지 모른다는 것도 슬퍼요."

둘 다 사실이다. 처음엔 호기심으로 기후 문제를 들여다봤고, 그러다 심각한 상황을 알게 됐고, 관련된 글을 쓰다 보니 나를 찾는 곳도 조금은 늘었다. 여전히 돈은 못 번다는 사실만 빼면 다 맞는 이야기다.

위 두 가지 버전의 대답에는 내용 말고 다른 중요한 차이가 있다. 숫자다. 기후 과학은 숫자를 빼놓고 이야기하기 어렵다. 일상생활에서는 지구가 더워진다고만 말하면 그만이지만, 과학의 영역에선 1도, 1.5도, 2도가 갖는 의미가 다 다르다. 정책도 마찬가지다. 기후 문제를 진지하게 이야기하고 대책을 마련할 때는 숫자를 빼놓을 수 없다.

그런데 숫자는 객관성을 더해줄 순 있어도 감흥을 일으키지는 못한다. 환경부는 오래전부터 '온실가스 1인 1톤 줄이기' 캠페인을 해왔다. 이 구호를 들으면 동참하고 싶어지는가? 당신의 총 배출량이 얼마인지도 모르는데? 이건 자신의 키와 몸무게를 모르는 꼬마한테 '체질량지수BMI를 $1kg/m^2$ 줄여 볼까?'라고 말하는 격이다. 숫자가 직관적인 '감'으로 이어지는 건 그 분야를 잘 알 때뿐이다.

먹거리를 기를 때는 전 세계 연간 온실가스의 20%가 배출된다. 늘 석탄 발전소나 공장, 자동차 이야기만 하더니 생각보다 먹거리로 인한 온실가스 배출량이 많다고 여기는 사람도 있을 것이고, 80억 인구를 부양하는 데 저 정도는 괜찮지라고 말하는 사람도 있을 것이다. 어떻게 봐야 할까. 농축어업과 온실가스의 관계를 이해하려면 일단 몇 가지 사실을 알아야 한다. 몸을 푸는 차원에서 가벼운 질문부터 하겠다.

'탄소를 아십니까.'

아는 만큼 보인다

2020년 6월, 토론회 참석을 위해 전라북도 전주시를 찾았을 때의 일이다. 다소 늦은 점심을 먹은 뒤 차를 타고 이동하는데 간판 하나가 눈길을 붙들었다.

'한국탄소융합기술원'

탄소융합기술이 뭘까, 의미를 헤아리기도 전에 길 반대편에는 이런 글자가 적힌 건물이 나타났다.

'대한민국 탄소산업중심도시 전주'

아니, 하루 바삐 탄소를 줄여야 할 시점에 탄소를 융합해서 뭘 만든다고? 이 무슨 그레타 툰베리 Greta Thunberg가 뒷목잡고, 도널드 트럼프가 박수칠 일이란 말인가. 물론 나도 영 바보는 아니어서 '탈탄소'의 탄소와 저 탄소가 다르다는 사실쯤은 안다. 그건 알지만…… 다만, 이 말 줄임표 뒤에 무슨 이야기를 덧붙여야 할지 떠오르지 않았다.

이 기억이 다시 떠오른 건 이 책을 써야겠다고 마음먹으면서다. 명색이 탄소로운 식탁에 대해 책을 쓸 건데 탄소가 뭔지 몰라서야 되겠는가. 그래서 탄소융합기술원에 메일을 보냈다.

"기술원은 탄소소재에 대해 연구개발을 하는 곳인데, 탄소가 들어가면 전부 탄소소재인가요? 탄소사슬을 뼈대로 한 플라스틱도 탄소소재인가요?"

담당자는 입사한 지 며칠 안 돼 이쪽 업무를 잘 모른다면서도 나름대로 성의 있는 답변을 보내왔다. 그 내용을 요약하면 이렇다.

"탄소소재는 철의 대체재로 활용되는 첨단 신소재입니다. 플라스틱은 탄소소재가 아니며, 융복합을 통해 탄소섬유 강화 플라스틱이라는 신소재를 만듭니다."

과문한 탓인지, '탄소소재가 철의 대체재가 될 만큼 강한 신소재'라는 건 알겠는데 '무엇이' 탄소소재인지는 여전히 알 수 없었다. 그래서 또 다른 질문을 보냈다.

"탄소산업에서 활용하는 탄소는 어디서 난 것인가요? 여기서 말하는 탄소와 온실가스 속 탄소는 관계가 없나요? 즉 탄소산업에서 탄소를 활용하면 그게 온실가스가 될 가능성은 없는 건가요?"

이 물음에 대한 답은 이랬다.

"탄소는 타고 남은 숯입니다. 탄소는 다른 원소와 결합할 수 있는 부분이 네 군데나 있기 때문에 한 번에 여러 개의 결합을 할 수 있습니다. 때문에 무궁무진하게 변화할 수 있습니다. 탄소산업에서 탄소를 활용하면 온실가스가 될 가능성은 없다고 봅니다. 친환경적인 산업이라고 봐도 무방합니다."

그는 친절하게도 본인의 설명이 미흡했을 것 같다며 기사 링크가 첨부된 또 다른 메일을 보내왔다. 그럼에도 느낌표보다는 물음표가 계속 따라붙는 느낌이었다. 어찌됐건 탄소로 뭘 만들었다면 나중에 소각하든 매립하든 폐기하는 과정에서 온실가스가 될 수 있는 것 아닌가?

이 질문이 말이 안 되는 질문이라는 걸 처음부터 알아챘거나 탄소보다 먹거리 이야기가 궁금한 독자라면 이 장을 건너뛰고 2장으로 넘어가도 좋다.

하지만 내가 탄소 이야기를 짧게라도 하고 넘어가야겠다고 생각한 건 아는 만큼 보인다는 믿음 때문이다. '아는 만큼 보인다'라는 말은 너무나 진부한 표현이지만, 그만큼 진리에 가깝다.

최근 들어 기후변화를 다룬 책이 말 그대로 쏟아지고, 관련 기사나 방송 콘텐츠도 많아서 '이산화탄소, 메탄 같은 온실가스가 지구 기온을 높인다'는 사실을 모르는 사람은 없을 것이다. 하지만 한 걸음 더 들어가 다음 물음에 답할 수 있는 사람은 많지 않을 것이다.

첫 번째 질문. '이산화탄소는 온실가스인가?' 그렇다. 그럼 두 번째 질문. 이산화탄소는 온실가스인데 이름도 비슷한 일산화탄소는 왜 온실가스라고 부르지 않는가? 세 번째 질문. 지구 대기의 대부분은 질소와 산소인데 왜 얘들이 아닌 0.04%밖에 안 되는 이산화탄소 따위가 지구 복사열을 붙잡는 악역을 맡고 있는가.

기후변화에 대한 대부분의 이야기는 '이산화탄소는 온실가스다'라는 데서 시작한다. 이산화탄소가 왜 온실가스냐면 '지구 복사열을 흡수하기 때문'이란다. …… 동어반복 아닌가? '김태희는 미인이다. 왜냐하면 김태희는 예쁘기 때문이다'와 다를 바 없는 설명이다. 뭐 이미 전 세계 훌륭한 박사들이 진작 밝힌 걸 더 깊이 파도 무슨 의미가 있겠는가, 하지만 탄소를 발생시키는 먹거리에 대해 알아보기로 한 거, 탄소에 대해서도 살펴보자.

만물의 레고 블록,
탄소

우스갯소리로 철기시대를 넘어 이젠 플라스틱 시대란 말도 있지만, 원소의 세계에서 보면 가소로운 얘기다. 탄소 없이는 만물을 논할 수 없다. 탄소는 거의 모든 것의 토대로 탄소만큼 여기저기 등장하는 것도 흔치 않다. 그 이유는 기술원 담당자가 이야기했듯 '탄소는 다른 원소와 결합할 수 있는 부분이 네 군데나 되기 때문'이다.

분자 모형을 본 적이 있을 것이다. 츄파춥스 같은 막대 사탕을 서로 이어 붙인 것처럼 생긴 구조물 말이다. 분자 모형은 원자와 원자가 어떻게 연결돼 있는지를 보여주는데 이 연결은 일정한 규칙을 따른다.

바로 옥텟규칙 octet rule 이다. 이름에서 알 수 있듯 숫자 8과 관련된 규칙이다. 원자는 태양 주위를 행성이 돌 듯 원자핵 주위를 전자가 도는 모습을 하고 있다. 옥텟규칙은 가장 바깥쪽 궤도의 전자를 8개로 만들려는 성질을 말한다. 이해를 돕기 위해 이런 상황을 가정해봤다.

오늘 밤 원자들의 파티가 열린다. 행사명은 '옥텟파티'. 원자들은 1~4장의 초대장이 든 봉투를 받았다. 1장의 초대장으로 2명을 부를 수 있다. 원자들은 초대장 수에 맞춰 친구들을 파티에 불러 입장해야 한다. 수소가 받은 봉투에는 초대장이 1장, 산소는 2장, 붕소가 받은 봉투에는 초대장이 3장이다. 이 친구들은 기껏해야 친구를 2~6명밖에 초대할 수 없다. 그런데 탄소의 봉투에는 초대장이 4장이나 들어 있다! 드디어 파티장의 문이 열렸다. 오늘 밤 파티에 제일 많이 입장한 원자는 누굴까?

　탄소는 같은 탄소원자끼리 손을 잡아도 어떤 배열을 이루느냐에 따라 전혀 다른 물질이 된다. 입체적인 모양이면 다이아몬드, 철조망이 켜켜이 쌓인 모양이면 흑연이 된다.[1]

　이렇게 붙임성 좋은 탄소가 탄소만 만날 리 없다. 탄소는 산소, 수소, 질소와도 만나고 조건이 맞으면 황이나 염소, 우라늄, 실리콘 등과도 손을 잡는다. 우리가 아는 어떤 원소 이름을 대도 탄소와 결합한 물질을 찾을 수 있을 것이다. 탄소화합물은 수백만 종이 넘으니까 말이다.

　조금 있다 이야기할 이산화탄소, 메탄도 다 탄소화합물이다. 게다가 당신도 나도, 개도 고양이도, 꽃과 나무도 모두 탄소의 자손이다. 탄소는 만물의 기틀인 셈이다.

다른 원소와 붙임성이 좋은 탄소. 옥텟파티를 흥행으로 이끈 주인공은 가장 많은 친구를 초대한 탄소다. 탄소는 옥텟파티의 '인싸'다. 다른 원소와 결합할 수 있는 부분이 네 군데여서 한 번에 여러 개의 결합을 이룰 수 있다.

그럼 온실가스 이야기로 넘어가기 전에 잠깐 질문을 하겠다.

'탄소랑 같은 족에 속하는 다른 원소는 왜 탄소처럼 붙임성이 좋지 않을까?'

수업시간에 졸지 않고 열심히 공부한 사람이라면 할 수 있는 수준 높은 질문이다. 우리는 고등학교 화학시간에 주기율표에서 같은 족(세로 그룹)에 있으면 화학 성질이 같다고 배웠으니 말이다.

원소 주기율표에서 탄소 밑에는 실리콘이 있다. 그래서 실리콘도 탄소처럼 옥텟파티의 '인싸'가 될 뻔했다. 그러나 실리콘 원자는 탄소보다 크다. 태양계로 치면, 탄소는 전자가 수소-금성 위치까지만 있는데, 실리콘은 수소-금성-지구까지 멀리 3중으로 분포한다. 그래서 탄소보다 결합력이 약해 복잡한 분자를 만드는 능력이 약하고, 산소와 반응하면 고체가 돼 활용도가 떨어진다. 생명체는 수시로 들숨과 날숨을 쉬어야 하는데, 산소를 들이마실 때마다 몸 안에 덩어리가 쌓이면 어떻게 되겠는가.[2]

온실가스 목록에
가득한 C

이렇게 보니 탄소에 엎드려 절이라도 해야 할 것 같은 기분이다. 이런 탄소가 어쩌다 지구의 미래를 위협하는 안티 히어로가 됐을까. 일체의 과학 이론을 배제하고 대답하자면, '대표적인 온실가스인 이산화탄소를 줄여서 탄소라고 부르기 때문'이다.

물론 이런 결론을 위해 탄소 이야기를 늘어놓은 건 아니다. 요점은 '그럼 왜 온실가스는 온실가스고, 하필 이산화탄소가 온실가스의 대표주자가 됐는가?'다.

국제사회가 기후변화에 관한 협약을 하든, 환경단체가 어떤 주장을 펼치든, 아니면 나 같은 기자가 기사를 쓰든 가장 핵심이 되는 자료는 기후변화에 관한 정부 간 협의체IPCC가 펴낸 보고서다. 전 세계 전문가 800~900명이 저자로, 천몇백 명이 리뷰어로 참여해 만드는 이 시대 진정한 집단지성의 산물이다.

2021년 8월 발간된 가장 최신 IPCC 보고서(6번째 보고서. AR6-WG1)에서 열거한 온실가스는 다음 표와 같다. 보고서에서 열거한 온실가스는 12쪽을 꽉 채울 정도로 많기 때문에 그중 일부만 실었다. 이렇게 다양한 온실가스 중에서 가장 많이 등장하는 원자는 알파벳 'C', 즉 탄소다. 앞에서 말했듯 탄소가 워낙 붙임성이 좋아 화합물이 많기 때문이다.

2021년 8월 발간된 IPCC 보고서에서 열거한 온실가스

명칭	분자식
주요 온실가스	
이산화탄소	CO_2
메탄	CH_4
아산화질소	N_2O
염화불화탄소	
CFC-11	CCl_3F
CFC-12	CCl_2F_2
CFC-13	$CClF_3$
CFC-112	CCl_2FCCl_2F
CFC-112a	CCl_3CClF_2

CFC-113	CCl_2FCClF_2
CFC-113a	CCl_3CF_3
CFC-114	$CClF_2CClF_2$
CFC-114a	CCl_2FCF_3
HCFC-225cb	$CHClFCF_2CClF_2$
HCFO-1233zd(E)	$(E)-CF_3CH=CHCl$
HCFO-1233zd(Z)	$(Z)-CF_3CH=CHCl$
(e)-1-chloro-2-fluoroethene	$(E/Z)-CHCl=CHF$
수소불화탄소	
HFC-23	CHF_3
HFC-32	CH_2F_2
HFC-41	CH_3F
HFC-125	CHF_2CF_3
HFC-134	CHF_2CHF_2
HFC-134a	CH_2FCF_3
HFC-143	CH_2FCHF_2
HFC-143a	CH_3CF_3

출처: IPCC 6차 보고서

온실가스의 유효복사강제력

명칭	2019년
이산화탄소	2.16
메탄	0.54
아산화질소	0.21
할로겐	0.41
오존	0.47
성층권 수증기	0.05
비행운, 권운	0.06
에어로졸·방사선 상호 작용	−0.22
에어로졸·구름 상호 작용	−0.84
눈 위의 블랙 카본	0.08
토지 이용	−0.20
화산	0.14
태양	−0.02
인위적 총 복사강제력	2.72
자연적 총 복사강제력	0.12
총 복사강제력	2.84

출처: IPCC 6차 보고서

위의 표도 IPCC 6차 보고서에 실린 표의 일부다. 여기 적힌
숫자는 '유효복사강제력effective radiative forcing, ERF'이라는 값인데 뭉뚱
그려 말하면 그간 지구 온도를 끌어올리는 데 각 기체가 얼마나
일조했는지를 보여준다. 세상 대부분의 일이 그렇듯 에너지 세계

에도 '기브 앤 테이크'가 있다. 지구는 태양으로부터 복사에너지를 받고, 지구 역시 우주로 복사에너지를 내보낸다. 받는 만큼 주는 게 예의이듯, 지구와 태양(우주) 사이에도 이 양이 어느 정도 균형을 이뤄야 한다. 그런데 동네 깡패처럼 지구 대기권 주변을 서성이며 지구가 내보내는 복사에너지가 우주로 빠져나가는 길목을 막고서 통행료를 받는 녀석들이 있다. 이게 바로 온실가스다. 앞쪽의 표에는 주요 온실가스와 더불어 오존이나 에어로졸, 토지 사용, 화산활동 등 지구 기온에 영향을 줄 수 있는 다양한 요인과 유효복사강제력 값이 나와 있다. 값이 크면 지구온난화에 세운 공(?)이 크다는 뜻이고, 마이너스 값이면 지구 온도를 떨어뜨린다는 의미다.

여기에서 눈여겨볼 수치는 이산화탄소와 총 복사강제력의 값이다. 이산화탄소의 복사강제력이 전체 복사강제력의 76%에 달하는 걸 알 수 있다. 지구온난화의 일등공신은 뭐니 뭐니 해도 이산화탄소라는 이야기다.

수직 상승 중인 이산화탄소 농도

이산화탄소를 비롯한 대기의 성분이 지구 공기를 데운다는 사실을 실험을 통해 처음 밝힌 사람은 19세기 아일랜드 과학자 존 틴들John Tyndall이다. 그가 1800년대에 기후위기가 올 것을 알고 실험한 건 아니다. 그는 지구가 따뜻한 행성인 이유가 궁금했다. 태양과의 거리 등을 따지면 지구는 영하 18도로 영구 동토와 바다 얼음으로 뒤덮인 곳이어야 한다. 그런데 이렇게 바닷물이 넘실대고 녹음이 우거진 따뜻한 행성이 만들어진 이유가 무엇이었을까. 당시 과학자들도 지구 대기에서 어떤 현상이 벌어진다는 건 짐작했지만, 정확히 알지는 못했다.

틴들은 매년 알프스를 등정하는 프로 등반가였다. '산이 거기 있기에' 올랐던 건 아니고 빙하의 움직임, 태양광과 빙하의 상호작용 등을 연구하기 위해서였다. 그러다 점차 관심 분야를 넓혀 태양복사와 지구복사의 상호작용을 연구하기 시작했다.[3] 그리고 실험기구를 이용해 1859년 수증기와 이산화탄소 같은 대기 성분이 지구를 따뜻하게 데운다는 사실을 밝혔다.

나는 개인적으로 이 실험이 수증기뿐 아니라 이산화탄소, 메탄 같은 '기타 성분'까지 관심을 갖고 수행됐다는 점에서 훌륭하다고 생각한다.

19세기 중반 대기 성분에서 이산화탄소가 차지하는 비중은 0.028%에 불과했다.[4] 내가 좋아하는 이정후 선수가 있는 키움 히어로즈 구장의 좌석 수는 1만 7000개다. 좌석이 공기분자라면, 그중 딱 4~5개만 이산화탄소인 셈이다. 이산화탄소 증가로 지구 멸망 이야기까지 나오는 오늘날에도 이산화탄소 비중은 0.0415% 정도다. 겨우 이 정도의 이산화탄소를 갖고 기후위기를 걱정한다는 건 이산화탄소의 온실효과 능력이 그만큼 탁월하다는 의미다.

이걸 드라마틱하게 보여주는 게 금성이다. 지금이야 금성이 어지간한 오븐 속보다 훨씬 뜨겁다는 건 초등학생도 아는 상식이 됐지만 1950년대만 해도 그렇지 않았다. 인류가 달 탐사를 준비하던 때인데도 말이다. 그때만 해도 많은 과학자가 금성은 차가울 거라고 예상했는데, 이를 이론적으로 반박해 '금성은 뜨겁다'라고 쐐기를 박은 이가 있었으니 바로 칼 세이건Carl Sagan이다.

『코스모스』로 유명한 그의 또 다른 저서 『코스믹 커넥션』에는 이런 이야기가 나온다.

1956년에 C.H. 메이어와 미국 해군 연구소의 동료들은 전파 관측을 통해 금성이 기대했던 것보다 훨씬 더 강력한 전파 방출원임을 발견했다. … 금성은 지구보다 태양에 더 가깝지만, 많은 태양광을 우주로 반사하므로 지구보다 온도가 낮아야 했다. 메이어의 팀은 금성이 3cm의 전파 파장에서 대략 섭씨 316도의 뜨거운 물체가 방출할 법한 복사를 방출하고 있음을 발견했다. … 그런데도 과학계에서는 전파 방출이 금성 표면에서 이루어진다는 것을 믿기를 크게 주저했다.[5]

세이건은 금성이 뜨거운 이유를 밝혀 박사 학위를 받은 것은 물론 1960년대 《사이언스》나 《네이처》 등 '과알못'에게도 익숙한 과학 학술지에 논문을 실었다. 그의 결론은 금성은 공기 중에 이산화탄소가 엄청나게 많아 무시무시한 수준으로 온실효과가 일어났다는 것이다. 얼마나 많으냐면 금성의 표면기압은 지구의 90배 이상으로, 즉 지구보다 90배 더 무겁게 공기가 표면을 내리누르는데 그중 96.5%가 이산화탄소다. 이를 계산해보면 금성에는 지구보다 20만 배나 더 많은 이산화탄소가 존재한다는 결론이 나온다.

그런데 방금 이 앞 문장은 엄밀히 말해 틀렸다. 문장을 맞게 바꾸면 '이를 계산해보면 금성 대기에는 지구보다 20만 배나 더 많은 이산화탄소가 존재한다는 결론이 나온다'이다. 대기라는 말이 중요하다. 이산화탄소는 '대기'에 있을 때 온실효과를 일으킨다.

학자들은 처음 지구와 금성이 갖고 있던 이산화탄소 양은 비슷했을 것이라 본다. 그런데 미묘한 차이로 금성은 끝이 없는 온실효과의 길에 들어서 수증기는 모두 날려먹고, 암석에서는 끊임없이 탄소가 피어올라 대기 중에 이산화탄소가 계속해서 쌓인 반면, 지구에서는 탄소가 바닷물에 녹고 암석에 붙들려 있으면서 대기 중 이산화탄소가 크게 줄었다는 것이다.[6] 탄산염암이나 석회석은 탄소를 품은 암석이다. 지구 이산화탄소가 땅속에 붙들려 있다는 내용은 뒤에 땅을 갈고 씨를 뿌리는 경종농업에서도 중요하게 다뤄질 내용이니 잘 기억해두자.

기후변화 측면에서는 이산화탄소가 공기, 바다, 암석 중 어디 있느냐가 중요하다. 우리가 석탄·석유 같은 화석연료를 태워 발전소를 돌리거나 자동차를 굴리는 건 땅속에 잠들어 있던 탄소를 깨워 이산화탄소라는 비행선에 태운 다음 저 하늘로 날리는 것과 마찬가지다.

그렇게 해서 인간은 산업혁명 전 280ppm(0.028%)이었던 대기 중 이산화탄소 비율을 단숨에 415ppm(0.0415%)으로 늘렸다.

나사NASA와 미국국립해양대기청(이하 미해양대기청)NOAA 은 1958년부터 하와이 마우나 로아 천문대에서 이산화탄소 농도를 관측해왔다. 다음 쪽의 그림은 구글에서 nasa + climate change로 검색하면 금방 찾을 수 있는 그래프다.[7]

오른쪽 그래프를 보면 확실히 온실가스 수치는 우상향하고 있다. 그런데 이 그래프를 보고 위기감을 느끼는가? 혹은 인간이 큰일을 저질렀다는 자책감이 드는가? 솔직히 말하면, 나는 그렇지 않다. 온실가스가 늘어나고 있는 건 상식이고, 이 그래프는 상식을 도식화한 것에 불과하다. 나는 우리가 기후변화 문제를 심각하고 진지하게 받아들이려면 산업화 이후 증가추세를 보는 것만으로는 충분하지 않다고 생각한다. 오늘날 인류가 얼마나 미친 짓을 하고 있는지를 보여줄 다른 '대조군'이 필요하다.

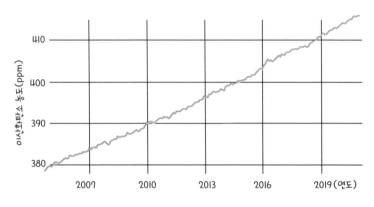

나사와 미해양대기청이 관측한 이산화탄소 농도

이산화탄소 농도(ppm)

410
400
390
380

2007   2010   2013   2016   2019(연도)

출처: climate.nasa.gov

위 그래프의 가로축, 즉 시간을 아주 길게, 한 80만 년 정도로 길게 늘여서 호모 에렉투스가 지구를 누비던 시절까지 돌아가자. 바로 다음 쪽의 그래프에서 확인할 수 있다. 왼쪽 끝부터 다섯 칸에 해당하는 시기가 호모 에렉투스와 네안데르탈인이 살던 때다. 우리의 직접적인 조상인 호모 사피엔스는 30만~20만 년 전에야 등장했다.

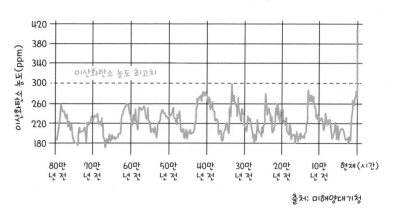

80만 년 전부터 현재까지 이산화탄소 농도

출처: 미해양대기청

이 장구한 세월 동안 대기 속 이산화탄소 농도는 300ppm
을 넘지 않았다. 그런데 오늘날의 인류는 100년, 그러니까
저 80만 년을 24시간이라고 치면 10초 만에 이산화탄소를
400ppm 고지까지 올려놓았다. 300ppm이라는 지구의 마지노
선은 맥없이 무너졌다. 오, 인간이여!

IPCC 시나리오상 이번 세기말 이산화탄소 농도는 더 기
막히다. 이걸 나타내면 대강 다음 쪽 그래프와 같다. 너무 비현
실적이라 꼭 어린아이가 그래프에 장난을 친 것 같다. 그래프
에 찍힌 점들이 시나리오에서 전망하는 2100년 이산화탄소 농
도다. 2050년에 지구촌 온실가스 순 배출량이 0에 가깝게 줄
어드는 가장 이상적인 시나리오(요새 국제사회에서 목 놓아 외치
는 '넷제로Net-zero' 시나리오가 이와 유사하다)에서만 지금보다 이

산화탄소 농도를 살짝 낮출 뿐, 두 번째 이상적인 시나리오에
서도 446ppm에 이른다. 지금까지의 추세가 계속 이어진다면
2100년 지구 이산화탄소 농도는 아래 그래프의 회색점에 도달
할 것으로 보인다. 최악의 시나리오에서는? 무려 네 자릿수에 육
박한다![8]

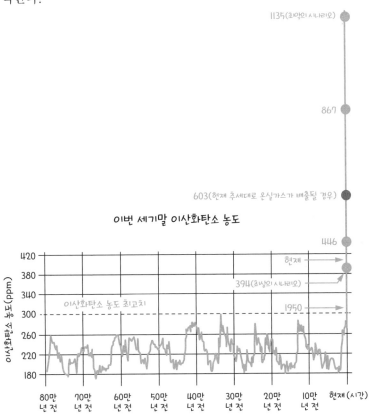

우리가 어떻게 하는지, 제도가 어떻게 바뀌는지에 따라 2100년 온실 가스 농도는 다섯 가지 시나
리오로 나뉜다. 가장 최악의 시나리오는 무려 네 자릿수인 1135ppm이다.

출처: 미해양대기청, IPCC

걱정하는 마음으로는
충분하지 않다

우리나라에서 기후변화를 가짜뉴스라고 주장하는 사람은 별로 없지만, 기사 댓글을 보면 다른 의미에서의 부정론자들을 만날 수 있다. '자전축의 기울기, 지구 공전궤도 이심률 물체의 운동이 원운동에서 벗어난 정도, 태양 활동에 따라 지구 온도는 오르내린다'라는 게 이들의 주장이다.

이런 사람들은 43쪽 그래프를 보고도 이렇게 물을지도 모르겠다. '그런데 이산화탄소 농도 증가가 꼭 사람 탓이라는 법이 있느냐'라고. 정황 증거가 아닌 직접적인 증거를 내놓으란 이야기일 것이다. 쇠고기 이력 추적제처럼 탄소에도 꼬리표를 붙여 출처를 확인할 수 있으면 좋으련만……. 실망하긴 이르다. 비슷한 방법이 있다.

원자번호도 같고 화학적 성질도 똑같은 원소를 동위원소라고 한다. 탄소는 C-12, C-13, C-14 세 종류의 동위원소가 있다. 대기에 있냐 생명체에 있냐에 따라 C-12와 C-13의 비율은 달라지는데 생명체의 C-12 비율은 대기보다 높다. 과학자들은 대기 중 이산화탄소 비율이 급격히 늘어나는 동안 대기의 C-13 농도가 급격히 줄어든 것을 확인했다. 그러니 최근 이산화탄소 급증은 화석연료 연소 때문이다.

이 내용을 한 번에 이해했다면 당신은 천재다. 나 같은 평범한 사람을 위해 비유를 들어 설명해보겠다. 원래 대기의 색깔은 밝은 회색이다. C-12를 검은색, C-13을 흰색 물감이라고 했을 때 온난화가 진행되면서 점점 짙은 회색으로 변했다. 검은색 물감이 늘어난 것이다. 검은색은 C-12이고, C-12는 생명체에 많다. 생명체 즉, 동식물에 있어야 할 탄소가 대기로 배출됐다는 것은…… 동식물로 만들어진 석탄·석유를 태웠기 때문이라는 논리다.[9] 자, 이만하면 지구온난화의 인간 책임설을 입증할 결정적 단서가 아니겠는가?

이산화탄소가 공기에 있어서 문제라면 바다나 땅속에 다시 묻는 방법도 생각해볼 수 있을 것이다. 실제로 IPCC도 이런 방법을 언급한다. 2018년 발표된 IPCC 〈1.5도 보고서〉에서는 "이산화탄소 배출량 감소는 전력화, 수소연료, 지속가능한 바이오 기반 원료, 제품 대체, 탄소포집저장 및 활용ccus과 같은 현재 및 새로운 기술이나 실행을 통해 달성할 수 있다"라고 적혀 있다. 문제는 엄청난 배출량을 감당할 CCUS 기술이 없다는 것이다.

이산화탄소 다음으로 복사강제력이 큰 건 메탄, 그다음은 아산화질소다(이 두 가스는 이 책의 주제인 농축산업에서 주로 나온다. 이산화탄소와 더불어 앞으로 계속 언급될 것이다). 그럼 여기서 한 단계 더 들어가 보자. 사실 지구 대기의 99%는 질소와 산소다. 그런데 왜 이 친구들이 아닌 1% 미만의 자잘한 물질들이 온실가스라는 오명을 썼을까? 또한 이산화탄소처럼 산소랑 탄소로 만들어진 일산화탄소는 왜 온실가스라 부르지 않을까?

이 물음에 대한 답은 분자의 분자식에 숨어 있다. 자, 질소는 N_2, 산소는 O_2, 일산화탄소는 CO, 이산화탄소는 CO_2다. 그리고 메탄은 CH_4, 아산화질소는 N_2O다. 혹시 차이가 보이는가? 다음은 결정적인 힌트다.

IPCC 6차 보고서 부록에 보면 온실가스 목록이 깨알 같은 글씨로 무려 12쪽에 걸쳐 정리돼 있다[10](33~34쪽에 소개한 표가 그 목록이다). 위에서부터 네다섯 줄만 내려와도 분자식을 어떻게 읽어야 할지 말문이 턱 막힐 것이다.

그렇다. 온실가스와 아닌 것의 가장 큰 차이는 분자가 여러 개 원자로 구성됐느냐 여부다. 질소$_{N_2}$와 산소$_{O_2}$, 일산화탄소$_{CO}$는 원자가 두 개뿐이다(물론 일산화탄소도 간접적으로 온실효과에 영향을 주지만, 직접 지구 온도를 올리지는 못한다). 그런데 이산화탄소부터는 원자가 3개 이상으로 늘어난다. 온실가스 중에는 원자 17개가 붙은 것도 있다. 어쩌면 더 많은 원자로 구성된 것도 있을 수 있다.

온실가스의 조건으로 '많은 원자'가 필요한 이유는 원자 한두 개로는 앞서 말한 복사강제력을 갖기 어렵기 때문이다. 분자는 공기 중에서 빙글빙글 돌거나(회전) 떨면서(진동) 에너지를 흡수한다. 지구가 우주로 방출하는 복사에너지를 중간에서 가로채려면 분자의 회전이나 진동이 격렬해야 한다.

질소나 산소처럼 원자가 두 개뿐인 분자는 움직임이 단순해서 지구 복사에너지를 흡수하지 못한다. 이에 비해 이산화탄소처럼 세 개 이상의 원자로 이뤄진 분자는 움직임도 복잡해져 지나가던 지구 복사에너지를 더욱 잘 흡수한다. 우주로 빠져나갈 복사에너지가 대기 중에 붙들리니 대기 온도가 올라가는 온실효과가 나타나는 것이다.[11]

이렇게 깔끔히 마무리되면 좋겠지만, 모든 규칙에는 예외가 있다. '많은 원자'라는 건 온실가스가 되기 위한 필요조건이지 충분조건은 아니다. 원자가 셋 이상인 다원자 분자여도 모두 이산화탄소나 메탄과 같은 길을 걷는 건 아니다.

대표적인 게 바로 수증기 H_2O다. 수증기도 수소 2개와 산소

1개로 구성된 다원자 분자로 실제로 온실효과를 일으킨다. 그 정도를 따지면 이산화탄소도 수증기 앞에 고개를 숙여야 할 정도다. 하지만 기후변화를 이야기할 때 아무도 '수증기를 줄이자', '탈수증기' 같은 주장을 하지 않는다.

하늘에 떠 있는 구름을 보라. H_2O는 대기 중에서 마냥 기체 상태(수증기)로 머무는 게 아니다. 추운 곳에 다다르면 금세 얼음 결정이 되어 구름이 된다. 그리고 이 구름도 머지않아 눈이나 비가 되어 땅으로 떨어진다. 수증기는 온실효과에 영향을 미치지만, 순서를 따지면 수증기가 지구 기온을 좌우하는 게 아니라 지구 기온이 수증기의 양을 좌우한다.

수증기와 달리 이산화탄소나 메탄, 아산화질소는 공기 중에서 얼어붙지 않는다. 따라서 기체 상태로 지구 대기에 차곡차곡 쌓일 수 있다. 다시 말하면 수증기와 기온 사이에선 기온이 주도권을 갖지만, 이산화탄소와 기온 중에는 이산화탄소가 주도권을 갖는 셈이다.

지금까지 나온 물이나 이산화탄소, 메탄 말고 또 우리에게 익숙한 기체가 있다. 요즘은 기후변화 이슈에 밀려 언론에 잘 등장하진 않지만 황산화물SO_x, 질소산화물NO_x, 암모니아NH_3도 미세먼지의 재료가 되는 물질들이다. 그런데 약 260개에 이르는 온실가스 리스트에는 이런 미세먼지 재료가 주적으로 나오지 않는다. 다들 원자 셋 이상의 다원자 분자인데 왜 그럴까?

흡수하는 복사에너지가 다르기 때문이다. 모든 물체는 복사에너지(적외선, 자외선, 방사선 등)를 내보낸다. 태양도, 달도, 나도, 당신도 복사에너지를 내보낸다. 그런데 온도에 따라 내보내는 에너지의 종류와 양이 달라진다.

지구는 파장이 비교적 긴 적외선을 방출하는데 이산화탄소니 메탄이니 하는 온실가스는 이 적외선 영역대의 복사에너지를 흡수한다. 그런데 황산화물이나 질소산화물, 암모니아는 그렇지 않다. 아주대학교 환경안전공학과 김순태 교수는 이렇게 설명한다.

"이산화질소NO_2는 태양 단파복사를 흡수하고, 이산화황SO_2은 빛에 대한 반응성이 거의 없습니다. 미세먼지가 태양 복사에너지 흡수량을 줄이거나 구름·강수에 영향을 미침으로써 간접적인 작용을 할 수는 있지만 그 자체로 온실가스 역할을 하는 건 아닙니다. 원래 소금은 짜고, 고추장은 맵죠. 이산화질소, 이산화황은 원자가 여러 개지만 장파복사(지구 복사에너지)를 흡수하지 못하는 성격으로 태어난 겁니다."

나는 미해양대기청에서 이산화탄소 측정 등을 담당한 알린 앤드류 박사에게도 물어봤다. 그는 분자의 수명도 중요하다고 했다.

"질소산화물이나 황산화물, 암모니아는 온실가스에 비해 화학 반응성이 훨씬 뛰어납니다. 그래서 수명이 짧죠. 메탄의 수명은 9년, 이산화탄소는 길면 1000년도 가지만 질소산화물은 하루, 이산화황은 2주 정도입니다. 그래서 이런 분자가 지구 복사에너지를 흡수하더라도 금방 사라지기 때문에 온실효과가 생기기 어렵죠."

사람들이 기후변화의 심각성을 절감하는 계기는 다양하다. 누군가는 여름철 40도에 육박하는 폭염 속에서, 누군가는 한 달 반 동안 쏟아지는 장맛비를 보며, 또 누군가는 홀쭉해진 북극곰 사진을 보며 위기를 체감할 것이다.

나는 이런 다양한 계기 가운데 정확한 지식도 한몫할 것이라고 믿는다. 온실가스가 지구를 데운다는 건 합의나 가정, 묘사, 비유가 아니다. 불행하게도 과학적 사실이다. 너무 많이 나온 다원자 분자들이 공기 중에서 지구 복사에너지를 붙드는 한 기후변화에서 벗어날 도리는 없다. 걱정하는 마음이나 구호만으론 기후변화를 막을 수 없다. 실질적으로 온실가스를 줄이는 것만이 유일한 해결책이다.

농업, 탄소로운 발걸음을 내딛다

이제 슬슬 음식 이야기로 들어가자. 일상에서 먹는 이야기는 빠지지 않는다. 대개 "오늘 뭐 먹지?", "오늘 저녁 반찬은 뭘 할까?", "다음에 그 맛집 가자"와 같은 내용일 것이다.

하지만 식재료를 누가 어떻게 길렀는지, 어떤 유통단계를 거쳤으며, 가격이 어떻게 결정되는지는 관심 없다. 코로나19 이후 글로벌 공급망 불안에 에너지 가격 인상, 이상 기후로 식료품 가격이 비상이라는 기사가 나오지만, '이대로는 못 살겠다'는 호소가 터져 나올 정도는 아니다.

책을 준비하며 만난 친환경농업인연합회의 김병혁 사무처장은 이렇게 말했다.

"제가 68년생인데 대학 동기들의 고향은 농촌이었어요. 나는 도시에 살지만 이해관계가 농촌과 얽혀 있죠. 그런데 지금은 대부분 도시에서 태어나 자라잖아요. 이런 도시민에게 농촌은 굉장히 낯선 곳이에요. 농업, 농촌과 도시민의 접점을 만드는 일은 점점 더 어려워지고 있어요. 우린(농촌) 고립됐어요."

국민 대다수가 농업에 무관심하고 먹거리를 돈만 내면 나오는 자판기 커피처럼 단순하게 생각하는 건 인류 역사로 보면 이례적인 일이다. 우리가 농업에 관해 배운 지식은 신석기시대 농업혁명 정도다. 학창시절에는 신석기-농업혁명-빗살무늬 토기-간석기 식으로 기계적으로 암기했지만, 농업혁명은 인류사에 획기적인 일이었다.

지성인의 책장이라면 응당 꽂혀 있을(읽었다고는 안 했다) 『총, 균, 쇠』나 『사피엔스』만 봐도 그렇다. 두 책의 저자인 재레드 다이아몬드Jared Mason Diamond와 유발 하라리Yuval Noah Harari는 벽돌처럼 두툼한 책의 상당 부분을 농업에 할애했다. '농업이 인간의 생활양식을 근본적으로 바꿨다'는 게 요지다.

농업은 생활양식뿐 아니라 인간이 지구를 대하는 방식도 근본적으로 변화시켰다. 인간은 농업을 통해 지구 생태계 정복에 나선다. 또한 기후변화 측면에서도 농업은 핵심적인 부분이다.

이전까지 인류 먹거리의 에너지원은 전적으로 태양이었다. 식물은 햇빛을 받아 에너지를 얻고, 그 식물은 초식동물의 배를 채웠다. 초식동물은 육식동물의 먹이가 됐고, 먹이 피라미드의 꼭대기엔 무기를 손에 쥔 인간이 있었다. 인간은 먹고 죽지만 않으면 가리지 않고 위 속에 집어넣는 먹성 좋은 잡식 동물이었지만, 먹을 것을 찾아 사냥·채집해 식량을 마련한다는 점에서는 다른 동물과 비슷했다.

그런데 인류가 농업을 시작하면서 태양 이외의 다른 에너지원을 활용했다. 힘 좋고 온순한 동물을 농사에 동원했고, 동물의 똥을 거름으로 사용했다. 가축분뇨가 언제부터 농사에 쓰였는지는 정확히 알려지지 않았지만, 2013년 영국 옥스퍼드대 연구팀은 미국 〈국립과학원회보PNAS〉에서 유럽 농부들이 8000년 전부터 똥을 작물에 뿌렸다고 주장한다.[12] 앞서 탄소 동위원소 비율이 '온난화는 사람 탓'이라는 주장의 근거라고 이야기했는데, 이들도 고대 재배지 곡식 샘플에 들어 있는 질소 동위원소 비율을 근거로 들었다.

동물, 똥 외에 인간의 노동도 이전과 다른 방식으로 집중 투입되었다. 물론 농업혁명 이전의 인간도 나름 힘들게 고기를 잡거나 사냥을 했을 것이다. 하지만 비축이나 잉여식량이라는 개념이 없었기 때문에 미래를 위해 오늘을 희생하지 않았다. 그러나 농사를 시작하면서 인간은 일용할 양식이 잘 자랄 수 있도록 온종일 붙들려 있어야 했다.

인간은 생각하는 동물이다. 무턱대고 몸으로만 견뎠을 리 없다. 쟁기, 낫, 절구, 공이 같은 농기구를 발명한 것은 물론 이점이 있는(수확하기 쉬운 것, 필요한 시기에 종자가 발아하는 것) 돌연변이 종자를 '선택'해 길렀다. 토지가 부족하면 숲에 불을 질러 밭을 만드는 일도 서슴지 않았다.

태양의 힘에 더해 축력, 개간 등 추가적인 일을 하면서 필연적으로 지구에 탄소발자국이 남기 마련이다. 보통 탄소발자국이라고 하면 공장이나 자동차 연료만 떠올리기 쉽지만, 인간은 훨씬 이전부터 발자국을 찍고 다녔다.

미국 농경학자 에번 프레이저Evan D. G. Fraser와 저널리스트 앤드루 리마스Andrew Rimas는 『음식의 제국』에서 농업사회에 접어든 이후 인류는 '인구 폭발→지력 고갈/농지 부족→농지 확장→인구 폭발→지력 고갈/농지 부족' 과정을 주기적으로 반복했다고 말한다. 먹거리가 풍족해지면 인구는 폭발적으로 늘어난다. 그 사이 기존 농지는 지력을 잃었고, 늘어난 인구를 먹일 땅은 절대적으로 부족해졌다. 사람들은 숲에서 나무를 베거나 불을 질러 새로운 농지를 확보했다. 삼림 개간은 고대 그리스 철학자 플라톤의 『크리티아스』에도 등장한다.

이전 상태와 비교한 (침식의) 결과는 오직 쇠약한 육체의 뼈밖에 남아 있지 않다고 하겠다. … 토양의 비옥하고 부드러운 부분은 모

두 씻겨 나갔고, 단지 땅의 골격만 남아 있다.[13]

 그래 봐야 지구에 미치는 영향이 얼마나 될까 싶겠지만, 산업화 이전 인류의 농업활동이 이산화탄소 농도를 바꿨음을 보여주는 사례가 있다. 미국 캘리포니아 벨라민 칼리지 프레파토리의 리처드 네블Richard Nevle 박사(지금은 스탠퍼드대 교수) 연구팀은 1525~1600년 사이, 대기 이산화탄소 농도가 6~10ppm 줄어들었다는 점에 주목하고 당시 신열대구에서 어떤 일이 벌어졌는지 조사했다(신열대구는 오늘날 멕시코~브라질에 해당하는 지역이다).

 중앙아메리카에서 어느 정도 규모 있는 '농업 부락'이 등장한 건 4500년 전이다. 이후 남미 쪽으로 지역이 확대되면서 4000년 전에 이르면 오늘날의 콜롬비아, 페루 지역에서 1000명 넘게 모여 사는 마을이 만들어졌다. 갈수록 인구가 늘면서 아메리카 대륙도 '인구 폭발→지력 고갈/농지 부족→농지 확장' 과정을 반복하였다. 아메리카 대륙 원주민들은 주로 밀림을 불태움으로써 농지를 확보했다.

 수천 년간 계속된 농업과 인구 폭발의 도돌이표가 중단된 건 1500년대 유럽인이 대서양을 건너오면서부터다. 유럽인과 함께 구대륙의 병원균(천연두, 홍역, 인플루엔자, 결핵, 디프테리아 등)도 신대륙에 전파됐고 아메리카 원주민은 이 낯선 질병 앞에 속수무책이었다.

지금까지 1800회 넘게 인용된 위스콘신대 교수 윌리엄 데네반William Maxfield Denevan의 논문을 보면 유럽인들이 당도하기 전 아메리카 원주민의 수는 4300만에서 6500만 명 사이로 추정된다.[14] 하지만 질병이 휩쓴 지 백 년 만에 인구는 90% 이상 줄어든다. 말 그대로 '씨가 마르는' 상황이 된 것이다.

1492년 아메리카 인구를 6000만 명이라 어림잡았을 때 5400만 명이 사망했다. 이는 당시 전 세계 인구의 5분의 1에 달하는 어마어마한 규모다.

리처드 네블 박사는 16세기 이산화탄소 감소 이유가 아메리카의 토착 화전민이 죽었기 때문이라고 이야기한다. 그는 남극 아이스코어빙하에서 캐낸 원통모양 얼음으로 고(古)기후를 연구할 때 사용를 분석해 "아메리카 인구가 붕괴하면서 목초지를 불태우는 일이 급감했고, 삼림이 되살아나 이산화탄소 농도가 6~10ppm 줄었다"고 주장한다. 당시 태양이나 화산활동 같은 자연적인 요인도 있었으나 그 영향은 기껏해야 1.3ppm 정도고, 나머지는 인구 감소 때문이라는 것이다(여기서도 앞서 말한 탄소 동위원소 비율 분석이 활용됐다).

수십 피피엠 단위로 이산화탄소가 늘어난 오늘날에 비하면 애교에 가까운 수준이지만, 산업화가 일어나기 몇백 년 전에도 인류가 대기 온실가스 농도에 영향을 미치고 있었다는 주장은 흥미롭다. 하지만 인구 급감과 이산화탄소 감소가 거의 동시에 일어날 수 있을까. 궁금해 네블 교수에게 메일을 보냈더니 그는 생각보다 길게 답변을 보냈다(그는 '우수 강의 교수상'을 여러 번 탔던데, 역시 다르다). 내용을 요약하면 이렇다.

"대기의 이산화탄소 농도는 자연적인 과정에 의해 수백, 수천 년 주기로 달라지기도 하고, 1년 주기로 달라지기도 합니다. 암석의 풍화나 바닷물에 의한 탄산염 형성 과정은 수백, 수천 년 주기로 이산화탄소 농도에 영향을 주죠.

이에 비해 북반구 낙엽수는 봄·여름엔 이산화탄소를 흡수했다가 가을·겨울에는 잎을 떨구며 이산화탄소를 배출합니다. 1년 주기로도 농도가 달라지는 것이죠. 이런 자연의 순환을 통해 흡수량과 배출량은 늘 균형을 이룹니다. 그런데 사람들이 벌목을 하면 이산화탄소가 '추가적으로' 늘어납니다. 나무가 늘면 이런 추가 배출량이 다시 흡수되고요. 16세기 아메리카에서는 (아무도 의도하진 않았겠지만) 이런 일이 벌어졌던 겁니다."

길들이거나, 착취하거나

그러니까 태양에너지에 의존해 야생 과일을 따먹고 동물을 사냥해 먹던 시절을 지나 '추가 에너지원'을 활용한 순간부터 인류는 주변 환경을 길들이고 착취하는 길에 접어들었고, 알게 모르게 대기 온실가스 농도에도 영향을 미치고 있었던 것이다.

하라리는 인류가 농업을 택함으로써 자연과의 친밀한 공생을 버리고 탐욕과 이기적인 길에 들어선 걸 '인간과 곡물 간의 파우스트적 거래'라고 불렀다. 그리고 이런 파우스트적 거래는 곡물에 그치지 않고, 양, 염소, 돼지, 닭으로 이어졌다고 말한다.[15]

인류가 맨 처음 길들인 동물이 무엇이었는지는 의견이 갈린다. 사냥을 위해 가장 먼저 개를 길들였다는 이야기가 많은데,[16] 염소와 양이 먼저라는[17] 글도 있다.

개 이야기가 나온 김에 인류가 동물을 길들인 방법을 유추할 실험을 하나 소개한다. 1959년 소련의 유전학자 드미트리 벨리아예프Dmitry Belyayev는 은여우 길들이기에 나섰다. 에스토니아 모피 농장에서 수컷 30마리, 암컷 100마리를 들여와 행동에 등급을 나눈 뒤 가장 온순한 개체끼리 교배하는 실험이다. 사람이 따로 훈련하지 않고 오로지 교배만으로 얼마 만에 개처럼 친밀한 여우가 등장하는지 알아보기 위함이다.

이 실험은 벨리아예프 생전에 26년, 그의 사후에 후배 연구자들이 14년을 더 진행해 1999년 논문으로 나온다.[18, 19]

결과를 보면 놀랍게도 10세대 만에(은여우는 7~8개월이면 새끼를 가질 수 있다) 18%가 개처럼 꼬리를 흔들거나 실험자를 핥는 태도를 보였다. 또다시 10세대가 흐르자 이번에는 35%가 이런 행동을 보였다. 행동만 달라진 게 아니다. 귀는 처지고, 꼬리는 말려 올라갔다. 온통 시커멓던 여우의 얼굴은 코를 중심으로 흰털이 생겼다. 호르몬에도 변화가 생겨 12세대가 됐을 때 (힘과 체력을 공급하는) 코르티코스테로이드가 절반으로 줄었고, 28~30세대에 이르면 또 절반으로 줄었다.

논문이 나올 즈음에는 이 여우를 애완용으로 팔 수 있을 정도가 된다.

우리 조상들이 동물을 길들인 방법도 벨리아예프의 실험과 별반 다르지 않다. 공격적이거나 반항하는 개체, 비쩍 마르거나 호기심이 많아 무리에서 자주 이탈하는 동물은 재빠르게 도살했고, 순하고 살찐 동물은 오래 살면서 번식하도록 '은혜'를 베풀었다.[20]

그리하여 식량이자 원자재, 일꾼으로 간택된 이 동물들은 오늘날 유전자 차원에서는 가장 성공적인(개체수 증식), 개별 개체 차원에서는 가장 비참한(밀집 사육 등) 상태로 세대를 이어가는 중이다.

인간이 얼마나 길들이고 정복하는 데 귀재인가 하면, 농경 중심의 인류 문명 발전사가 표준서사로 자리 잡은 것도 '길들임'의 결과라는 주장이 있다. 예일대 석좌교수인 제임스 C 스콧James C. Scott은 『농경의 배신』에서 "이동생활을 하는 사람들에게 원시적이라는 낙인을 찍은 농경국가의 표준 담론은 부당하다"라고 이야기한다.

> '야만인들'을 국가 중심의 관점에서 바라보고 이해하는 데는 '길들이기'라는 렌즈가 매우 유용하다. 국가 핵심부에서 곡물 경작민과 노예는 길든 국민이었다. 반면에 채집민, 수렵민, 유목민은 길들지 않은 야생과 야만의 사람들이었다. … 잡초, 해충, 해로운 들짐승, 야만인 등 모든 '길들이지 않은' 존재들은 곡물 국가의 문명을 위협했다.[21]

결국 정착생활에서 국가로 이어지는 서사에 정당성을 부여하고 지배계층의 통치를 당연시하도록 만들기 위한 수단에 불과하다는 것이다.

도발적으로 느껴지는 주장이지만, 역사는 승자의 기록이라는 말에 비춰 보면 당연한 이야기일지도 모르겠다. 어쨌든 인간은 길들임과 정복에 도가 튼 게 분명하다. 서사마저도 말이다.

농업과 기후의
치킨게임

인류는 '인구 폭발→지력 고갈/농지 부족→농지 확장→인구 폭발' 과정을 무한 반복하며 1800년대에 이른다. 수시로 기근과 전염병이 휩쓸어도 인구는 꾸준히 늘었다. 1000년대 3억 명 안팎이던 세계 인구는 1200년대 중반 4억 명에 달했고, 1700년 6억 명을 넘긴 지 반세기도 안 돼 7억~8억 명에 이른다. 가속페달을 밟은 것처럼 인구가 불어났다. 농기계와 농법이 발달하면서 농업 생산량도 늘었다. 문제는 속도였다. 사람과 빵, 둘 중 무엇이 더 빨리 늘어날 것인가.

여기에 비관적인 대답을 내놓은 사람이 바로 토머스 맬서스Thomas Malthus다. 영국 경제학자인 맬서스는 그 유명한 "인구는 기하급수적으로 늘지만, 식량은 산술급수적으로 증가해 인구를 감당할 식량이 없을 것"이라는 주장을 내놓는다.

그렇다면 인구를 줄여야 할까, 식량을 더 늘려야 할까. 맬서스는 전자에서 답을 찾았다. 결혼을 최대한 늦추거나 피임을 하지 않으면 빈곤, 전쟁, 기아 같은 비극적인 상황을 피할 수 없을 것이라고 봤다.

하지만 인류는 언제나 그렇듯 답을 찾았다. 때는 바야흐로 석탄이 인류의 새 에너지원으로 부상한 산업혁명기 아니겠는가.

이젠 소와 말의 근력은 성에 차지 않는다. 가축을 대신해 화석연료로 움직이는 육중한 농기계가 들어왔다.

산업혁명 이후 사람들은 땅에 고이 잠자고 있던 화석연료를 퍼올리기 시작했다. 농업에 산업에너지가 동원되면서 사람이 자연을 다루는 방식은 한층 더 과격해졌다. 디젤로 움직이는 트랙터가 농경지로 들어왔고, 공장에서 만든 화학비료가 살포됐다.

비료를 발견한 인류는 더 이상 지력이 다한 땅에서 끙끙대거나 새 농지를 찾아 전전할 필요가 없어졌다. 한 자리에서 수확량을 배로 늘릴 수 있는 묘약을 손에 쥐었다.

1961년만 해도 경작지 1ha_{헥타르}에 사용되는 질소비료는 8kg이었는데 2019년에는 70kg을 쏟아 부었다. 9배나 늘었지만, 한국에서 70kg은 귀여운 수치다. 우리나라는 134kg을 쓴다.[22]

그런데 이 묘약에는 부작용이 있다. 흙에 뿌려둔 질소가 빗물에 씻겨 강으로 유입되면 부영양화가 일어난다. '녹조라떼'로 알려진 그 현상 말이다. 또 몸에 좋다고 영양제를 과다복용하면 간에 무리가 가는 것처럼 질소비료도 과하면 토양이 되레 허약해진다.

그리고 이 책의 주제인 온실가스를 배출한다. 뒤에 다시 자세히 말하겠지만, 비료를 만들 때는 생각보다 많은 에너지가 들어간다. 질소비료를 만들려면 암모니아$_{NH_4}$를 만들어야 하는데, 질소$_N$와 수소$_H$를 저렇게 붙이려면 온도를 400~500도, 압력은

150~300기압으로 올려야 한다.[23] 150~300기압이 어느 정도인지 느끼고 싶다면 맨몸으로 해저 1500~3000m에 들어가면 된다. 수압 때문에 50m도 못 가 정신이든 목숨이든 둘 중 하나는 잃겠지만, 어마어마한 압력이라는 교훈은 뼈저리게 느낄 수 있다. 이렇게 고온고압의 환경을 만들려면 당연히 에너지가 많이 필요하고, 온실가스가 배출된다.

암모니아를 만드는 재료도 문제다. 수소는 대개 천연가스(C와 H로 만들어진다)에서 추출하기 때문에 암모니아를 제조하는 화학반응에는 부산물로 이산화탄소가 발생한다.

이리하여 암모니아를 제조하는 데 전 세계 에너지의 2%가 사용되고, 총 이산화탄소 배출량의 1.2%가 나온다.[24] 현대 사회의 수많은 산업, 수많은 물질 중에 암모니아가 이렇게 커다란 탄소발자국을 남긴다는 게 놀랍지 않은가? 나는 물만 마셔도 암모니아를 만들 수 있는데 말이다.

여기서 끝이 아니다. 질소비료는 논밭에 뿌려진 뒤에도 족적을 남긴다. 식물은 이유식 먹는 아기마냥 비료를 반은 흘리고, 반만 받아먹는다. 흘린 비료는 지하수로 흘러들거나 암모니아나 아산화질소가 되어 공기 중으로 날아간다.

아산화질소는 이산화탄소와 메탄에 이어 셋째 가는 온실가스다. 이산화탄소보다 양이 적어서 세 번째지, 온난화를 일으키는 능력은 셋 중 단연 최고다. '온난화를 일으키는 능력'을 다른 말로 '지구온난화 지수$_{GWP, global warming potential}$'라고 하는데, GWP-100을 기준으로 이산화탄소가 1만큼의 능력이 있다면 메탄은 27~30, 아산화질소는 273만큼의 능력을 갖고 있다. 같은 양(1t톤)의 가스가 같은 기간(100년) 공기 중에 있다면, 각각 저만큼 지구를 뜨겁게 할 수 있다는 의미다.

하지만 인류는 비료를 합성한 덕에 맬서스의 저주스런 예측에서 벗어나 또다시 인구 폭발의 토대를 마련한다. 여기에 수송, 보존제, 냉동고까지 가세한다. 이제 식자재에 시간과 공간의 벽은 문제되지 않는다. 2년째 우리 집 냉동실에 있는 뉴질랜드산 쇠고기가 그 증거다.

『사피엔스의 식탁』의 저자인 인제대 문갑순 교수는 오스트랄로피테쿠스와 호모하빌리스 같은 인류의 먼 조상부터 오늘날의 우리에 이르기까지 인류가 먹거리와 어떤 영향을 주고받았는지 설명하며 "인류의 문명사는 굶지 않고 살아남기 위한 투쟁이었다"라고 말한다.[25]

이제 '우리'(모호한 범주이긴 하나 일단, 나와 이 글을 읽는 독자 여러분이라고 하자)는 먹고살기 위한 투쟁에서 승리했다. 빈 곳간이 아니라 먹다 남은 음식에 곰팡이가 필 것을 걱정한다. 옛날 부모님 말씀대로 피땀 흘린 농부에 대한 미안한 마음이 아닌 먹거리의 혐오스런 최후를 마주하고 싶지 않기 때문이다.

인류는 수천 년간 굶지 않기 위해 투쟁했는데, 투쟁에 승리한 우리는 놀라울 정도로 투쟁에 무관심해졌다. 심지어 가격에도 무심하다.

2021년 초 폭설과 한파로 파와 양파 가격이 60% 넘게 뛰고, 조류인플루엔자 때문에 닭이 대거 살처분되면서 달걀 값도 15% 올랐다. 2020년에는 태풍과 기록적인 장마로 토마토가 없는 햄버거가 등장하고, 쌀값도 30%나 뛰었지만 민심을 크게 바꾸는 것은 아니다. 2022년에도 연일 식료품 가격이 비상이라는 기사가 나오지만 의제에선 한참 밀린다. 대선 후보 토론회에서 부동산 가격, 주식시장 이야기는 있었지만 쌀값, 커피값 언급은 없다는 게 그 증거다.

물론 이건 우리의 소득수준이 올랐기 때문이기도 하다. 엥겔지수(가계 소비에서 식료품이 차지하는 비중)를 보면, 1970년에는 40%를 오로지 먹는 데 썼다. 1980년에는 33%를, 1990년에는 약 22%를 식료품에 지출했다. 2000년 이후로는 줄곧 10~13% 사이를 오간다.[26] 그러니까 1970년대에는 밥상 물가 인상이 가계를 휘청거리게 만들었다면, 이제는 '월급 빼고 다 오른다'는 푸념에서 일부를 차지하는 정도다. '우리'는 확실히 먹고 살기 위한 투쟁에서 승리한 것처럼 보인다.

정말 그럴까.

이제 '우리'의 개념을 글로벌 차원으로 넓혀 보자. 경제협력개발기구OECD와 유엔식량농업기구FAO의 '농업 전망' 통계를 보면 다시 맬서스를 소환하게 된다.

1990년에 국제사회는 곡물 14억t을 생산해 10억t을 소비했다. 4억t이 남았다는 얘기다. 농사라는 게 날씨에 따라 울고 웃는 법이니 매해 생산량은 요동친다. 그렇기는 해도 1990년대에는 2억~3억t씩 남는 해가 많았다.

그런데 2000년대 들어서는 1억t 넘게 곡물이 남은 적이 없다. 2010년대에도 제일 많이 남은 양이 1억 4000만t(2013년)이었고, 생산량이 소비량을 따라가지 못한 기간이 3년(2010년, 2012년, 2018년)이나 된다. 이게 어떻게 된 일일까. 『음식의 제국』에서는 이런 상황을 다음과 같이 전한다.

> 1990년대에는 기록적인 풍작이 이어졌기에 모두가 세계의 식량 공급은 영원히 늘어날 거라고 가정했다. … 2000년과 2007년 사이의 기록적인 풍작에도 불구하고 세계는 생산량보다 더 많은 식량을 먹어치웠다. 과거 1998년에 인류는 19억t의 곡물을 기르고 그중 18억t을 소비했다. 그 후로 식량은 증산되었지만 우리의 식욕 또한 늘어났고, 이 둘의 관계는 삐걱거리기 시작했다. … 비축량이 바닥을 드러내고 있다.[27]

우리가 식량 부족을 느끼지 못하는 건 운 좋게 가난과 기근에서 자유로운, 그럭저럭 살 만한 나라에서 태어난 덕이다. 식량이 남아서가 아니다. 생산이 소비를 겨우겨우 따라가는 상황에서 우리가 배불리 먹는다는 건 어딘가에 굶주린 이들이 있다는 뜻이다. 우리는 다시 선택의 기로에 섰다. 인구를 줄일까, 식량을 더 늘릴까.

내가 학교에 다닐 때는 세계 인구가 50 몇억 명이라고 배운 기억이 나는데 2021년 말 현재는 79억 명에 이른다. 이렇게 빠른 속도로 늘어나는 인구는 지구에 상당한 부담인 건 분명해 보인다.

16개국 37명의 과학자로 구성된 이트-랜싯 위원회EAT-Lancet commission는 2019년 저명 학술지 《랜싯the Lancet》을 통해 일명 '인류세 식단'을 제안하는 논문을 발표한다.[28]

여기서 이들은 "지속가능한 식량 체계로부터 얻은 건강한 식단은 생태계를 파괴하지 않고 100억 명의 인구를 먹일 수 있지만, 이 임계를 넘으면 가능성이 매우 낮아진다"라고 말한다.

그렇지만 인구 이야기를 더 하는 건 이 책의 주제에서 벗어날 수 있으니 이쯤에서 접는 게 좋겠다. (실제로 신분차별이 만연했던 18세기 말 맬서스의 주장은 도시 빈민의 복지혜택을 줄이는 정책으로 이어졌다.[29])

그럼 이제 식량에서 답을 찾아야 한다. 80억 인구로 꽉 찬 지금 우리 조상이 해왔던 것처럼 미지의 땅을 개척하는 건 불가능한 일이다. 또 한 번 산업에너지의 힘을 빌려 생산량을 끌어올릴 수도 없다. 식량 시스템과 기후가 지금처럼 치킨게임을 하게 놔둘 수는 없기 때문이다.

30%냐, 3%냐

세계식량기구에 따르면 2017년 기준으로 전 세계 온실가스의 20%가 먹거리를 키우는 일에서 나온다. 게다가 음식은 이제 시간과 공간의 제약을 받지 않는다. 19세기 초에는 미국 동부의 축산업자가 서부에 쇠고기를 팔려면 살아 있는 소를 열차에 태워 서부로 간 다음 도축해야 했다. 하지만 냉동 시스템의 발달로 이제 미국산 쇠고기는 태평양을 건너 우리 집 조리대에 오를 때까지 선홍빛 색감을 유지한다.

미국의 농업 경제학자이자 기후학자인 신시아 로젠즈윅Cynthia Rosenzweig 등은 2020년 2월 《네이처》에서 발행하는 '네이처 푸드'에 "식량 시스템은 IPCC나 유엔기후변화협약UNFCCC의 온실가스 인벤토리에도 제대로 반영되지 않았다"라고 지적한 뒤 "공급망, 소비 활동 등 '농장 밖' 배출량까지 감안하면 음식이 전체 온실가스 배출에서 차지하는 비중은 21~37%까지 늘어날 것"이라고 주장한다.[30]

우리의 식량 시스템이 이런 식으로 하늘에 잽을 날리면 하늘은 '이상기후'라는 훅으로 응수한다. 장마가 두 달 넘게 이어지거나 서울의 낮 최고기온이 40도를 찍는 현상을 '기록적인 폭우', '이상고온'이라 부르지만 기록은 머지않아 경신될 것이고, 그 주기는 점점 짧아질 것이다.

2002년 지구촌은 역대 가장 더운 해를 맞았는데, 이 기록은 2005년에 깨졌다. 그런데 2010년과 2014년, 2015년, 2016년에 연달아 기록이 경신됐고, 2020년은 2016년과 타이기록을 세웠다. 우리나라도 가장 더운 해 10위 중 8개가 2000년 이후에 몰려 있다.

많은 농작물이 폭우, 폭염, 혹한, 가뭄을 피해 하우스로 들어갔다. 양식장에 사는 물고기와 어패류도 늘었다. 농어민에게는 생산량이 곧 생계이므로 불가피한 선택이지만, 결과적으론 또다시 하늘에 잽을 날린 셈이 됐으니, 하늘은 더욱 종잡을 수 없는 날씨로 되갚을 것이다. 식량 시스템과 기후가 서로 마주 보고 달리는 치킨게임을 벌이는 것이다.

식량 시스템은 기후변화의 가해자인 동시에 최대 피해자다.

그런데 우리 사회에서 기후변화를 논할 때 식량 시스템은 늘 피해자 역할만 맡는다. 지금 작물로는 소출을 많이 내기 어려우니 작목전환이나 시설(하우스) 재배를 지원한다거나 스마트팜을 도입하자는 식으로 말이다.

기후변화에 관한 기사만 봐도 그렇다. 톳이 안 나 걱정하는 해녀들, 이상고온으로 벼멸구가 늘어 벼농사를 망쳤다고 한탄하는 농부들의 목소리는 있지만, 그래서 어떻게 지속가능한 먹거리 생산 체계를 만들 것인가에 대한 담론은 찾기 힘들다.

2020년 발표된 그린뉴딜 정책에도 농축어업은 저 한 끄트머리에 놓여 있고, 농림축산식품부 예산에도 '기후변화를 어떻게 막을 것인가'에 대한 예산보다 '어떻게 피해를 덜 받을 것인가'에 대한 예산이 훨씬 크다.

'기후변화를 어떻게 막을 것인가'는 저감, '어떻게 피해를 줄일 것인가'는 적응이라고 한다. 2021년 농림부 예산에서 적응에 해당하는 예산(재보험금, 농업재해보험, 수리시설개보수, 배수개선, 농촌용수개발)은 1조 8298억 원인데, 저감에 해당하는 예산은 이것저것 끌어 모아도 664억 원 정도다. 농림부 총 예산의 1%도 안 된다. 산업통상자원부 예산에 들어 있는 농촌 태양광 사업 2785억 원을 합쳐도 적응 예산에 훨씬 못 미친다. 그리고 3장 〈탄소가 차오른다, 논밭에〉에서도 이야기하겠지만 농촌 태양광이 정말 농촌의 탈탄소화에 도움이 되느냐는 또 다른 문제다.

우리의 먹거리가 탄소 저감에 이토록 무관심한 데는 어쩌면 국내 탄소 배출량에서 차지하는 비중이 작기 때문인지도 모르겠다.

앞서 기후변화의 21~37%가 먹거리 때문이라고 이야기했는데, 한국 통계(국가 온실가스 인벤토리)에서는 고작 3%를 차지할 뿐이다. 왜 그럴까.

우리 정부가 고의로 일부 항목을 누락해 농업 부문 먹거리를 '축소 발표'하는 것은 아니다. 국가 인벤토리는 국제적으로 어떤 항목에 무엇을 어떻게 계산해야 하는지 정해진 기준이 있기 때문에 임의로 특정 항목을 넣거나 뺄 수 없다.

그런데도 고작 3%인 이유는 그만큼 우리나라 산업에서 농업의 비중이 작기 때문이다. 우리나라의 식량 자급률은 세계적으로 낮은 수준이며, 다양한 식료품을 해외에서 들여온다. 먹거리들은 배와 항공기를 타고 국경을 넘으며 상당한 탄소발자국을 남기지만, '농업 부문'에 잡히지 않는다. 그러니 우리나라 농업 부문의 온실가스 배출량이 3%밖에 안 되는 건 우리가 친환경 먹거리 시스템을 갖고 있어서가 아니라 통계상의 착시일 뿐이다. 고의는 아니지만 몰라서, 자료가 부족해서 빠진 통계도 있다.

인류는 수천 년 동안 먹고사는 문제에 매달렸다. 각종 농기구와 가축의 힘을 빌렸고, 마침내 화석연료에 힘입어 해방되는가 싶었다. 착각이었다. 우리가 먹고살기 위해 뿜어낸 온실가스가 역습을 시작했다.

석탄으로 만든 전기와 결별하고 휘발유·디젤차에도 작별을 고해야 하는 것처럼 우리 먹거리 체계도 크게 바뀌어야 한다. 지금까지는 농업에 대한 무관심과 3%라는 통계 착시로 농업 부문의 온실가스에 대한 논의는 거의 이루어지지 않았다. 이 책에서는 도대체 농업이라는 분야에서 왜 온실가스가 나오는지 기자 생활을 하면서 갈고 닦은 '지적 능력'(다른 말로 '지적질')을 앞세워 알아볼 것이다. 첫 번째 대상은 식량 부문 온실가스를 이야기할 때 제일 먼저 도마에 오르는 가축이다.

2장

어쩌다 소 방귀까지 걱정하게 됐을까

CARBON
NEUTRALITY

모두가 채식을
할 수는 없지만

"기존 동물권 단체는 밀집 사육하지 말고 동물복지로 전환하자, 주로 이런 이야기를 했죠. 그런데 솔직히 지금은 여유롭게 '점진적 개선'을 이야기할 때가 아니에요. 그러기엔 시간이 너무 부족하죠. 법 개정은 너무나 느리고, 일일이 축산업자들을 설득해 사육환경을 개선할 수도 없고요. 굉장히 적극적으로 고기 먹지 말라는 이야기를 해야 돼요."

서울 용산구 동물해방물결 사무실에서 만난 이지연 대표는 흐트러짐 없는 모습과 똑 부러지는 말투로 '왜 비건이 돼야 하는지' 이야기했다. 그의 태도가 너무나 결연하여 나는 괜히 뜨끔하였다.

그는 대학교 3학년 때 열악한 사설 동물원에서 호랑이를 본 뒤 동물권에 관심을 갖게 됐다고 했다. 이후 서서히 척추동물과 갑각류, 연체동물, 유제품을 끊어 비건에 이르렀다. 철창 뒤 불행한 동물의 모습을 보고 채식을 하게 됐지만, 사육환경 개선에서 답을 찾지 않는다. 그 수준을 넘어 아예 육식과 결별해야 한다는 것이다.

"사육환경을 좋게 하려고 사육 면적을 늘리는 건 지구 환경 측면에서 보면 말이 안 되는 거예요. 동물 처우 개선을 얘기하다 보면 '기왕 먹을 거면 동물복지 (인증받은) 고기 먹으세요'라는 셈인데, 그럼 소비를 줄일 수가 없죠."

우리나라에도 환경단체, 동물단체는 많다. 하지만 '비거니즘veganism'은 주류의 목소리는 아니었다. 비거니즘은 나처럼 어설프게 육고기만 안 먹는 게 아니라 달걀과 우유, 치즈, 생선 등 모든 동물과 동물에서 나오는 젖과 알도 먹지 않고 소비하지도 않는 신념을 말한다.

그간 동물과 관련한 사회운동은 가축 사육 여건이나 동물원 환경 개선, 동물실험·동물쇼 폐지, 개고기 금지 같은 것들이 주로 전개됐지 비거니즘이란 키워드가 전면에 등장하지는 않았다. 그런데 정부가 '그린뉴딜'을 발표한 뒤부터 비거니즘이란 주제가 부각됐다. 기후변화의 해법으로 말이다.

"축산업을 없애지 않으면 기후위기를 위한 계산이 안 나온다는 게 저희 주장이거든요. IPCC 보고서에서도 인정하는 사실이고요. 먹거리 전환 없이 기후위기를 해결할 수는 없어요."

기후행동 비건네트워크 조길예 대표도 먹거리 전환 토론회에서 자주 볼 수 있는 대표적인 비건 활동가다. 그는 한 토론회에서 이렇게 말했다.

"식량 시스템이 전체 온실가스 배출량의 4분의 1을 차지합니다. 그중 축산업이 80% 연관이 있죠. 여기엔 어업도 안 들어가 있어요. 먹거리는 개인의 실천으로 바로 바꿀 수 있습니다. 어찌 보면 가장 값싼 전환정책이죠."

그런데 이들의 간절한 마음을 아는지 모르는지, 차가운 시선으로 보는 사람도 많다. 비교적 이성적인 반응으로는 '뭘 걱정하는지는 알겠는데, 지금 중요한 문제는 그것이 아니다'라고 하는 목소리가 있다. 자동차 시동부터 꺼야 한다, 이게 다 중국 때문이다 같은 주장이 여기 해당한다. 비아냥대는 목소리도 있다. 사과는 불쌍해서 어떻게 먹냐, 지구 반대편에서는 굶어죽는 사람도 많은데 배부른 소리하고 있다는 반응이다.

이해도 된다. 어쩌면 공격적이고 도발적인 목소리는 비건 활동가들이 내고 있는지도 모른다. 산업혁명과 함께 우리 삶에 들어온 석탄은 인류의 긴 역사를 놓고 봤을 때 '스쳐 가는 인연'이지만, 고기는 인류 발달사 전 과정을 함께했기 때문이다.

우리의 먼 조상은 처음에는 찌르개와 활 같은 도구로 동물을 잡아먹었을 테고, 농경시대에 접어들어서는 순하면서도 힘 좋은 동물을 길들였다. 가축들은 식용으로, 제사에 바칠 의례용으로, 일손을 거들 용도로, 혹은 사냥을 도와줄 목적으로 사육됐다. 그리고 쓰임이 다하면 먹거리로 생을 마감했다.

오늘날 가축은 전적으로 식용이다. 동물이란 말보다는 '고기를 배양하는 생체'로 부르는 게 더 어울리게 길러진다. 정자와 난자 단계부터 '동물'이 아닌 '고기'로 선택되고 배양된다.

야생동물을 잡아먹든, 가축으로 길러 먹든, 공산품처럼 생산되든, 방식이야 어떻든 긴 세월 동안 고기는 우리의 밥상에 올랐다. 긴 인류의 역사를 훑을 것도 없다. 고기는 아기가 엄마 젖을 떼고 거의 처음 맛보는 식재료 중 하나다. 아기들은 이가 나자마자 혹은 이가 나기 전부터 고기를 먹는다.

첫 아이를 키울 때 놀란 점 중 하나는 쌀미음으로 이유식 훈련을 마치자마자 처음으로 추가하는 재료가 쇠고기라는 점이다. 콩이나 당근, 양배추처럼 '순둥순둥'한 걸 놔두고 피가 뚝뚝 떨어지는 쇠고기라니……. 내가 본 육아 서적들에서는 '쇠고기 속에 아기 성장에 중요한 철분이 많기 때문'이라고 설명한다.

탈육식은 이토록 질긴 인연을 끊자는 주장이다. 심리적 거부감이 드는 것도 당연하다.

화살표 한쪽 끝엔 '비거니즘'이, 반대편 끝엔 '육식주의자'가 있다. 어디에 서야 할까. 여러분의 판단을 돕기 위해 왜 축산업에서 온실가스가 배출된다고 하는지 하나씩 훑어보려고 한다. '모두 고기를 끊자'고 말하려는 것은 절대 아니다. '살던 대로 살자'고 말하려는 것도 아니다. 다만 '지나침'에 대해 한 번쯤 생각해 봤으면 좋겠다. 소와 닭, 돼지가 소불고기, 치킨, 삼겹살의 모습으로 우리 식탁에 오를 때까지 인간을 제외한 모두, 그러니까 지구와 동물에 얼마나 부담을 안겼는지 말이다. 지구를 위해 모두가 비건이 될 수는 없고, 그럴 필요도 없다고 보지만 적어도 지금 같은 식생활을 아무 생각 없이 이어가도 괜찮은지는 생각해볼 필요가 있다. 자동차를 덜 타고, 먼 나라 기아문제를 해결하는 일도 중요하지만 그렇다고 육식의 탄소발자국이 지워지는 건 아니다.

온난화를 일으키는 게
소 트림이 맞을까

환경에 특별한 관심이 없는 사람도 '소 트림이 온난화를 일으킨다'는 이야기는 한 번쯤 들어봤을 거다. 난 이 이야기를 2009년 국제부 기자로 일할 때 처음 접했다. 온실가스를 걱정한 유럽의 한 나라가 소 트림에 세금을 물린다는 내용이었다.

'별 희한한 나라도 다 있네'라고 생각했던 것 같다. 원래 외신을 보면 온갖 소식이 있지 않은가. 하지만 소 트림은 '깔깔뉴스'가 아니라 궁서체로 진지하게 받아들일 문제다. 1990년에 나온 IPCC 첫 번째 보고서에도 가축은 메탄의 주요 배출원으로 언급된다. 다만, 워낙 방대한 보고서 내용에 파묻혀 있어 관심을 끌지 못했을 뿐이다.

세계식량기구에 따르면 가축 부문이 뿜는 온실가스는 전 세계 배출량의 14.5%에 달한다. 이게 어느 정도냐 하면 자동차, 화물차, 비행기, 선박 등 온갖 교통수단이 내뿜는 양에 맞먹을 만큼 많은 양이다.[1] 그중에서 41%는 쇠고기, 19%는 우유 때문이다.[2] 그러니까 소가 문제다.

각 동물에서 얻는 단백질 1kg당 온실가스를 보면 버팔로가 $404kgCO_2eq$ 킬로그램 씨오투 이퀴벌런트(CO_2eq은 다양한 온실가스를 '이산화탄소'로 환산해 계산했다는 의미다. 예를 들어 아산화질소의 온난화 능력GWP은 이산화탄소의 273배나 되기 때문에 아산화질소 1g은 이산화탄소 273g에 맞먹는다. 따라서 아산화질소 1g은 $273gCO_2eq$가

가축과 교통수단 온실가스 배출량

가축 부문 온실가스 배출량
71억tCO_2eq.

교통 수단 온실가스 배출량
80억tCO_2eq.

출처: 세계식량기구와 국제에너지기구 통계

된다.)로 압도적이지만 이 책을 읽는 사람 중 버팔로 고기를 먹었거나, 먹을 사람은 거의 없을 것이므로 다음으로 넘어가자. 우리가 먹는 일반적인 소가 295kgCO₂eq로 버팔로 다음으로 온실가스 배출량 2위, 양이 201kgCO₂eq다.[3] 개인적으로는 이런 자료를 썩 좋아하지 않는다. 도대체 이산화탄소 295kg이 어느 정도란 말인가. 내가 연간 뿜는 이산화탄소 양도 모르는데, 얼마나 많은 건지 알아야 놀랄 것 아닌가. 이에 대한 직관적인 설명은 뒤에 다시 할 것이다. 일단은 소가 닭이나 돼지보다 훨씬 많은 온실가스를 뿜는다는 사실 정도만 기억하자.

상위 1~3위는 모두 초식동물이다. 왜 이 친구들이 온실가스를 많이 만들까?

'반추동물이니까'라고 답한다면 50점을 주겠다. '반추동물이라 되새김질을 하면서 트림을 많이 하기 때문에'라고 답한다면 100점이다. 반추동물의 트림에는 상당한 양의 메탄이 들어있다. 반추동물이 내뿜는 온실가스(사료, 분뇨 등을 다 포함해서)의 55%가 트림으로 나온다.

자 그럼 두 번째 질문. 반추동물의 트림에는 왜 그렇게 메탄이 많을까. 우리 인간도 때때로 트림을 하지만 그 안에는 대부분 질소나 산소가 있다. 특별한 질환이 있거나 탄산음료를 마시고 바로 트림을 하는 경우를 제외하면 말이다. 공기를 쓸데없이 너무 많이 들이마셔 나오는 게 트림이다. 그런데 반추동물은 사람과 달리 메탄 트림을 하는 걸까.

소가 입으로 메탄을 뱉는 건 채식, 특히 옥수수껍질이나 목초처럼 딱 봐도 소화가 안 될 것 같은 것들을 즐겨 먹기 때문이다. 토끼나 기린도 초식동물이지만 질긴 목초를 유독 잘 먹는 건 소 같은 반추동물이다.

〈동물의 왕국〉 프로그램을 보면 알겠지만, 동물에게도 '먹고 사는 문제'는 보통 힘든 과제가 아니다. 제아무리 포식자여도 쉽게 먹을 수 있는 건 없다. 먹힐 운명을 타고난 생명은 먹히지 않으려 발버둥치기에 초식동물은 뾰족한 뿔, 커다란 몸뚱이, 튼튼한 뒷다리 같은 무기를 발달시켰다. 식물도 나름의 방식으로 진화해왔다. 은행나무처럼 고약한 냄새를 풍기기도 하고, 탄닌 같은 독성물질을 합성하기도 한다. 세포벽도 식물이 발달시킨 필살기로 식물에만 있는 세포 구성성분이다.

이 세포벽은 '벽'이라는 이름에 걸맞게 단단한 탄수화물로 이루어져 있다. 우리의 소화효소로는 도저히 분해시킬 수 없을 정도로 단단하다. 그래서 시래기나 콩나물을 먹고 변을 보면 가끔⋯⋯(그다음 설명은 생략한다).

세포벽은 사람에게만 버거운 게 아니다. 지구상의 그 어떤 척추동물도 세포벽 분해효소를 갖고 있지 않다. 음식은 소화효소로 분해돼야 에너지가 되는데 섬유소는 백날 먹어 봐야 고스란히 똥으로 나올 뿐이다. 그런데 우리의 소는 세포벽으로 에너지를 만드는 불가능에 도전했고, 성공했다. 위 안에 특별한 미생물을 세입자로 들임으로써 말이다. 이 미생물은 그 어떤 고등동물도 성공하지 못한 섬유소를 소화시킬 수 있다.

소는 위가 4개 있다. 그래서 소 복강의 4분의 3은 위가 차지한다. 소는 말 그대로 '위대'하다. 4개의 위 중에 첫 번째와 두 번째 위에 미생물이 살고 있으며, 이 미생물들이 소 대신 세포벽 성분을 분해한다. 그리고 노폐물을 내놓는다. 이산화탄소와 수소가 노폐물, 그러니까 미생물의 똥오줌이다.

미생물 덕에 세포벽을 분해하는 것까지는 좋았는데, 그다음이 문제다. 소 위에는 침이 넘실댄다. 미생물이 뱉어낸 이산화탄소는 침(물)에 녹는다. 이산화탄소가 계속 물에 녹으면 어떻게 될까.

이 글을 쓰기에 앞서 한국방송통신대학교 장종수 교수로부터 1시간 남짓 '과외'를 받았는데 그의 설명을 직접 인용한다.

"이산화탄소가 녹은 물을 뭐라고 하죠?"

"탄산수요."

"그렇죠. 탄산수는 산성입니다. 식초도 산성이죠? 식초로 절임 음식을 만들면 어떻게 됩니까?"

"……(신맛이 나겠죠)."

"장기 보관이 가능해지죠. 미생물의 성장이 멈추니까요. 산성이 많으면 미생물 입장에선 굉장히 살기 어려운 환경이 됩니다. 계속 산성화가 진행되면 죽을 수도 있어요. 그런데 미생물이

뱉은 노폐물 중에는 다행히 수소도 있습니다. 수소H_2랑 이산화탄소CO_2를 반응시켜 메탄CH_4을 만드는 거죠. 그리고 트림을 통해 이 메탄을 공기 중으로 날려 보내고요.”

정리하자면, 소의 첫 번째, 두 번째 위에 있는 미생물이 세포벽 성분을 발효시킨 뒤, 산성화를 피해 살기 위해 만든 게 메탄이다. 미생물 관점에서 보면 트림은 이산화탄소를 수소에 붙여서 메탄이라는 풍선 속에 날려 보내는 ‘환경정화’의 일환이다. 이런 과정을 혐기성 발효라고 한다. 사실 우리의 대장 안에서도 혐기성 발효는 일어난다. 다만, 사람은 고기와 풀을 다 먹는 관계로 굳이 소처럼 볏짚까지 소화시킬 필요가 없기 때문에 세포벽 분해에 특화된 미생물을 들이지 않았을 뿐, 혐기성 발효 끝에 메탄을 방출하는 건 똑같다. 당신의 방귀가 그 증거다. 그러니까 혐기성 발효라는 점에서, 소의 트림은 입으로 뀌는 방귀인 셈이다.

소는 자는 시간 빼고는 거의 하루 종일 되새김질을 하며 침을 만든다. 침 역시 소의 생존 전략이다. 침은 위의 산성도가 너무 높아지지 않도록 (그래서 미생물이 죽지 않도록) 하는 중화제 역할을 한다. 소가 하루 동안 분비하는 침을 다 모으면 우리가 반신욕을 할 수 있을 정도다. 이렇게 많은 양의 침이 위에 차 있어 발효가 잘 일어나고 그만큼 메탄 발생량도 많아진다.

소의 식사 시간. 충남 청양군에 있는 한 농장에서 소들이 식사를 하고 있다. 소는 하루에 7~10시간을 반추하며, 하루에 4만 2000번을 씹는 것으로 알려졌다. 이렇게 계속 씹어야 침이 만들어져 위에 사는 미생물이 죽지 않는다.

출처: 저자 촬영

하지만 소 입장에서 이 전략에 장점만 있는 건 아니다. 메탄은 에너지다. 가정에서 쓰는 도시가스의 주성분이 메탄이다. 입으로 메탄을 뱉으면 사료를 통해 활용할 수 있는 에너지가 그만큼 줄어든다는 뜻이다. 대사에너지(사료 총에너지에서 분·뇨·가스로 빠져나간 에너지를 뺀 것) 이용효율을 보면 돼지나 닭은 70~85%지만 소 같은 반추동물은 30~62%에 불과하다.[4] 100kcal칼로리의 사료를 먹었는데 에너지로 쓰이는 건 30~62%밖에 안 되고 나머지 38~70%는 트림으로 허비한다는 뜻이다.

닭·돼지가 일반 승용차라면 소는 허머나 레인지로버. 동물단체나 환경단체에서 주로 문제 삼는 부분이기도 하다. 고기 1kg을 얻기 위해 먹여야 할 사료가 너무 많이 든다는 것이다.

실제로 한 자료에 따르면 고기 1kg을 얻으려면 닭은 3.3kg, 돼지는 6.4kg을 먹이면 되는데, 소는 25kg이나 먹여야 한다.[5] 많이 먹은 만큼 트림도 더 많이 하고, 더 넓은 면적에서 사료를 재배해야 한다. 게다가 소가 트림만 하는 건 아니다. 방귀도 뀐다.

소 1마리 vs 자동차 1대, 탄소 배출량 대결

2019년 초. 미국 상원에서는 '그린 뉴딜' 결의안을 놓고 논쟁이 한창 벌어졌다. 트럼프를 배출한 공화당은 민주당 초선 하원의원이 올린 이 결의안이 마뜩찮았다. 그래서 공화당 상원 원내대표 미치 매코널Mitch McConnell은 결의안 표결에 앞서 이런 트윗을 날린다.

'상원은 표결에 들어갑니다. 얼마나 많은 민주당 의원이 비행기 여행과 소 방귀를 끝내고 싶어 하는지 봅시다.'

이에 발끈한 한 민주당 상원의원은 의회 공개 석상에서 이렇게 반박한다.

"원내대표께선 우리(민주당)가 비행기 여행과 소 방귀를 끝내고 싶어 한다고 하셨죠. 그런데요, 분명히 말하면 소는 방귀를 뀌지 않습니다. 트림을 하죠."

안타깝게도, 분명히 말하면, 이 의원의 말은 틀렸다. 이 발언이 있은 후 《AP통신》에서 확인한 사실은 다음과 같다.[6] 소의 전장(위)에서 만들어진 메탄의 95%가 트림으로 나가고, 후장(맹장, 대장)에서 만들어진 메탄의 89%도 호흡으로 배출된다. 나머지는 방귀다. 트림의 양이 압도적이지만 방귀의 메탄 배출량도 전체의 5~10%를 차지한다.

문제는 소가 뿜어내는 온실가스가 얼마나 많냐는 것이다.

IPCC 가이드라인에 따르면 소 1마리(북미 성우어른소 기준)는 1년에 이산화탄소를 기준으로 1600kg을 뱉어낸다.[7] 숫자만으로는 선뜻 이해되지 않을 수 있다. 1600kg이라고 하면 많아 보이지만 단위를 바꿔 1.6t이라고 하면, 어쩐지 적은 것도 같다.

자동차의 배출량으로 따져보자. 내가 2019년에 구입한 하이브리드 승용차는 1km를 달릴 때마다 이산화탄소 97g을 뿜는다. 서울에서 부산까지 주행 거리를 400km라고 하면, 한 번 갈 때마다 약 40kg의 이산화탄소가 배출된다. 그러니 소 한 마리는 차가 서울과 부산을 20번 왕복하는 것만큼 이산화탄소를 만든다! 우리에서 별로 움직이지도 않고 그저 하루 종일 무언가를 우물거리는 행동만으로도 단 한 마리의 소가 평생도 아니고 연간 배출하는 이산화탄소 양이, 자동차가 경부고속도로를 40번 달리는 동안 뿜어내는 양만큼 많은 것이다. 그나마 육우가 이 정도이고, 육우보다 덩치가 더 큰 젖소는 서울과 부산을 43번 왕복하거나 지구를 0.8바퀴 돌 때만큼의 이산화탄소를 방출한다. 젖소 한 마리가 말이다.

그래서 스탠퍼드 우즈 환경연구소의 크리스토퍼 필드 박사는 《AP통신》 인터뷰에서 "소는 양 끝에서 메탄을 뿜는 매우 역겨운 동물"이라고 말한다.

하지만 이 문장은 책임 소재가 불분명하다. 그래서 소가 나쁘다는 걸까, 그런 소를 기르는 우리가 잘못됐다는 건가. 우리가 잘못한 것이라면 문제를 해결할 방법은 있을까.

소가 헤비 메탄
소리를 듣는 이유

소 입에 마스크를 채워도 트림은 나온다. 우리의 항문을 막아도 방귀를 참기 어려운 것처럼 말이다. 그런데 나오는 방귀는 어쩔 수 없지만 냄새가 유독 고약하거나 시도 때도 없이 나온다면 뭘 먹었는지, 장 건강에 문제가 있는 건 아닌지 살펴야 한다. 소 트림도 마찬가지다.

살아있는 동물이 얼마나 많은 온실가스를 방출하는지 정확하게 측정하기는 어렵다. IPCC는 온실가스 배출량을 계산하기 위해 배출원마다 '배출계수'를 제시한다. 예를 들어 승용차 1대의 배출계수가 100kg이라면, 승용차 100대가 있는 A 나라의 승용차 온실가스 배출량은 1만kg으로 계산된다(온실가스 배출계수는 새롭게 발표되는 논문들을 참고해 몇 년마다 업데이트된다).

북미 성우를 기준으로 1996년 발표된 배출계수는 '47kg메탄/두/년'이었다. 소 한 마리가 1년에 47kg의 메탄을 배출한단 뜻이다. 그런데 2006년에는 53kg메탄/두/년, 2019년에는 64kg 메탄/두/년으로 늘어난다.[8, 9, 10] 여기엔 사육방식과 사료, 측정방식 등 여러 요인이 영향을 미쳤는데, 소의 덩치도 한몫한다.

국립축산과학원의 이유경 연구사는 말한다.

"1996년보다 2019년 배출계수 산정 때 참고 논문에 등장하는 시험 소의 체중이 늘어났을 거예요. 소 같은 경제동물은 생산성 향상이 목적이어서 개량도 그쪽으로 이뤄집니다. 우리나라도 품종을 개량하는 육종을 많이 해서 한우도 과거보다 체중이 많이 늘었어요."

실제로 1996년 IPCC 가이드라인에 사용된 북미 성우는 암컷이 500kg, 수컷은 800kg을 기준으로 한다. 그런데 2019년판에는 암컷은 580kg, 수컷은 820kg으로 더 뚱뚱해졌다.

소의 무게와 메탄 배출량의 상관관계는 대륙별 배출계수로도 확인된다. 2019년판 기준으로 북미 성우(이하 수컷 기준)의 무게는 바로 위에 적었듯 820kg이다. 동유럽의 성우는 600kg, 아시아는 501kg, 그리고 인구 80%가 힌두교도인 인도(정확히 말하면 가이드라인에서는 인도와 방글라데시, 부탄 등이 포함된 인도 아대륙이라 적혀 있다)에서는 309kg이다. 이들 지역 소의 메탄 배출계수를 보면 북미, 동유럽, 아시아, 인도 차례대로 64→58→56→47kg메탄/두/년으로 준다. 큰 소일수록 메탄 배출량이 많다.

축산업계는 그동안 '어떻게 하면 최단 기간에 최대로 소의 몸집을 키울 수 있을까'를 고민했다. 그러니 메탄을 뿜는 소를 '헤비메탄' 소로 만든 건 우리 인간이다. 축산업 관계자라면 이 문장이 매우 불편할 수 있겠다. 이들은 "사육 방식 효율화로 단위 고기 생산량당 온실가스 배출량은 줄었다"라고 말한다. 똑같은 양의 고기를 얻는 데 들어가는 에너지와 배출되는 온실가스가 줄었다는 뜻이다.

미 워싱턴주립대 교수 주드 캐퍼가 1977년과 2007년 축산 시스템을 비교한 논문에는 업계의 입장이 잘 요약돼 있다(참고로 이 연구는 미국 축산농가의 자조 모임 격인 비프 체크오프Beef Checkoff 와 워싱턴주 쇠고기위원회Washington State Beef Councils의 지원으로 이뤄졌다). 여기에 따르면, 하루에 소 한 마리에 투입되는 요소를 에너지 양으로 환산했을 때 1977년에는 59MJ메가줄이 필요했다. 그런데 2007년에는 85MJ이 들어간다. 여기까지는 '소가 점점 더 많은 메탄을 뿜는 동물로 길러졌다'는 내용과 맞아떨어진다.

그런데 여기서 '효율화의 마법'이 작동한다. 소가 비대해졌다는 건 소를 도축했을 때 많은 고기를 얻을 수 있다는 뜻이다. 그러니까 '똑같은 양의 고기를 생산할 경우'라는 조건을 분모에

넣게 되면 전혀 다른 이야기가 펼쳐진다.

예를 들어 쇠고기 10억kg을 얻으려면 1977년에는 약 1500만 마리를 길러야 했다. 그런데 2007년에는 1000만 마리만 있으면 된다. 공장(축산업)의 생산효율이 올라가 예전만큼 노동자(소)를 많이 고용하지 않아도 생산량(쇠고기)을 늘릴 수 있게 됐다.

그 결과 1977년 축산업의 각종 배출량을 100이라고 놓으면, 2007년에는 같은 양의 쇠고기를 생산하더라도 사육해야 할 소가 줄어드니 메탄은 82.3, 아산화질소는 88, 전반적인 탄소발자국은 83.7로 줄어들었다. 한 마리의 소는 과거보다 더 많은 온실가스를 뿜지만, 축산업 효율화가 우리 밥상에 올라오는 한 근의 쇠고기는 환경 친화적이 되도록 마법을 부린 것이다.

그런데 효율화의 핵심은 더 빨리 살찌우는 것이다. 많이 먹이고 움직임을 줄이면 된다. 1977년에 태어난 송아지는 하루 평균 0.75kg씩 살을 찌워 609일을 살다 도축됐다. 2007년에 태어난 송아지는 하루 평균 1.08kg씩 살을 찌워 485일 뒤에 도축된다(미국 기준. 고기 용도와 선호하는 식감 등이 다른 한국에서는 이보다 더 오랜 기간 사육한다). 고열량 사료를 많이 먹여 빨리 살찌우고 도축한다는 의미다.

많이 먹여도 그 이상 움직이면 아무 소용이 없다. 그래서 1977년 소는 도축 전 164일을 비육장(살을 찌우기 위한 좁은 축사)에서 보냈다면, 2007년 소는 183일을 보낸다. 1977년엔 이유기가 끝난 소를 적응 과정을 거쳐 비육장으로 보냈지만, 2007년엔 이유기를 마친 소 10마리 중 약 3마리가 곧바로 비육장으로 향한다. 효율화란 마법에 얽힌 불편한 진실이다.

우리나라도 빠른 속도로 소를 비대하게 키웠다. 2003년에 580kg이었던 도축체중은 이듬해 600kg을 넘기더니 2011년엔 650kg을 돌파했고 최근에는 700kg에 육박한다.[11]

그래도 살찐 소 덕에 단위 쇠고기당 온실가스 배출량이 줄었으니 다행이라고 할지 모르겠다. 그런데 만약 소가 비대해지는 것 못지않게 사람들의 고기 소비량이 늘고, 결과적으로 소 사육 두수 자체가 늘어나면 어떻게 될까. 에너지 효율을 높였더니 사람들이 전보다 에너지를 많이 써서 결국 총 에너지 사용량이 더 늘었다는 '제본스의 역설'이 축산업에 벌어지는 것은 아닐까.

충분히 가능한 이야기다. 유럽을 뺀 모든 곳에서 소 사육두수는 늘고 있다. 오늘날 전 세계에는 1960년대보다 1.6배 많은 소가 있다.

경제협력개발기구와 세계식량기구는 2029년까지도 전 세계 쇠고기 소비량이 계속 늘 것이라 전망한다. 개도국의 소득 증가 요인도 있지만, 인구 자체가 계속 늘고 있어서다. 1인당 소비량은 줄지 몰라도 전체 소비량은 어쨌든 늘어날 것으로 보인다.[12] 더욱더 뚱뚱한 소를 만들거나 점점 더 많은 소를 길러야 한다는 얘기다. 아마도 더 뚱뚱한 소를, 더 많이 기를 가능성이 크다.

한우·육우 사육두수

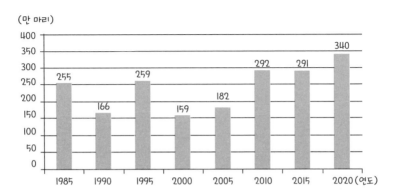

(만 마리)

출처: 통계청 <통계로 본 축산업 구조 변화>

소고기 소비량

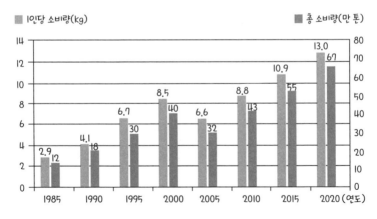

출처: 통계청 <통계로 본 축산업 구조변화>, 한국 유류 유통수출협회 <통계자료실>

한국은 소 사육량, 총 쇠고기 소비량, 1인당 쇠고기 소비량이 모두 늘었다. 당연히 가축이 트림과 방귀로 뿜어내는 온실가스의 양도 늘었다. 2019년 장내발효 온실가스 배출량은 1990년보다 55%나 늘었다. 그리고 배출량의 91%는 소가 뿜어냈다.[13]

메탄 저감 사료를 먹이면 된다고요?

물론 축산업계가 소의 덩치 키우기에만 관심을 두는 건 아니다. 메탄 생성을 줄이기 위해 다양한 시도를 해왔다(지구 환경을 걱정해서이기도 하고, 축산업 효율화를 위해서이기도 하다). 앞에서도 말했듯 메탄 방출은 사료 속 에너지가 쓰이기도 전에 공기로 날아간다는 뜻이다. 그래서 자동차 연비를 올리듯 메탄 방출을 최소화하려는 시도가 예전부터 있었다.

먼저 사료 섭취량을 늘리거나 농후사료를 많이 먹이는 방법이 있다. 둘 다 미생물의 역할을 줄여 메탄이 덜 만들어지게 하는 원리다. 사료를 많이 먹이는데 메탄 발생이 어떻게 줄어드는 걸까. 이 의문에 장종수 교수는 말한다.

"밥을 굶으면 장이 안 움직이죠? 그럼 변비에 걸려요. 체류 시간이 오래 걸린다는 뜻이에요. 반대로 많이 먹으면 장 움직임이 늘고 체류시간이 짧아지니까 발효시간도 줄어드는 거예요. 미생물이 분해할 여유가 별로 없다는 말이죠."

먹어서 밀어낸다는 말이 우스갯소리가 아닌 것이다.

농후사료는 섬유질 양이 적고 단백질은 비교적 많은 사료다. 섬유질이 적기 때문에 미생물이 할 일이 줄어든다. 그러나 소와 미생물의 공생은 오랜 진화의 산물이다. 소는 필요해서 미생물을 위 속에 들였는데, 이런 식으로 미생물이 할 일을 빼앗기면 반추위 안의 미생물 생태계가 악영향을 받을 수 있다. 소 건강에도 좋지 않다.

메탄 생성 억제 효과가 있는 항생제나 사료를 먹이는 방법도 있다. 하지만 항생제는 내성 문제를 일으킬 수 있고, 메탄 저감 사료는 효과가 오래가지 않는다는 한계가 있다.

"위에서 메탄을 생성하는 미생물은 하등동물이에요. 그래서 진화 속도가 빨라요. 금방 환경에 적응하는 거죠. 메탄 저감에 효과가 있다는 걸 먹여도 금방 적응을 해요."(장종수 교수)

"과학원에서도 20년 가까이 계속 저감물질을 찾았는데 미생물이 적응해서 효과가 떨어지는 경우가 생기는 거예요. 오늘은 분명히 메탄 발생이 20% 줄었는데 일주일 뒤에 다시 재면 원위치가 되는 것이죠. …… 인비트로(생체 밖 실험)에서는 성공한 게 많은데 인비보(생체 내 실험)에서 보고된 논문은 정말 극소수예요."(이유경 연구사)

경제성도 무시할 수 없는 부분이다.

"경제동물은 고기랑 우유 생산이 목표잖아요. 그런데 메탄 저감 사료를 먹였는데 살이 쭉쭉 빠지면 적용할 수 없죠. 그래서 전 세계를 통틀어서 현재 상용화된 건 없고, 그 정도 단계에 다가가고 있는 물질도 다섯 손가락에 꼽을 정도예요. 전 세계가 노력하고 있지만 공표할 만한 성공 사례는 없죠."(이유경 연구사)

이 밖에 백신이나 항체 이용, 유전자 변형 소 개발 등의 방법도 있지만 역시나 현실화한 것은 없다.

지원은 부족하고, 단기 성과만을 강조하는 우리나라의 고질적인 문제도 있다. 어떤 기술이 메탄저감 효과가 있는지 확인하려면 홀바디 챔버라고 하는 시설이 필요하다. 소의 트림과 방귀를 포집할 수 있는 시설이다. 그런데 2021년 기준 우리나라에 이 챔버는 딱 10대뿐이다. 물질 한 가지를 검증하는 데 3개월이 걸리고, 소도 몇 마리씩 투입해야 하는데 이걸 10대로 해결해야 하니 줄 번호표 뽑아 기다리며 실험해야 하는 상황이다. 여기에 공무원이든 학계든 연 단위로 실적을 보고해 평가받는 문화가 일반적이어서 장기적으로 시간과 노력이 드는 연구는 뒷전으로 밀릴 수밖에 없다.

소는 자꾸만 커지는데 메탄을 줄일 묘안은 없다. 이게 우리의 현실이다. 소는 잘못이 없다. 소를 더 뚱뚱하게, 더 많이 키우는 우리가 문제다.

농담 같은
똥·오줌 이야기

이번에는 소 뒤에 가려진 돼지를 소환할 차례다. 똥오줌에서 나오는 온실가스를 이야기하자면 돼지를 빼놓을 수 없다. 트림에 이어 이번엔 똥오줌이라니…… 지저분한 이야기를 거듭하는 건 국가 온실가스 인벤토리 때문이다.

인벤토리 항목은 에너지, 산업공정, 농업, LULUCF(토지사용 및 변경, 임업), 폐기물 이렇게 크게 5가지로 나뉜다. 그중 농업을 보면, 하위 항목으로 제일 먼저 나오는 게 장내발효, 즉 위에서 말한 트림이다. 그 다음으로 가축분뇨처리가 나온다. 그러니까 트림 다음에 똥오줌을 이야기하는 건 지극히 체계적인 과정이다.

분뇨라는 점잖은 말을 놔두고 자꾸 노골적인 단어를 쓰는

데도 이유가 있다. 올해 11살인 큰아들은 아직도 똥 이야기에 사족을 못 쓰는데, 질리도록 그런 이야기를 들으면 그러려니 받아들이게 된다. 보다 점잖은 이유라면, 편리성 때문이다. 가축의 배설물은 성질과 상태에 따라 처리 단가도, 처리 방법도 달라진다. 액체냐 고체냐에 따라 가는 길이 다르기 때문에 분뇨로 뭉뚱그리기보다 똥오줌으로 분명히 구분하는 게 확실하다.

본론으로 들어가보자. 분뇨가 해양에 버려지던 때가 있었다. 얼마 전에 한 토론회에서 어떤 분이 격앙된 목소리로 "옛날에 축산 분뇨 3분의 1이 처리되지 않고 생똥으로 바다에 무단 투하됐다"라고 한 말을 들은 적이 있다. 엄밀히 따지면 틀린 말이다. 2006년 통계를 보면 축산 분뇨의 약 6% 정도가 바다에 버려졌다.[14] 통계란 빈 곳이 있기 마련이니 실은 10% 넘게 바다에 버려졌다 해도 '무단 투하'라는 표현은 적절하지 않다. 불과 10년 전까지만 해도 똥오줌을 바다에 버리는 일이 불법은 아니었다. 정부 통계에도 분뇨 투하는 '해양 배출'이라는 방정한 단어로 한 자리를 차지하고 있다.[15] 합법 투하였단 말이다.

사실 똥오줌만 버려진 게 아니다. 석유를 증류하고 남은 찌꺼기, 방사성 폐기물, 중금속 폐기물, 살충제 등 살벌한 것들 역시 바다에 투하됐다. 바다는 육지의 쓰레기통이었다.

대개의 환경문제가 그렇듯 영국, 독일, 미국 같은 선진국들이 선진적으로 바다에 산업폐기물을 버렸고, 후발 공업국들이 뒤따를 때가 되자 선진국들은 사다리 걷어차듯 마구 버려서는 안 된다며 협약을 맺기 시작했다.

살벌한 순서대로 고준위 방사성 폐기물(핵연료 찌꺼기) 투기가 금지됐고, 저준위 방사성 폐기물(원전 작업자 보호복 등), 산업폐기물이 차례로 금지 항목에 올랐다.

우리나라는 1988년부터 군산, 포항, 울산 앞바다 3곳을 아예 해양투기 가능 해역으로 지정하고 각종 폐기물을 버렸다. 하지만 우리 또한 폐기물 해양배출을 금지하는 '런던협약'과 '런던의정서' 가입국으로서 바다를 내내 쓰레기통으로 삼을 순 없었다.

2005년에는 상징적인 사건도 벌어진다. 동해에서 잡힌 홍게에서 돼지털이 나온 것이다. 도저히 만날 수 없는 꽃게와 돼지의 콜라보였다. 요즘처럼 온라인 기사 공유가 활발했다면 코에 빨대 꽂힌 바다거북 못잖게 회자됐을 일이다.[16]

정부는 '육상폐기물 해양투기관리 종합대책'을 마련해 2006년부터 단계적으로 뭘 금지할지 정했다. 그리하여 2012년 1월 1일부터 분뇨 해양배출이 금지됐다. 이제 바다에 버리던 100만t의 똥오줌을 육상에서 처리해야 한다.

그런데 제도가 바뀐다고 해서 순식간에 관행까지 달라지는 것은 아니다. 똥오줌을 해양에 버린 건 처리비가 덜 들기 때문이다. 이걸 못하게 되니 당장 처리비가 올랐다. 2005년 무렵 가축분뇨의 해양배출 비용은 톤당 1만 5000원~2만 원이었는데 정부의 해양배출 감축 계획이 나오자 1~2년 만에 톤당 처리비가 2만 원~3만 원으로 올랐다. 비용이 오르는데 좋아할 사람은 없다. 특히 양도 많고 냄새도 지독한 돼지분뇨가 문제였다.

제도 시행을 앞두고 대한양돈협회가 주최한 한 토론회에서는 "해양배출 전면 금지는 분뇨 처리 비용 급등으로 이어져 양돈 농가의 어깨를 더욱 무겁게 한다", "양돈농가 개별처리 시설 지원을 대폭 확대해야 한다" 등의 이야기가 나왔다. 불만이 생기면 '어둠의 경로'로 문제를 해결하는 사람도 늘기 마련이다. 단순하면서 비용은 전혀 안 드는 방법으로 말이다. 비가 억수같이 퍼붓는 날을 골라 농장 한편에 쌓아둔 분뇨를 흘려보냈다.

실제로 해양배출 금지 첫 해인 2012년, 정부는 장마철을 맞아 특별점검을 했는데 904곳 중 125곳에서 불법처리가 이뤄지고 있었다. 2004년 이래 가장 높은 위반율이었다.[17]

정부는 무단방류를 막을 방법이 없을까 고민하다가 2017년부터 가축분뇨 전자인계 관리시스템을 만들었다. 축사에서 차량으로 분뇨를 싣고 처리장에 내려놓을 때까지 몇 톤이 어디로 움직이는지 추적하는 시스템이다.

탱크로리 액체를 운반하기 위한 목적으로 만들어진 트럭가 축사의 분뇨를 빨아들이면 바퀴축에 달린 중량센서가 무게를 측정해 서버로 정보를 전송하고, 운전석의 GPS를 통해 차량의 위치가 실시간으로 확인된다. 이렇게 하면 중간에 불법 처리업자에게 분뇨가 넘어가는 일은 불가능해진다. 하지만 이건 분뇨를 전자인계 관리시스템으로 넘겼을 때의 이야기고, 처음부터 나쁜 마음을 먹고 분뇨를 추적 불가능한 차량이나 다른 방식으로 처리하는 일까지 막을 순 없다. 그래서 지금도 무단방류는 일어난다. 심지어 아직도 바다에 무단투기하다 걸리는 경우도 있다.[18]

온실가스로 꽉 찬 돼지 분뇨

그럼 어떻게 하는 게 합법적인 처리일까.

방법은 크게 세 가지다. 퇴비로 만들거나 액비로 만들거나, 아니면 정화방류하거나. 똥 같은 건더기는 발효해서 퇴비를 만들고, 오줌과 축사 세척수가 섞인 액체는 액비로 만든다. 그런데 자칫 악취 민원에 시달릴 수 있다. 사람들이 쓰고 버린 하수를 처리하듯 정화방류하는 방법도 있다.

요즘 만들어진 정화 처리장은 건물에 음압이 걸려 있어 냄새가 밖으로 빠져나가지 않는다. 정화장에 모인 악취는 굴뚝으로 배출되기 전에 탈취기를 거친다. 비록 건물 안에 들어가면 삭힌 홍어 100만 마리가 와락 달려드는 듯 아찔할 냄새가 코를 찌르지만, 밖에선 거의 냄새를 맡을 수 없다.

냄새는 이런 식으로 잡을 수 있다. 문제는 온실가스다. 온실가스는 줄일 수도, 따로 포집해 묻어둘 수도 없다. 무엇보다 분뇨의 온실가스는 축산업계에서도, 환경당국에서도 변두리에 있는 화제다.

그런데 사실 가축의 똥오줌에서는 소의 트림보다 더 많은 온실가스가 배출된다. '메탄 트림'계의 1인자인 젖소는 사육두수가 줄어드는 데 반해 돼지는 자꾸 늘어나고 있어서다. 1990년대에도 돼지고기는 원 없이 먹었던 것 같은데 요즘은 그때보다 2.5배나 더 많은 돼지가 사육되고 있다.

그럼 가축 똥오줌이 인벤토리의 한 부문을 차지할 정도로 온실가스의 원인 중 하나인 이유는 뭘까.

분뇨는 장내발효에 비해 온실가스 발생 과정도, 처리 방법도 좀 더 복잡한데 이를 최대한 단순하게 설명하면 이렇다.

먼저 분뇨에서 나오는 온실가스는 메탄과 아산화질소 두 종류가 있다. 똥오줌이 처리될 때 산소가 있느냐, 없느냐에 따라 아산화질소가 나오거나 메탄이 나온다.

앞서 소가 트림할 때 메탄이 나오는 이유가 위에서 미생물이 산소가 없는 상태로 혐기발효를 일으키기 때문이라고 했는데, 똥오줌도 산소가 없는 상태로 오래 쌓이면 미생물이 혐기발효를 해서 메탄이 나온다. 음식물이 몸속에서 혐기발효되면 메탄 트림

과 메탄 방귀가 나오고, 똥오줌의 형태로 몸 밖에 나와 혐기발효
됐을 때도 메탄가스를 뿜는 것이다.

똥오줌을 혐기발효시키는 메탄생성균은 지구가 만들어지고
산소가 지구를 감싸기 전부터 존재했던, 아주 장구한 세월의 족
보를 자랑하는 미생물이다. 이미 다른 미생물이 분해시켜 놓은
작은 단위의 영양분을 먹고 더 작은 단위까지 분해시키는데, 분
뇨가 산소가 없는 상태로 긴 시간(한 달 정도)을 보내면 혐기발효
가 일어난다. 또 고체 상태보다 액체로 저장될 때, 그러니까 오줌
의 양이 많을 때 메탄 발생이 늘어난다.

그럼 여기서 이런 의문이 든다. 도대체 누가 굳이 가축 오줌
을 산소와 만나지 못하게 꼭꼭 막아놓고 한 달 넘게 보관한단 말
인가?

혐기라고 하면 통조림처럼 인위적으로 밀봉한 상황이 떠오
르지만 자연 상태에서도 흔하다. 여름철만 되면 찾아오는 '녹조라
떼'가 대표적이다. 남세균과 조류가 수면을 뒤덮으면 물속은 산소
가 줄어 질식사한 물고기가 둥둥 떠오른다.

가축 (똥)오줌도 그저 한군데 오래 모여 있는 것만으로도 혐
기 상황을 만든다. 돼지 똥오줌이 축사 바닥에 뚫린 구멍으로 곧
바로 빠져 저장되는 슬러리 돈사가 똥오줌이 혐기발효되기 좋은
경우다.

같은 돼지 똥오줌이라도 어떻게 저장하느냐에 따라 메탄 발

생량은 천차만별이다. 비슷한 온도라고 가정하고 돼지 분뇨를 그 냥 논밭에 뿌리는 경우에는 메탄 배출계수가 0.3(휘발성고형물 중 량당 메탄 배출량을 단위로 쓰는데, 복잡하므로 단위는 생략한다. 한대 지역 기준), 분뇨를 말려서 보관할 땐 3.0~6.0 정도지만, 슬러리 돈사처럼 액상으로 보관할 땐 18.1에서 많게는 180.9까지 폭발 적으로 증가한다. 보관법에 따라 같은 분뇨에서 피어오르는 메탄 량이 603배까지 차이가 나는 것이다.[19]

단위 배설물당 메탄 발생량은 가축 중에도 돼지의 똥오줌 이 압도적이다. 돼지는 소에 비해 소화가 잘되는 사료를 먹고, 소

슬러리 돈사. 돈사 바닥에 뚫린 구멍으로 똥오줌이 빠져 저장된다. 농장마다 분뇨 처리 기 간은 천차만별인데 이 농장의 경우 2~3개월마다 비우고, 어떤 농장은 1년 이상 채워두기 도 한다.

출처: 금강축산 제공

화 끝에 나온 분뇨는 메탄으로 쉽게 분해되기 때문이다. 또 메탄은 오줌의 양과 비례해서 나오는데 돼지의 오줌 배출량이 많다. 가축 한 마리가 하루에 싸는 똥오줌의 양을 덜 낯부끄러운 말로 '가축분뇨배출원단위'라고 한다. 이걸 보면 한우는 하루에 똥을 8kg, 오줌은 그보다 적은 5.7kg을 싸고, 젖소도 똥 19.2kg, 오줌 10.9kg을 싸는 반면, 돼지는 똥을 0.87kg, 오줌은 그보다 많은 1.74kg을 눈다. 똥보다 오줌 양이 많다. 뿐만 아니라 소의 분뇨는 축사 바닥에 깔린 톱밥에 흡수돼 바닥이 금세 건조되지만, 돈사에선 청소할 때 물을 뿌리거나 돼지가 물을 마시다 흘리는 일이 다반사다. 이 물은 다시 돼지 분뇨로 흘러간다.[20]

이렇게 똥오줌과 물이 뒤섞인 걸 슬러리라고 한다. 오줌도 많이 싸는데 물까지 뿌려대니 돼지 슬러리 1000kg 중 똥 같은 고형물(돼지가 흘린 먹이 등도 섞여 있다)은 50kg뿐이고, 나머지 950kg은 액체다.[21] 메탄이 발생하기 딱 좋은 환경이다.

아산화질소가 발생하는 과정은 이보다 좀 더 복잡하다. 국내 보고서나 IPCC 배출계수 보고서 번역판 등에는 다음과 같이 나와 있다.

가축분뇨의 아산화질소N_2O 배출은 가축분뇨의 질소 성분의 분해 과정에서 일어난다. 분뇨가 질산화 및 탈질화 과정을 거치면서 질소 성분이 분해되어 질소가스가 되는 과정의 전 단계의 부산물로 발생하거나 산소가 부족한 상황에서 질산화 과정 도중에 발생하기도 한다. 질산화는 산소의 공급이 원활할 경우 일어나는 현상이며 탈질화는 산소의 공급이 원활하지 않아 산소가 부족한 환경에서 일어나는 현상이다.[22]

나는 이 단락을 몇 번이나 반복해서 읽었지만 이해하지 못했다. 질산화, 탈질화는 무엇이고, 산소는 왜 풍족했다가 부족했다 하는 걸까. 그래서 직접 이 보고서의 연구 책임자인 강원대 박규현 교수에게 물어봤다. 보고서의 딱딱한 어투와는 달리 나 같은 '화알못'도 머리에 느낌표를 떠올릴 만큼 쉬운 설명이 이어졌다. 요약하면 이렇다.

분뇨에는 암모니아NH_3가 많다. 미생물의 세계는 경이로워서 산소가 있으면 있는 대로, 없으면 없는 대로 다 적응의 노하우가 있다. 산소O_2가 많을 땐 암모니아NH_3에 있는 질소N에 산소를 붙이는 방식으로 일을 하는데 이게 질산화다. 그래서 만들어지는 게 이산화질소NO_2나 질산NO_3이다. 미생물이 사는 미세한 공간에 공기가 원활하게 유입될 때는 이런 반응이 나온다. 그런데 만약에 비가 내려 미생물이 살던 공간이 침수돼 공기가 제대로 들어오지 않는다면?

이때도 우리의 신비로운 미생물들은 계획이 다 있다. 이미 만들어진 질산NO_3에서 산소를 빼먹는 것이다. 그럼 질산NO_3은 이산화질소NO_2가 되고, 이산화질소NO_2는 NO가 되고, NO는 종국에 질소N_2가 되어 공기로 날아간다. 이 과정을 탈질화라고 부른다. 이때 완전히 질소N_2에 이르지 않고 일부 아산화질소N_2O 상태로 날아가는 녀석들도 생기는데 이게 바로 온실가스인 아산화질소다. 다시 정리하자면, 질산화는 질소에 산소를 붙이는 과정이고, 여기서 다시 산소를 떼어 내는 게 탈질화다. 그리고 이런 과정은 산소의 공급이 마냥 원활하지도, 마냥 부족하지도 않아서 벌어지는 일이며 아산화질소는 그 부산물이다.

대표적인 온실가스인 이산화탄소와 지금까지 주로 이야기한 메탄, 아산화질소 발생 과정에 대해 박규현 교수는 한 마디로 이렇게 설명했다.

"산소가 많은 곳에서는 호흡을 하는 생물이 많겠죠. 그래서 호흡 후 이산화탄소CO_2(산소가 2개)가 나옵니다. 산소가 있는 듯 없는 듯하면 아산화질소N_2O(산소 1개)가 나옵니다. 산소가 아예 없으면 메탄CH_4(산소 0개)이 나오고요."

이렇게 간단한 암기법이 있었다니!

가축의 종류마다 트림 발생량이 다른 것처럼 분뇨에서 나오는 온실가스도 가축의 종류마다 다르다. 1996년 IPCC 배출계수를 보면 메탄 발생량이 가장 많은 건 역시 젖소다. 젖소 한 마리는 똥오줌으로 1년에 36kg의 메탄을 배출한다. 그다음이 돼지 분뇨로 3kg이 나온다. 값이 두 자릿수에서 한 자릿수로 줄어드니 돼지 똥오줌이 별 거 아닌 듯 보이지만 한우를 보면 생각이 달라질 것이다. 한우는 돼지보다 몸무게가 몇 배는 더 나가지만 한우 배설물에서 나오는 메탄은 돼지의 3분의 1 정도다.

2006년 수정된 버전에서는 차이가 더 벌어진다. 젖소 분뇨는 58kg, 한우는 1kg, 그리고 돼지는 8~12kg의 메탄을 배출한다. 돼지 분뇨가 이토록 강력한 메탄 배출원인 이유는 역시 슬러리 형태의 분뇨 저장방식 때문이다. 돈사 바닥에 주로 액상 형태의 똥오줌이 쌓이고 여기서 혐기발효가 일어나 메탄이 많이 피어난다.

같은 소인데 젖소와 한우 분뇨의 메탄 배출량이 큰 차이가 나는 것 또한 처리방식 때문이다. 한우 축사에는 톱밥이 깔려 오줌 슬러리가 생길 일이 없지만 젖소는 절대적인 오줌 양도 한우보다 많고, 젖을 짜는 공간을 청소하기 위해 물을 쓰기 때문에 액상 형태의 분뇨가 생긴다.

몸집이 클수록 많이 먹고 많이 싸기 때문에 동물의 무게도 영향을 준다. 고기용 돼지보다 더 무거운 번식용 돼지는 분뇨의 메탄 배출량도 2배쯤 된다.[23] 돼지가 사는 지역에 따라서도 메탄 발생량이 3배나 차이가 날 수 있다. 더울수록 메탄이 잘 만들어진다. 지구온난화 상황에선 매우 좋지 않은 이야기다.

돼지 똥오줌은 메탄이 잘 만들어진다는 것도 문제지만 양도 문제다. 국내 돼지 사육두수는 1990년대에서 2000년대 사이에

2배로 껑충 뛴다. 그 후로도 계속 늘어나 2014년엔 1000만 마리를 돌파했고, 2020년엔 1137만 마리를 사육 중이다.[24] 국민 네댓 명당 한 마리 꼴이다. 우리나라 가축분뇨 발생량 40%가 돼지 우리에서 나온 것으로 추정된다.[25]

그 결과 1990~2018년 사이 소 분뇨의 메탄 배출량은 메탄계 1위를 자랑하는 젖소 사육두수의 감소로 10% 줄어든 반면, 돼지 분뇨의 메탄 배출량은 무려 160%나 늘었다.

아산화질소는 공기가 부족하게나마 공급될 때 발생한다. 소 축사에서 흔히 볼 수 있는 배설물 따위를 썩힌 비료, 두엄이 그런 경우다. 앞서 아산화질소는 암모니아가 질산화, 탈질화를 거치는 과정에서 부산물처럼 발생한다고 했다. 필연적인 결과가 아니라 말 그대로 부산물이기 때문에 절대적인 발생량으로 따지면 메탄보다 훨씬 작다. 하지만 안심할 건 아니다. 앞서 말한 것처럼, 아산화질소가 온난화를 일으키는 능력은 이산화탄소의 273배나 되기 때문이다. 아산화질소 1t은 이산화탄소 약 273t과 맞먹는다는 얘기다.

그럼 이런 분뇨를 어떻게 처리해야 온실가스를 조금이라도 줄일 수 있을까? 매일같이 똥오줌을 경작지나 목초지에 뿌리는 게 메탄이든 아산화질소든 분뇨 온실가스 발생 측면에선 가장 도움이 된다(적어도 '분뇨처리 부문'에서는 그렇다. 땅에 뿌려지면 '토양 부문'에 잡힌다). 하지만 돼지의 고약한 똥오줌을 논밭에 뿌리면 당장 동네가 뒤집어질 것이다. 다만 냄새가 훨씬 덜한 소의 분뇨라면 어느 정도 가능하다. 시골길에서 이따금 풍겨오는 그윽한 '고향의 향기'를 다들 맡아봤을 것이다. 물론 생똥을 뿌린 건 아니고 어느 정도 묵혔다 뿌리는데 드문 일이 아니었고, 심지어 농가가 돈을 주고 그 거름을 사기도 했다. 닭똥도 비료의 가치가 높아 농민들한테 인기가 많았다. 돼지 분뇨로 바이오가스를 만드는 논산계룡축협의 이남호 계장은 이렇게 말했다.

"소똥이나 닭똥은 돼지 분뇨처럼 냄새가 심하지도 않고 가루 형태처럼 되거든요. 그래서 일반 농가나 비료회사에서 산다더라고요. 5t 트럭이면, 3만 원에 구두 거래하는 식으로요. 요즘에도 소똥·닭똥이 필요한 농가가 있어요. 그런 곳에는 무상으로 주기도 하죠."

"왜 공짜로 줘요? 요즘은 축산업자가 돈을 받지 않나요?"

"똥에 대한 제재가 심해졌어요. 부숙도 검사를 해서 수분이 70% 이하일 때만 뿌릴 수 있어요. 냄새 때문이죠. 각 지자체 환경과에 신고해서 어디에 뿌리겠다고 신고도 하고 부숙도도 통과해야 하니 일반 농가에서 이런 문제까지 신경 쓰긴 어렵죠."

똥오줌의 자리가 자꾸 좁아진다. 해양투기도 안 되고, 함부로 논밭에 뿌릴 수도 없는데 좋은 방법이 없을까? 요즘 유행하는 순환경제나 에너지 전환과 잘 엮어 보면 방법이 있지 않을까?

악취에서 시작해
악취로 끝난다

경기도 용인에 있는 백암가축분뇨 공공처리시설은 매일같이 돼지 오줌 300~400t을 처리한다. 흔히 '똥차'라고 하는 버큠탱크로리가 빈번하게 드나드는 모습만 빼면 겉모습은 교외에서 흔히 볼 수 있는 사업체 건물이다. 그리고 그 건물 앞에는 작은 개천 청미천이 흐른다.

우리나라 돈사는 분뇨 처리 방식에 따라 크게 스크래퍼와 슬러리 두 종류로 나뉜다. 스크래퍼 돈사에서 돼지 똥은 바닥에 쌓이고 오줌은 경사진 곳을 따라 흘러 내린다. 슬러리 돈사에서는 돼지 우리 바닥에 구멍이 뚫려 있어 똥오줌이 지하 저장고에 한데 모인다. 백암 처리시설은 용인시 안의 108개 스크래퍼 돈사에서 오줌을 받아와서 처리한다(오줌이라고 해서 맑은 노란 빛깔 액체가 아니다. 돼지가 소변기에서 얌전히 볼일을 보는 건 아니니까 말이다. 덩어리가 별로 없는 시커먼 똥물에 가깝다). 돼지 오줌은 여기서 여러 번의 정화처리를 거친 뒤 무색무취의 그럭저럭 깨끗한 물이 되어 청미천으로 방류된다.

분뇨 담당 공무원이나 관련업 종사자들이 가장 신경 쓰는 건 첫째도 냄새, 둘째도 냄새다. 이를 두고 정화장 관계자는 말한다.

"액비로 키운 쌀은 맛도 좋다고 하는데 액비를 뿌리기가 쉽지 않아요. 아무래도 냄새가 전혀 안 나는 건 아니니까요. 그런 면에서 이런 정화방류가 제일 깔끔하죠. 그런데도 이런 시설 짓는 게 쉽지 않아요. 예산을 받고도 부지 선정을 못해서 반납하는 경우도 많아요. 평택도 몇 년째 못 짓고 있어요. 진짜 냄새가 나서 냄새를 맡는 게 아니라 '의식'해서 냄새를 맡는다고 하잖아요."

냄새 없는 정화처리 시설도 '냄새가 나는 것 같아서' 들어서기 힘든 게 현실이다. 이는 분뇨 처리의 어려움을 단적으로 보여준다.

분뇨로 비료를 만들자
(어디에 뿌릴 건데요?) ————————

우리나라 가축분뇨의 대부분은 퇴액비로 만들어진다. 앞서 이야기했듯 퇴비는 가루, 액비는 액체다. 단지 성질과 상태만 다른 게 아니라 만드는 재료도 다르다. 지금까지의 이야기로 짐작할 수 있겠지만 소와 닭의 똥은 퇴비, 돼지 오줌은 액비의 원료가 된다.

가축분뇨로 농산물을 얻고, 그 농산물을 다시 가축에 먹이는 방식을 '경축순환농업'이라고 한다. 오늘날엔 구태여 경축순환이라는 있어 보이는 용어를 붙이지만, 사실 화학비료가 논밭을 점령하기 전까지 가축과 농사는 늘 붙어 있었다. 가축분뇨가 천덕꾸러기 신세가 된 건 화학비료가 가축분뇨를 밀어내면서다.

가축분뇨가 땅으로 돌아가지 못할 경우 '합법적인' 처리 방법은 백암 처리장처럼 정화방류하는 것뿐이다. 그런데 정화방류에는 전기도, 약품도 많이 든다. 백암 정화장 관계자는 말한다.

"전기요금만 한 달에 4000만 원 정도 나가요. 약품비도 한 달에 2000~3000만 원 들어요. 가성소다, 무기응집제, 유기응집제, 소독제 이런 게 비용이 많이 나가요."

한국환경연구원KEI이 2019년 발간한 보고서를 보면 퇴액비를 만들면 정화처리할 때보다 온실가스를 줄일 수 있고, 정화처리시설이 다른 분뇨시설보다 온실가스 발생량이 9배 정도 많은 것으로 나타났다. 퇴액비를 만들 때도 온실가스가 발생하지만, 화학비료 대신 쓸 수 있어 화학비료를 제조할 때 발생하는 온실가스를 상쇄할 수 있다.

하지만 가축분뇨로 퇴액비를 만드는 일은 쉽지 않다. 각종 행정적인 절차도 많고 '분뇨는 무조건 민원 생기지 않게 최대한 눈에 안 띄는 곳에서 냄새 나지 않게 처리해야 한다'라는 게 불문율이다. 님비를 부르는 기피시설 중 단연코 앞에 설 수 있다. 백암 정화장 관계자가 들려준 현실은 이를 잘 보여준다.

"저희도 하루에 30t 정도 액비를 만들 수 있는 시설이 있어요. 이걸 왜 만들었냐면 액비를 만들려면 저류조에서 여과수조, 오존처리수조까지 모든 단계를 다 거칠 필요 없이 중간에 있는 반응조까지만 가면 되거든요. 그럼 전력비도 들지 않아서 우리로서는 이득이죠. 그런데 액비시설을 가동하는 데 필요한 절차를 다 못 밟아서 아직 못 돌리고 있어요."

정화처리시설은 기본적으로 더러운 물을 정화해 다시 하천으로 내보내는 시설이기 때문에 '너무 더러운' 똥물은 받지 않는다는 점도 한계다. 백암 처리장의 경우 2만 8000ppm 미만의 슬러리만 반입된다. 돼지 축사에서 나온 것치고는 꽤 깨끗한 편이다. 처음부터 똥과 오줌을 따로 모아놓은 스크래퍼 돈사에서 오줌만 가져온 것이기 때문이다. 이렇더라도 반입량 200t 중에 걸러져 나오는 찌꺼기가 30t이나 된다.

정화시설에서 나온 찌꺼기나 똥오줌이 합쳐진 슬러리 돈사의 분뇨는 액비의 좋은 원료가 된다. 충남 공주시에 있는 농업회사법인 석계는 액비를 전문적으로 만드는 곳이다.

석계는 입간판 하나 없이 좁다란 시골길 한쪽에 자리해 있다(간판이 없는 데는 다 이유가 있었다). 박강순 대표이사는 양돈 컨설팅을 하다 분뇨 해양 투기가 금지된 뒤 지금의 액비공장을 차렸다. 하루에 150t씩 한 달에 4500t의 돼지 슬러리를 받아서 고형분인 10~15%는 퇴비를 만들고, 자연 증발량을 뺀 70~75%로 액비를 만든다. 암모니아는 탈취탑에서 포집해 물에 녹여 보내고, 분뇨는 호기발효(산소가 있는 상태에서 미생물에 의해 발효되는 현상)해 액비를 만든다. 이렇게 만든 액비를 농가에 살포하면 토지면적당 지자체로부터 돈을 받는데, 이게 주 수입원이다.

"살포 비용은 100% 정부(지자체) 보조예요. 헥타르당 평균 20만 원부터 시작해서 최대 35만 원까지도 받을 수 있어요."

"왜 값이 달라요?"

"매년 평가를 받아요. 20만 원을 기준으로 놓고서 비료 등록을 하면 5만 원을 더 줘요. A등급을 받으면 10만 원을 더 주고요. 그래서 A등급은 35만 원, B등급은 20만 원, C등급도 있는데 그건 15만 원이에요."

"A등급을 받으려면 어떻게 해야 돼요?"

"일단 첫째로 주민 민원이 없어야 되고, 둘째로는 품질이 좋아야 돼요. 큰 동네 들어가면 월~금요일 동안 하루에 300t씩 1500t을 뿌려요. 그런데 냄새가 나면 난리나요. 민원 제기하고 막 그러죠. 이런 걸 다 종합적으로 해서 평가를 받아요. 우리 거는 냄새가 하나도 안 나요."

　액비가 화학비료로 황폐해진 땅을 건강하게 해주고, 온실가스 발생도 줄여준다는 얘기는 '먹물들이나' 하는 얘기다. 결국 현장에선 냄새가 제일 중요한 이슈다. 그럼 액비의 품질이란 건 뭘까.

　"부숙도 검사예요. 발효가 잘 되면 냄새가 안 나거든요."

　역시 냄새다.

　"그래서 암모니아가 얼마나 있는지를 봐요. 2ppm 이내여야 해요. 낙엽 밑에 보면 시커먼 부식토가 나오잖아요? 그것처럼 이것도 부식이 되면 고유의 색이 나와요."

　그는 잠깐 기다려보라고 한 뒤 종이컵을 들고 왔다. 만약 김까지 모락모락 났다면 아메리카노나 코코아라고 오해할 법한 액

발효된 액비. 액비는 잘 발효되면 냄새가 거의 나지 않는다.

출처: 저자 촬영

체가 담겨 있었다. 액비다.

깨끗함을 강조하는 박 대표 앞에서 나도 모르게 인상을 쓰면 실례일 것 같아 콧구멍을 반만 열고 조심조심 코를 갖다 대니 뜻밖에도 흙냄새가 났다. 미생물이 빚은 기적이다.

"액비는 부숙을 거쳤기 때문에 미생물이 풍부해요. 액비는 추수가 끝난 11월부터 모내기 들어가기 전인 5월까지 수요가 제일 많아요. 땅이 쉴 때 지력을 높이려고 하는 거죠. 그렇지만 어디까지나 보충제일 뿐이죠. 유럽은 분뇨를 기본으로 하고 부족할 때 화학비료를 써요. 그런데 우리나라는 화학비료를 쓰다가 땅이 척박해지면 그때 퇴비나 액비를 뿌리는 거예요. 화학비료는 몇 번을 쓰든 제재가 없어요. 그런데 퇴액비는 까다로워요. 품질 기준도 그렇고 민원이 나오면 안 되니까 조심할 게 많아요."

정부 정책을 들여다보면 우리나라 분뇨처리에 어떤 방향성이 있는지 헷갈린다. 대표적인 게 양분관리제다.

정부는 2021년부터 지역단위 양분관리제를 시작했다. 우리나라 토양의 양분(질소, 인) 함량은 세계적인 수준이다. 양분이 많다고 하면 언뜻 좋은 이야기 같지만 전혀 그렇지 않다. 양분이 너무 많으면 토양이 되레 척박해지고 강으로 흘러들면 녹조의 원인이 된다. 그리고 앞에서 이야기한 것처럼 질소는 아산화질소가 되어 이산화탄소보다 수백 배 강한 온실효과를 일으킬 수도 있다.

지역단위 양분관리제는 지역별로 토양에 양분이 얼마나 들었는지 측정해 일정 정도를 넘지 않도록 하겠다는 것이다. 취지는 좋지만 특이하게도 이 제도의 관리 대상은 가축분뇨와 이걸로 만든 퇴액비다. 물론 양분을 과다하게 만든 화학비료와 퇴액비 모두 조절 대상이지만 실질적으로 더 압박받는 건 퇴액비다. 농민 입장에선 퇴액비냐, 화학비료냐 묻는다면 성분이 일정한 화학비료를 선호하기 때문이다. 뒤에 나올 〈멀고 먼 유기농의 길〉에서 자세히 언급하겠지만, 우리의 비료 사용량은 세계적으로도 높아서 정부는 늘 줄이겠다고 했지만 항상 실패했다. 액비 공장은 혐오시설이라 설치도 어렵다. 2017년 한국농촌경제연구원 보고서를 보면 공동자원화 시설이 혐오시설로 인식돼 주민 동의를 받는 데 어려움이 있어 2016년 6월 기준으로 34개 업체 중 28개 업체가 사업을 포기했다고 나온다.[26] 석계를 찾아가는 길에 입간판을 볼 수 없었던 것도 그런 이유다.

"가상 냄새라고 하잖아요? 분뇨 업체라고 하면 냄새가 안 나도 냄새가 나는 것처럼 느끼는 거죠. 그것 때문에 간판을 안 달았어요."

액비화동에 연결된 관에서는 60도에 달하는 뜨끈뜨끈한 열감이 올라온다. 미생물이 발효하면서 발생하는 열이다. 이걸 온실에 연결하면 화석연료를 쓰지 않고도 겨울철 온실 보온 효과를 낼 수 있지만, 우리나라에서 분뇨 처리시설은 혐오 시설 중 혐오 시설이어서 액비 발효열과 온실의 만남은 머나먼 일이다. 이 또한 분뇨를 폐기물로만 바라봐서 생기는 문제다.

화학비료 투입을 제한하지 않고 퇴액비 살포부터 관리하겠다고 하면 액비도 액비지만, 원래도 찬밥 신세인 퇴비는 더 설 자리를 잃게 된다. 액비는 정부가 그동안 정책적으로 무상으로 논밭에 뿌려줬다. 농민이 언제 어디에 필요하다고 신청만 하면 액비 차량이 와서 공짜로 뿌려줬다. 하지만 퇴비는 비용도 들고 뿌려야 할 양도 많아 외면받아 왔다. 게다가 퇴비는 화학비료처럼 농축된 게 아니기 때문에 화학비료 1포를 뿌렸을 때 퇴비는 10~20포를 뿌려야 한다. 포당 가격도 퇴비가 더 비싸다. 고령화되고 일손도 딸리는 농가에서 구태여 퇴비를 쓸 이유가 없다.

석계의 박강순 대표도 퇴비를 원활히 팔 수 있는 조건이 아니어서 소똥은 월 100t, 많아야 500t만 받는다고 했다. 돼지 슬러리 하루치의 양이다.

지금까지 언급한 정화처리와 퇴액비를 다시 한번 요약하면, 정화처리는 말 그대로 분뇨를 환경기준에 맞춰 정화해서 버리는 작업이다. 여기서 처리할 수 있는 분뇨는 비교적 맑은 돼지 오줌이다. 그리고 퇴액비는 덜 맑은 분뇨를 발효해서 만든다. 퇴액비는 경축순환을 회복하고 화학비료를 줄인다는 의미가 있다(물론 한국에선 아직 먼 이야기지만).

그런데 이런 방법으로도 어찌할 수 없는 부분이 있다. 정화를 하거나 퇴액비를 만들 때는 혐기발효나 호기발효를 거친다. 그런데 앞에서 설명했듯 분뇨가 혐기·호기발효를 거치면 온실가스가 만들어진다. 정화와 퇴액비의 한계는 온실가스 자체를 직접 줄이지 못한다는 것이다. 작업 과정에 들어가는 전력량을 줄이거나 산소를 충분히 공급해서 온난화 효과가 큰 메탄이나 아산화질소 대신 차라리 이산화탄소(앞서 박규현 교수님의 설명을 떠올려보시라. 산소가 풍부하면 산소 2개짜리 이산화탄소가 나온다) 발생을 늘리는 정도가 저감 방법이랄까. 결국 분뇨를 처리할 땐 온실가스가 만들어지는 것 자체를 어쩌지는 못한다.

분뇨로 가스를 만들자
(똥 공장을 어디에 짓죠?)

어차피 메탄이나 아산화질소가 생긴다면 다른 일에 활용해 보는 방법은 어떨까. 예를 들면, 전기를 만들어 보는 것이다. 충남 논산에 있는 논산계룡축협 자연순환농업센터가 그런 곳이다. 이곳의 자원화시설은 돼지 똥오줌을 모아 음식물쓰레기랑 섞어 최종적으로 바이오가스를 만든다.

어렸을 때 한 프로그램에서 코미디언 한무 씨가 방귀로 화재경보기를 울리는 실험을 한 것을 보았다. 방귀에 있는 메탄의 위력이 그만큼 대단하단 뜻일 것이다. 돼지 똥과 음식물쓰레기를 섞는 건 몸 밖에서 다시 한 번 방귀를 만드는 과정이라고 생각하면 된다. 우리 몸속 장에서 혐기성미생물이 음식물을 분해해 메탄(방귀)을 만들 듯 여기에서는 똥과 음식물쓰레기를 섞어 메탄방귀를 만든다. 똥으로 만드는 방귀라니, 이것이야말로 진정한 의미의 똥방귀다. 사람 방귀가 화재경보기를 울릴 정도니, 작정하고 만든 돼지 똥방귀의 위력은 엄청나다. 어느 정도냐면 여기서 나오는 가스를 태우면 무려 발전기를 돌릴 수 있다. 즉 전기를 만들어내는데 이 똥방귀가 바로 바이오가스다.

가스는 둥근 돔처럼 생긴 가스저장시설에 담긴다. 이 돔은 가스풍선으로 한 번 덮여 있고 공기층으로 또 한 번 덮여 있다. 폭발의 위험에 대비해 이중으로 보호해놓았다. 비록 출신은 비천하나 바이오가스도 태양광, 풍력과 마찬가지로 재생에너지에 속한다. 논산계룡축협의 이남호 계장은 "바이오가스는 재생에너지일 뿐만 아니라 저장 가능한 에너지"라고 강조했다.

주차장에 세워둔 자동차 배터리가 방전되는 걸 보면 알겠지만, 전기는 오랫동안 저장하기가 무척 힘들다. 태양광, 풍력으로 만든 전기도 마찬가지다. 그렇다고 하늘에서 쏟아지는 햇빛, 스쳐 지나가는 바람을 붙들어 어딘가 보관해둘 수도 없는 노릇이다. 그런데 바이오가스는 LPG나 CNG 같은 가스라서 얼마든지 저장했다가 필요할 때 전기를 만들어낼 수 있다.

이 계장의 바이오가스 예찬은 이어졌다.

"요즘 수소경제, 수소경제 하잖아요? 바이오가스로 수소도 만들 수 있어요. 수소를 만들려면 물을 전기분해해야 되잖아요? 그런데 이 방식은 가성비가 떨어져요. LNG나 LPG에서 수소를 뽑아내기도 하지만 결국 화석연료를 쓰는 거잖아요. 그런데 바이오가스는 이 두 가지 단점을 보완해서 수소를 만들 수 있어요. 분뇨 관리만 잘해도 가스도 얻고 수소도 얻는 거죠."

바이오가스는 '어차피 발생하는' 온실가스로 전기를 만들거나, 그 전기로 퇴액비를 만들 수 있기 때문에 화석연료 사용을 줄이는 효과가 있다.

한국환경연구원 연구에서는 바이오가스화 시설에서 축산분뇨 1t당 16.3~31.6kg의 바이오가스가 생산됐고, 온실가스 저감효과까지 기대할 수 있다고 나타났다.[27]

퇴액비를 만들더라도 온실가스 발생은 피할 수 없고, 무턱대고 논밭에 뿌릴 수도 없기 때문에(특히 우리나라는 농지 면적이 계속 줄고 있다는 점도 무시할 수 없다) 바이오가스 설비는 중요하다.

이런 이유로 독일에서는 가축분뇨로 바이오가스를 만들 경우 경제적인 혜택을 줌으로써 소규모 축사도 바이오가스 설비를 지을 수 있도록 했다. 그래서 2017년에 신설된 바이오가스 시설(바이오가스는 가축 똥오줌만 아니라 옥수수, 사탕수수 같은 곡물로도 만든다) 143개 중 130개가 분뇨 바이오가스 시설이었다.[28] 덴마

크도 가축분뇨의 50%를 에너지로 처리하는 것을 목표로 하고 있으며, 바이오가스로 전기뿐만 아니라 압축해서 압축천연가스 차량용 연료나 도시가스로 공급하는 것도 정책적으로 추진 중이다.

하지만 우리나라에는 가축분뇨 바이오가스 처리시설은 다섯 곳뿐이고, 논산계룡축협처럼 음식물 쓰레기와 섞어 처리하는 통합 바이오가스 시설까지 합쳐도 51곳에 불과하다.

"돈이 안 되잖아요. 이 시설 짓는 데 돈이 엄청나게 들어가요. 보조금을 받아서 짓더라도 매전 단가(전기를 판매하는 단가)가 너무 낮아요. 1kWh킬로와트시 매전하는 데 140원(2021년 말 기준. 최근 많이 올라서 이 정도다. 2020년 말에는 70원 정도였다)이에요. 외국은 300~350원 되거든요? 이걸론 남는 게 없어요. 이게 가스가 많이 발생하다 보니까 기계 내연연수도 짧고 장비 교체비용도 만만찮아요. 저희 같은 조합이야 다른 데서 돈 벌면 되지만, 사실 개인이 할 이유가 없죠. 봉사할 것도 아니고."(이남호 계장)

"정책적으로 태양광 에너지를 밀어주니 이쪽은 관심이 없어요. 심지어 태양광도 동네에 들어선다면 바로 반대하는 현수막이 붙는데, 분뇨 바이오시설은 말할 것도 없죠. 우리는 악취가 나냐 안 나냐 이걸로만 접근하니까 제약사항이 너무 많은 거죠. 액비 뿌리면 토양환경 좋게 하죠? 바이오가스 만들면 탄소 저감하죠? 그럼 이런 시설을 더 장려해야 할 텐데……."(박강순 대표)

가축 똥오줌 처리 시설을 반길 사람은 없다. 냄새를 틀어막

더라도 그렇다. '똥 공장'이 있다는 사실만으로도 부동산 가격에 치명적인 악재다. 그렇기 때문에 이런 마이너스 요소를 상쇄할 수 있는 혜택을 주민들에게 주어야 한다. 에너지 요금 할인이나 직접 분뇨 바이오가스 시설의 투자자로 참여할 수 있도록 유인하는 것이다. 실제 태양광이나 풍력의 경우 REC 우대가중치라고 하는 방법으로 주민 투자를 유도하는 제도가 있다.

분뇨는 폐기물이다. 그러나 화학비료를 대신할 비료가 될 수도 있고, 석탄을 대신할 전기가 될 수도 있다. 분뇨의 가치는 정책적 선택에 따라 충분히 달라질 수 있다. 분뇨에 대해 본능적으로 혐오감이 드는 건 당연하다. 나도 그렇다. 사람들의 혐오감을 누그러뜨리고 자원화하는 방법을 고민하는 게 정부의 역할이다. 악취로 시작해 악취로 끝나는 분뇨 정책이 아쉽다.

아마존,
네가 왜 거기서 나와

이제는 소의 입과 돼지 엉덩이에서 눈을 떼서 먼 곳으로 시선을 돌려보자. 앵글에 둥근 지구가 담길 만큼 쭉 줌 아웃한 다음 한반도의 정반대편으로 시선을 돌리면 그곳엔 거대한 우림이 있다. 실제로 구글맵으로 남미 위성사진을 보면 칠레와 남쪽 일부분을 빼면 남미는 온통 초록색이다. 그중에서도 시금치처럼 짙은 녹색을 띤 곳이 아마존이다. 지구촌 어디를 둘러봐도 짙푸른 녹음이 이렇게 넓게 펼쳐진 곳은 없다.

가축 이야기를 하다 말고 웬 아마존이냐고? 생산성 향상을 위해 가축을 뒤룩뒤룩 살찌게 하는 축산업과 글로벌 공급망이 아마존과 깊은 관련이 있기 때문이다.

워낙 상징적인 곳이어서 우리는 아마존에 대해 잘 안다고 생각한다. 우선 '지구의 허파'가 생각나고, 아마존강에 사는 피라니아와 아나콘다, 온갖 동식물, 다큐멘터리 〈아마존의 눈물〉에서 본 조에족까지 여러 이미지가 떠오를 것이다. 물론 요즘은 미국의 유통 공룡과 제프 베이조스Jeff Bezos가 먼저 떠오르지만 말이다.

한편으로는 지구의 허파가 불타고 있다거나 개발업자의 톱질에 수백 년 된 나무가 잘려나간다는 이야기도 많이 들어봤을 것이다. 대개 우리의 관심은 여기까지다. '아, 저 울창한 숲이 파괴되고 있다니 안타깝군.'

지구 반대편이라는 거리감 때문일 수도 있고, 아무리 아마존이 파괴된들 산소가 부족해 지구가 망하겠느냐는 생각 때문일 수도 있다. 아마존에 대한 관심과 걱정은 '스트레스 줄이고 술·담배를 멀리하라'라는 의사의 조언처럼 순식간에 휘발된다. 나는 그 이유가 아마존이라는 존재에 깃든 장엄함을 알기도 전에 온갖 수식어와 이미지로 덧칠된 모습을 먼저 만났기 때문이라고 생각한다. 그래서 짐짓 다 안다고 생각한다. 장식물을 들춰내고 아마존의 핵심을 만나보자.

공룡이 등장하기도 훨씬 전에 지구는 오늘날처럼 5대양 6대륙이 아니라 대륙 하나, 바다 하나 이렇게 간단한 모습이었다. '판게아'라고 하는 이 거대한 대륙 덩어리는 조금씩 조금씩 움직이며 분열을 시작해 공룡이 지배하던 중생대 쥐라기쯤에 이르면 남쪽과 북쪽으로 나뉜다. 남쪽에 있는 대륙을 '곤드와나'라고 하는데 나중에 여기서 아프리카, 남미, 인도, 남극, 호주가 떨어져 나오게 된다.

꼭 붙어 있던 남미와 아프리카는 중생대 백악기가 시작될 무렵 나뉘기 시작했다. 아마존은 우림만 유명한 게 아니다. 남미 대륙을 서에서 동으로 가로지르는 거대한 아마존 강도 빠질 수 없다. 아마존강에는 콩고강, 갠지스강, 양쯔강 등 세계 2~7위 방류량을 자랑하는 강물을 다 합친 것보다 더 많은 물이 흘러간다.

풍부한 물과 따뜻한 기후는 온갖 생명을 불러들였다. 아마존의 울창한 나무는 땅속에서 물을 빨아올려 잎으로 내보내고, 작은 물방울은 구름이 되어 아마존에 비를 뿌린다. 아마존에는 우리나라 연평균 강수량보다 약 2배 더 많은 비가 내리는데 그중 절반이 이런 증산과정 때문에 일어난다. 나머지 절반은 대서양에서 불어오는 고온 다습한 바람 때문이다.

이렇게 비가 많이 오면 나무가 먹고 자랄 땅속 영양분이 빗물에 쓸려가기 마련이다. 걱정할 건 없다. 우리의 자연은 (사람만 없으면) 알아서 균형을 찾는다. 이와 관련해 2015년 나사에서 흥미로운 결과를 발표했는데 '사하라 사막이 아마존 식물을 먹여 살린다'는 내용이었다.[29] 7년 동안 위성사진을 분석했더니 아프리카 사하라 사막에서는 매년 2억t 가까운 모래 바람, 즉 '황사'

가 일어났다. 황사는 2600km 거리의 대서양을 건너와 2770만t 정도가 아마존에 떨어진다. 25t 덤프트럭 110만 대를 채우고도 남는 양이다. 이 가운데 2만 2000t은 식물 생장에 반드시 필요하고 2만여t은 아마존에서 매년 빗물에 씻겨나가는 양과 맞먹는다. 나사의 표현대로 지구에서 가장 큰 사막이 지구에서 가장 큰 우림을 먹여살리고 있는 셈이다. 동시에 가장 거대한 황무지가 지구의 허파에 생명을 불어넣고 있다고도 볼 수 있다. 아프리카와 남미는 1억 수천 년 전에 결별했지만, 둘의 인연은 황사 바람을 타고 지금까지 계속되고 있다.

이렇게 만들어진 아마존은 너무 커서 크기를 체감하기 어렵다. 아마존 우림의 면적은 550만km²다. 아파트 평수 개념만 있는 나에겐 별로 와 닿지 않는 숫자다. 쉽게 말하면 550만km² 안에는 유럽연합EU 모든 회원국과 브렉시트로 결별한 영국을 집어넣고도 우리나라 8개를 넣을 공간이 남는다. 이렇게 커다란 곳이 온통 원시림과 강줄기로 뒤덮여 있다.

알다시피 나무(식물)는 광합성을 한다. 광합성은 나무가 땅속의 물과 공기 중의 이산화탄소를 먹고 산소를 뱉는 과정이다. 우리가 똥을 싸기 위해 밥을 먹는 게 아니듯 나무도 산소를 만들어내려고 물과 이산화탄소를 먹는 게 아니다. 나무가 물과 이산화탄소를 흡수하는 건 우리처럼 몸(기둥, 줄기, 잎)을 만들고 에너지를 얻기 위해서다. 그래서 나무가 흡수한 이산화탄소는 기본적으로 당의 형태로 저장된다. '저장된다'라는 말에 주목하자. 다시 말하면 나무가 흡수한 이산화탄소는 어디론가 사라지는 게 아니라 나무가 살아있는 동안에 당의 형태로 저장돼 있다가 나무가 수명이 다하거나 불에 타서 생명이 꺼지면 다시 대기 중으로 나온다. 나무가 천수를 누리도록 잘 가꾸는 게 중요하단 얘기다.

아마존을 빽빽하게 메운 수천억 그루의 나무는 연간 20억t의 이산화탄소를 흡수한다. 우리나라의 3년치 배출량에 맞먹는다. 아마존 우림에 저장된 이산화탄소는 자그마치 1200억t이나 된다. 앞에서 지구와 금성의 운명을 가른 건 이산화탄소가 '어디에 있느냐'라고 했다. 금성은 오로지 대기에만 이산화탄소가 쌓인 반면, 지구에는 바다나 식물 같은 흡수원이 있어 '불의 지옥'을 면할 수 있었다. 아마존은 대지의 최대 흡수원으로 지난 수천만 년 동안 지구 온도가 일정하도록 균형추 역할을 해주었다.

그러나 인간은 대단했다. 아마존 밀림은 에오세 때 형성됐다. 조류가 이제 막 공룡 티를 벗고, 지금 우리 주변 포유류 대부분이 진화 초기의 독특한 모습을 하고 있거나 아직 나타나지 않았을 때다. 방대한 면적만큼이나 유구한 역사를 자랑하는 아마존을 인간은 불과 50년 만에 사지로 몰아넣었다. 1964년 쿠데타로 정권을 잡은 브라질 군부는 국립척식농업개혁연구소INCRA라는 기구를 만들어 조직적으로 아마존 정복에 나선다.

먼저 아마존을 동서로 관통하는 4000km가 넘는 아마존 횡

단고속도로BR-230가 놓였다. 고속도로를 중심으로 생선 가시 모양의 벌목용 도로가 줄지어 생겼다. 아마존 개척 광고가 전파를 탔다. 나무를 밀어 농경지를 만드는 이들에겐 각종 혜택이 쏟아졌다.

1972년 3월 5일 미국 《뉴욕타임스》에 실린 〈브라질의 '녹색지옥'을 가로지르는 길〉이라는 제목의 기사는 아마존 개척 초기 모습이 자세히 설명돼 있다.

> 비판에 아랑곳하지 않고 문명은 아마존을 파고들고 있다. 정부의 척식기구 INCRA가 거대한 계획을 세웠다. 고속도로 양끝 지점부터 6마일(약 9.7km)은 250에이커(약 1km²)씩 정부 공여 농지로 조성해 4년간 10만 가구에 분양될 예정이다.
> 에스트레이토와 이타이투바(BR-230 중동부 지역)에 이르는 750마일 구간은 핵심 정착지구다. INCRA의 식민지 감독관 조르지 판코프는 정부가 한 가구를 정착시키는 데 약 2000달러의 예산을 쓸 예정이라고 전했다. 여기에는 600달러짜리 방 4개 목조 주택과 20년 무이자 대출, 첫 5개월간 지불될 월급 35달러, 농기구 구입 대출, 무상 의료 및 교육 서비스가 포함된다.[30]

당시 브라질의 1인당 국민소득은 우리나라의 2배가 조금 안됐는데, 당시 우리나라 교사 월급(1만~2만 원)과 비교해 첫 5개월 월급 35달러면 나쁘지 않은 조건이다. INCRA가 브라질 저소득층을 아마존 개척 1세대로 염두에 둔 걸 감안하면 말이다. 첫 분양 모집은 5대 1의 경쟁률을 보였고 나중에는 몰려드는 사람들이 많아 개발 속도가 따라가지 못할 정도가 됐다.

아마존 원시림의 숨통을 끊는 데는 오랜 시간이 걸리지 않았다. 아마존 횡단 고속도로가 놓인 지 3년 만에 경기도와 강원도를 합친 정도의 땅(약 3만km²)에서 나무가 잘려나갔다. 여기서 10년이 흐르면 파괴 면적은 35만km², 또 10년 뒤엔 50만km²로 늘어난다.[31] 2018년까지 브라질 아마존(전체 아마존 우림의 60%가 브라질에 있다)에 있던 나무의 약 20%가 잘려나갔다.

이렇게 되면 지구의 허파인 아마존의 이산화탄소 흡수 기능에 이상이 생길 수밖에 없다. 그 이야기는 뒤에 하고 벌목 이야기를 이어가 보자.

더 큰 문제가 2019년부터 벌어진다. 자이루 보우소나루Jair Messias Bolsonaro 브라질 대통령이 취임하면서부터다. '브라질의 트럼프'라 불리는 그는 별명처럼 놀라우리만치 환경에 관심이 없다. 더구나 트럼프가 석유·석탄산업의 지지를 얻었던 것처럼 보우소나루도 아마존 개발업자의 지지를 받고 있다. 보우소나루의 대선 구호 중 하나는 "아마존을 브라질 경제의 영혼으로 만들겠다"였다. 아마존 불법 벌목이 어제오늘 일은 아니지만 적어도 벌목꾼들 사이에 불법이라는 인식은 있었다. 그러나 보우소나루가 취

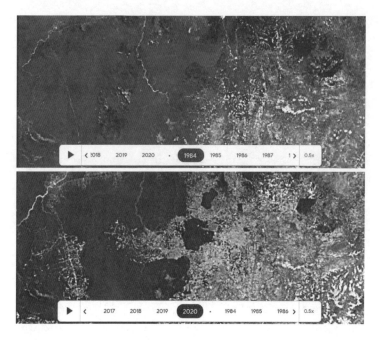

브라질 북부 파라주의 아마존 1984년 모습(위)과 2020년 모습(아래) 위성사진. 여기서 세로는 우리나라 제주~춘천까지 담을 수 있는 거리다. 사진 속 짙은 부분이 녹지이고 회백색 부분이 벌목된 황무지다.

출처: 구글 타임랩스

임한 뒤로는 이런 최소한의 빗장마저 풀리고 말았다. 국제사회의 비판에는 '주권 침해'라는 프레임을 씌웠고, 아마존 파괴를 보여주는 통계는 '가짜'라고 주장했다.

　그가 취임한 후 아마존 나무 벌목 속도는 2배로 빨라졌다. 매년 경기도만큼의 아마존 밀림이 지워지고 있다. 아마존이 지구의 허파라면 이제는 폐암에 걸린 상태나 마찬가지다. '쯧쯧, 저 몰지각한 정치인'이라는 말이 절로 나온다. 하지만 그 벌목의 이유가 당신 밥상에 올라올 한 점의 고기 때문이라면?

아마존 나무가
사라지는 이유

도대체 무엇을 위해 이토록 많은 나무를 베는 걸까. 목재 수출로 생각할 수 있지만(그리고 많은 양의 목재가 수출되는 건 맞지만) 사실 아마존 벌목의 가장 큰 이유는 소를 키우기 위해서다. 환경단체나 외국 언론의 기사를 보면 아마존 벌목의 60~80%는 소를 키울 방목지를 마련하기 위해서라는 내용이 공통적으로 등장한다.

실제 브라질은 세계 두 번째 쇠고기 생산국이자 최대 쇠고기 수출국이다. 대부분 중국, 홍콩, 이집트 등지로 팔려가고 환경 감수성에서 둘째가라면 서러울 유럽연합도 생각 외로 브라질 쇠고기의 주요 수입국이다.

브라질에는 2억 마리 넘는 소가 살고 있는데, 비육장에서 사는 건 20%가 안 되고 나머지는 방목된다.[32] 드넓은 목초지가 필요하단 뜻이다. 2018년 앰네스티 인터내셔널이 조사한 바에 따르면 2억 1500만 마리가 1억 6200만ha(162만km²)의 초지에서 살고 있다.[33] 소 1마리당 7500m², 즉 2300평 정도를 차지하는 격이다. 물론 브라질의 모든 소가 아마존에 사는 건 아니다. 2018년 기준으로 40% 정도가 아마존에 사는 것으로 추정된다. 이 자체도 적지 않은 수치이지만, 더 걱정되는 건 아마존의 사육 두수는 브라질 전체 평균보다 4배나 빨리 불어난다는 점이다. 브라질 정부의 공식 통계로도 확인되는 내용이다.[34] 2008~2018년 사이 브라질의 연간 사육두수 증가율은 5.5%였는데 아마존에서는 20.5%나 됐다.

이쯤에서 두 가지 의문이 고개를 든다. 하나는 '방목이 비육보다 나쁜 거였어?', 또 하나는 '브라질에서는 그렇게 많은 소를 왜 풀어놓고 키우는 거지?'

흔히 "채소는 살 안 쪄"라고 말하면 농담조로 "소는 풀만 먹고도 덩치가 큰데?"라고 반문한다. 소는 하루에 10kg가 넘는 풀을 뜯어 먹는다. 초원 위의 소는 비육장의 소보다 행복할 수 있지만 어마어마한 면적의 초지를 필요로 한다(그렇다고 방목보다 비육이 낫다는 건 아니다. 뒤에서 이야기하겠지만 비육은 비육대로 문제가 있다). 다만 온실가스 측면에서 보자면 동물복지가 반드시 해

답을 주는 건 아니다.

그럼 두 번째 질문. 브라질은 왜 소를 방목할까. 소를 한데 가둬놓고 기르는 비육 시스템이 도입된 이유는 효율을 높이기 위해서다. 그렇다면 수백, 수천 마리도 아니고 수억 마리의 소를 기르는 세계 최대 축산국 브라질은 진작 비육 시스템을 도입했어야 하지 않을까. 질문의 초점을 방목이냐 비육이냐 대신 풀을 먹일 것인가, 사료를 먹일 것인가로 옮기면 그 이유를 알 수 있다.

소를 기를 땐 사료 대신 풀을 먹이는 게 더 싸게 먹힌다. 미국 캔자스 주립대가 캔자스농장관리협회 KFMA의 5년치 자료를 분석한 내용을 보면, 풀로 키울 땐 소 한 마리당 비용이 150달러가 들지만, 사료를 주식으로 할 땐 320달러가 들었다.[35] 소 밥값만 덜 드는 게 아니다. 비육장을 짓거나 임대하는 비용도 줄일 수 있고, 분뇨를 처리하는 수고도 덜 수 있다. 물론 여기도 나름대로 환경 규제가 있고, 광활한 목초지를 찾는 건 어려운 일이지만 아마존에서라면 얼마든지 가능하다. 밀림 한편에서 무슨 일이 일어나는지 누가 일일이 감시한단 말인가.

가진 게 많기에 잃을 것도 많은 대기업은 이미지 관리에 늘 신경 쓴다. 브라질 쇠고기산업의 3대장으로 꼽히는 JBS와 미네르바, 마프리그 역시 아마존 불법 축산업과 자신들은 관계가 없다고 강조한다. 하지만 진실은 알 수 없다. 아마존의 불법 축산업자는 소가 충분히 자라면 합법 축사로 소를 넘긴다. 이른바 신분

세탁을 위해서다. 신분 세탁을 끝낸 소들은 위에 말한 브라질 대기업을 포함해 카길 같은 글로벌 업체로 넘어가 세계 곳곳으로 팔린다. 살코기뿐이랴. 소 가죽도 폭스바겐, BMW, 다임러 같은 유럽 자동차의 카시트에 사용된다는 의혹도 있다.[36]

마이티어스Mighty Earth라고 하는 글로벌 환경단체는 브라질 국립우주연구소INPE의 인공위성 삼림 벌채 모니터링 프로젝트PRODES와 실시간 위성시스템DETER을 활용해 주요 벌목지를 선정한다. 그다음 불법 벌목지 여부(아마존 벌목이라고 모두 불법인 것은 아니다)와 여기서 누가 어떤 작물을 기르고, 누구에게 넘기는지 등을 분석해 콩과 소 삼림벌채 트래커Soy & Cattle Deforestation Track-er를 운영해오고 있다.[37]

여기에 따르면 2019년 3월부터 2년간 JBS와 연관된 벌목 면적은 10만ha이고, 이 가운데 약 7만 5000ha(서울보다 150km² 더 넓은)가 불법으로 의심된다. 즉 국립공원처럼 개발행위가 제한된 곳에서 벌목이 이뤄졌단 의미다. 마프리그, 미네르바와 관련된 벌목 중에도 80% 안팎은 불법으로 추정된다.

물론 이 수치가 100% 정확하다고 장담할 수는 없다. 소의 신분세탁이 횡행하는 데다 벌목 금지구역도 정부의 특별허가를 받으면 더는 불법이 아니다. 보우소나루 정부처럼 벌목에 너그러운 정부라면 특별허가는 그리 어려운 일이 아니다. 결국 아무리 기업이 친환경을 부르짖어도 위장환경주의, 즉 그린워싱이 끼어들 여지는 늘 있다는 것이다.

아마존 벌목의 두 번째 목적은 콩 재배다. 세계 콩 주산지는 아메리카 대륙에 몰려 있다. 글로벌 콩 수출 상위 4개국(브라질, 미국, 아르헨티나, 파라과이)이 아메리카에 있다. 특히 전 세계 콩 무역량의 절반이 브라질에서 나온다. 4대 콩 생산국 중 미국, 아르헨티나, 파라과이 수출 물량을 다 합쳐도 브라질 한 나라의 생산량에 못 미친다. 콩 수출 열정이 과한 나머지 2020년 가을에는 콩을 너무 많이 수출하는 바람에 내수용이 모자라 도로 콩을 수입해야 했다.[38]

전 세계 콩 생산량은 3억 6000만t이다. 1960년대만 해도 3000만t이 안 됐는데, 60년 만에 12배나 늘어났다. 같은 기간 인구는 2배 남짓 늘었는데 말이다. 나도 콩을 좋아한다. 두부, 콩장, 낫토, 빈대떡, 두유……콩으로 만든 건 정말 다 맛있다. 고기를 끊은 뒤로 더 그렇게 느낀다. 하지만 그건 내 이야기고, 요즘 사람들이 반세기 전보다 콩을 몇 배나 더 먹게 됐다는 건 이해하기 힘들다. 갑자기 콩 중독에 걸리기라도 했단 말인가?

물론 그럴 리 없다. 지구촌이 이렇게 많은 콩을 기르는 건 사람이 아니라 가축을 먹이기 위해서다. 실제로 콩 생산량의 77%는 가축 먹이용이다. 물론 77%의 콩이 모두 처음부터 사료용으로 길러진 건 아닐 것이다. 사람이 먹는 콩기름을 짜고 남은 찌꺼기를 대두박이라고 하는데, 이걸로 사료를 만들기도 한다.

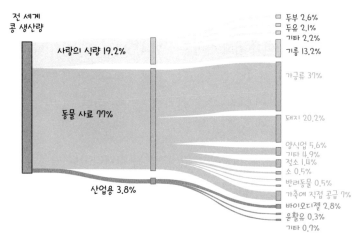

전 세계 콩, 어디에 얼마나 쓰일까
(2017~2018년 생산된 콩의 최종 용도)

전 세계
콩 생산량

사람의 식량 19.2%

동물 사료 77%

산업용 3.8%

두부 2.6%
두유 2.1%
기타 2.2%
기름 13.2%
가금류 37%
돼지 20.2%
양식업 5.6%
기타 4.9%
젖소 1.4%
소 0.5%
반려동물 0.5%
가축에 직접 공급 7%
바이오디젤 2.8%
윤활유 0.3%
기타 0.7%

출처: Our World in data

출발이 뭐였든 콩의 대부분이 동물의 입으로 들어간다는 점은 변하지 않는다. 우리가 자주 먹는 육고기 중에서는 닭, 돼지, 소 순서로 콩을 먹는다. 아마존 벌목의 최대 80%가 소를 기르기 위해서고, 6~7%가 콩을 기르기 위해서인데 그 콩의 대부분이 사료용으로 쓰이니 결국 아마존 벌목의 주요 두 원인 모두 인간의 육식 때문인 셈이다.

가축은 살찌고,
아마존은 헐벗고

가축을 먹이기 위해 아마존이 벌목된다는 현실에 안타까워할지도 모른다. 하지만 한편으로는 그게 우리나라랑 무슨 상관인가 하는 마음도 있을 수 있다. 하지만 상관이 있다. 그것도 아주 많이.

우리가 입버릇처럼 하는 말 중에 '우리나라처럼 땅덩이 좁은 나라에서……'가 있다. 인구에 비해 땅은 좁은데 그마저도 산이 60%다. 이런 마당에 가축의 호구지책에 내줄 땅이 있겠는가.

국내 배합사료 업체의 63%를 회원사로 둔 한국사료협회의 홍성수 부장은 이렇게 말한다.

"원료가 국내에서 나오질 않으니까 수입할 수밖에 없어요. 사료용 옥수수는 올라도 1kg에 400원이 안 되는데, 한국산은 강원도 찰옥수수 봐요. 1개에 1000원도 넘는데 이걸 먹일 순 없잖아요."

그래서 우리나라는 사료 원료의 90%를 외국에서 수입한다. 사료는 50~60가지를 섞어서 만드는 데 옥수수와 대두박(콩), 밀, 밀기울(밀 껍질)이 주가 되고 이 밖에 알팔파, 야자박, 해바라기박을 첨가한다.

그중 대두박을 보면, 우리나라는 2019년 187만여t을 수입했는데 88%가 브라질산이다.[39] 사료용 옥수수도 2019년 수입량 897만여t 중 36%가 브라질산이었고, 아르헨티나산-미국산-파라과이산이 뒤를 이었다.[40, 41] 사료 원료만이 아니다. 아마존 밀림을 밀어낸 자리에서 난 콩, 옥수수를 먹고 자란 닭과 돼지도 엄청난 양이 국내로 들어온다. 아마존 파괴는 결코 우리와 무관하지 않다.

그런데 도대체 언제부터 우리나라 닭, 돼지, 소들이 사료를 먹게 됐단 말인가.

책을 준비하며 만난 돼지농장주 송일환 대표로부터 흥미로운 이야기를 들었다. 그는 1만 평 부지에 돼지 1만 두를 기르는 '돼지 부자'다. 전국에 13명뿐이라는 '양돈 마이스터'기도 해서 대학에 강의도 다닌다.

그는 어려서 축산인의 꿈을 품고 농업고등학교에 진학해 고등학생 때부터 젖소 5마리를 길렀다. 학교에 갔다 오면 풀을 베서 소를 먹이는 게 일이었다. 고등학교를 졸업할 무렵 소는 10마리로 불어났지만 군입대를 앞두고 할 수 없이 소를 모두 팔았다. 3년의 시간이 흘러 제대한 그는 다시 젖소를 키우려고 생각하니 엄두가 나지 않았다. 소 먹이 때문이었다.

"그때(1980년대 후반)는 소는 풀을 안 먹이면 안 되는 줄 알았어요. 젖소도 한우도 사료를 먹인다는 개념이 별로 없었어요. 그래서 비가 와도 풀을 베어 왔죠. 비바람이 몰아쳐도 소를 굶길 수가 없잖아요. 소 5마리 키우는데 경운기 하나를 다 채워야 돼요. 그 많은 풀을 찾아서 경운기 끌고 매일같이 8~10km를 다녔어요. 겨울엔 풀이 귀하니까 미리 옥수수를 구해서 5cm로 잘라서 땅에 웅덩이를 판 다음 비닐 깔고 꾹꾹 눌러 담았어요. 사람이 먹는 김장김치처럼 소 김치를 만드는 거예요. 그걸 다시 하려니까 엄두가 안 나더라고요. 그래서 양돈을 하자 싶었죠."

사실 가축이 사료를 먹는 게 자연스러운 일은 아니다. 닭은 벌레와 작은 씨앗을, 돼지는 과일과 곤충을, 소는 볏짚을 먹도록 진화했다. 저마다 이유가 있어 먹이사슬에서 각자의 위치를 찾았을 것이다. 그러나 가축에 산업이 결합된 이상 진화의 방향은 오로지 생산성을 향해야 했다. '전 동물의 비대화'. 살이 곧 돈이어서 최소의 비용으로 최대의 비육화를 이루는 게 목표가 됐다.

제레미 리프킨Jeremy Rifkin은 『육식의 종말』에서 소와 옥수수의 만남을 이렇게 설명한다.

오하이오주는 비옥한 토질과 적당한 기후로 옥수수 재배에는 안성맞춤이었다. 한편 북부 인디애나주는 옥수수 생산에는 적절하지 않지만, 소를 위한 이상적인 초지는 널려 있었다. 1830년대 오하이오주 분지에서 옥수수가 과잉 생산되자 농부들과 사업가들은 오하이오주 신시내티 도살장에 보내기 전에 인디애나의 소를 자신의 주로 들여와 기름진 옥수수를 먹이는 묘안을 생각했다.

인접한 주에서 이뤄지던 소와 옥수수의 결합은 철도가 놓이면서 서부 방목지대와 중서부 주를 오가며 폭넓게 이뤄진다.

하지만 이때만 해도 소에게 옥수수를 먹인 건 소를 살찌우기 위해서라기보다 살 빠지는 걸 막기 위해서였다. 1800년대만 해도 냉장 운송시스템이 발달하지 않았기 때문에 소를 먼 곳에 팔려면 살아있는 소를 기차에 태워 소비지까지 보내야 했다. 수백km는 우스운 광활한 미국 땅을 덜컹거리는 기차를 타고 달리는 일은 소에게 엄청난 스트레스였다. 힘겨운 여행을 마친 소들은 수십 킬로씩 살이 쭉 빠진 상태가 됐다. 그래서 살이 빠질 걸 감안해 1~2주 동안 먹이는 게 옥수수였다. 그러나 사람이 이런 '본전치기'에 만족할 리 없다.

어려서부터 '축산 영재'로 능력을 인정받았던 구스타부스 스위프트Gustavus Swift는 살 빠짐 방지를 위해 옥수수를 먹인다는 사실이 영 만족스럽지 않았다. 그는 옥수수 먹고 한창 살이 올랐을 때 팔면 더 큰 돈을 벌 수 있을 것이라 생각했고 냉장 화물차를 떠올렸다. 그 시기 곳곳에서 냉장 화물차를 고안했지만 상용화에 성공한 건 그가 처음이다. 이제 살아 있는 소를 이동시킬 필요가 없다. 옥수수를 먹고 통통하게 살이 올랐을 때 도축해서 깔끔하게 포장하면 소 한 마리에서 더 많은 살코기를 얻을 수 있을 뿐만 아니라 한번에 운송할 수 있는 고기 양도 전과 비교할 수 없을 만큼 많아진다. 그의 사업 모델은 대성공을 거뒀고, 1903년 63세를 일기로 사망했을 때 그가 세운 회사의 자본금은 무려 2500만 달러로 불어났다(그의 회사 스위프트앤코는 훗날 JBS USA에 인수된다. 앞서 브라질 축산업 3대장이라고 한 JBS의 미국 자회사다).

축산업이라는 막 성장하기 시작한 소비 시장이 열리면서 미국 옥수수 산업 규모도 급격히 커졌다. 어떨 때는 옥수수가 남아돌 정도였다. 그러다 1973년 곡물가가 급등했는데, 이는 투기 세력이 가세한 세계 최초의 곡물파동이었다. 옥수수 사료가 필요한 축산업자들은 격분했다. 미국 정부는 옥수수 농가와 축산업자 양쪽 모두 만족시킬 방책을 내놨다. 옥수수 농가는 원 없이 생산하고, 축산업자는 싼 값에 옥수수를 사들인다. 어떻게? 세금을 써서! 정부가 가격 제한을 설정해 안 팔리면 정부가 사들이거나 보조금을 주는 정책을 폈다. 옥수수뿐 아니라 이즈음 사료계에 발을 깊이 담근 콩 역시 마찬가지다. 이런 기조는 지금도 유지되고 있다.

콩은 옥수수에 비해 늦게 사료화됐다. 20세기 초만 해도 미국과 유럽에서 콩은 흔한 작물이 아니었다. 1909~1913년 콩의 주산지는 중국과 일본, 한국이었다. 1888년 일본에서 돼지에 콩을 먹이는 실험을 했던 오스카 켈너 Oskar Kellner 박사는 이 실험을 토대로 1910년 콩의 사료화 연구에 시금석이 된 논문을 발표한다. 후속 연구가 잇따랐고 1930년 미국 정부가 콩을 사료 원료로 공식 인정하면서 콩 시장도 바야흐로 빅뱅을 맞는다.[42]

사료가 이렇게 빠르게 축산업을 파고들 수 있었던 건 역시 가축을 살찌우는 사료의 놀라운 효과 때문이었다. 콩과 옥수수는 가축을 2배나 빨리 키웠다. 우리나라 사료회사에도 박사급 인력이 포진해 있는데 이들이 개발하는 사료의 최고의 미덕은 증체다. 50~60가지 되는 사료를 다양한 비율로 배합해서 가장 효율적으로 살찌는 속도를 높인다. 500kg대 소의 무게를 불과 몇 년 만에 700kg 넘게 불린 건 8할이 사료의 힘이었다.

옥수수와 콩의 효험을 맛본 축산업계는 늘 배가 고팠다. 미국과 유럽은 폭발적으로 늘어나는 고기 수요에 발맞추려면 옥수수와 콩을 더 많이 재배해야 했고, 그러기에 미국은 좁았다. 축산업계는 중남미로 눈을 돌렸고 정부와 은행도 도왔다. 1960~1970년대 미주개발은행IDB이 수십억 달러를 라틴아메리카 농업 부문에 쏟아부었고 세계은행도 수억 달러 규모의 차관을 제공했다.[43, 44] 글로벌 곡물메이저들은 정부로부터 융자를 받아 개도국에 농장을 열었다.

우리나라도 정책적으로 사료 산업을 키웠다. 그 출발은 미국의 PL-480이라고 하는 해외원조 프로그램이었다. 1956년부터 미국의 잉여농산물이 국내로 들어오기 시작했다. 하지만 여전히 6·25 전쟁 이후 빈곤에 허덕이는 상황이어서 원조 물량을 가축에 먹일 여력은 없었고, 사료가 필요할 정도로 가축이 많지도 않았다. 1960년대 들어서 사료산업이 본격적으로 닻을 올렸다. 박정희 정권은 무상으로 들어오는 곡물로 축산업을 일으켜 보자는 생각에 사료산업을 키웠다.

닭이 먼저 사료를 먹으며 컸고, 돼지와 소가 차례로 뒤를 이었다.

한국사료협회 홍성수 부장은 말한다.

"어떤 축종이 규모화되고 산업화되면 사료 급여를 하죠. 사료가 일종의 바로미터 같은 거예요. 1980년대까지는 양계 사료가 제일 많았어요. 원래 저개발국에서는 닭이 최우선이거든요. 돼지보다 키우기도 쉽고 두 달이면 다 크니까. 그런데 1990년대부터는 돼지 사료가 더 많아졌어요."

오늘날 닭과 돼지는 99.9% 사료로 자라고, 생존을 위해 반드시 건초를 먹어야 하는 소는 50% 정도 사료를 먹고 큰다. 그리고 앞서 말했듯 사료의 90%는 브라질과 미국 등 물 건너온 것이다. 우리나라의 가축 사육두수는 2억 마리에 육박한다. 2억 마리분의 사료를 수입하는 건 엄청난 일이다. 보통 화물은 컨테이너를 기준으로 거래되지만 사료는 6만~7만t짜리 벌크선이 통째로 거래된다. '차떼기'가 아니라 '배떼기'를 하는 것이다. 사료 업체들이 구매단체(국내에는 농협사료 포함 5개가 있다)를 만들어 일종의 공동구매를 하는데 물량이 너무 많아 부두에 들어온 사료를 각자 공장으로 옮기지 못하고 부두에 있는 원뿔 모양의 사일로에 보관한다.

자, 그럼 우리나라에 들어오는 브라질 곡물은 정말 아마존 밀림을 밀어낸 자리에서 자란 것일까. 불법이 대놓고 불법이라는 꼬리표를 달고 유통되는 것은 아니라 정확한 양은 알 수 없지만 상당량은 아마존과 관련 있을 것이다. 일단 우리나라 사료 업체는 원산지를 골라서 수입하지 않는다. 국내 사료 구매단체가 거래 계약을 하는 상대는 글로벌 곡물 메이저들이다. 국제 곡물거래는 공급자 독과점이어서 곡물 메이저가 갑이다. 우리가 미국산 달라, 중국산 달라, '감 놔라, 배 놔라' 선택할 수가 없다. 그래서 '월드 와이드' 입찰을 한다. 쉽게 말하면 원산지는 메이저들이 알아서 고른다는 뜻이다.

"옥수수, 콩 원산지에 브라질, 아르헨티나가 많은 건 그게 곡물 메이저 정책이어서 그래요. 미국산보다는 남미 게 더 수익이 남는 거죠. 남미산을 안 산다고 할 수 있지만 그럼 곡물가가 오를 것이고, 고깃값도 오를 수밖에 없겠죠."(홍성수 부장)

그린피스를 비롯해 환경단체는 아마존 콩을 구매하지 말자는 '소이 모라토리엄 soy moratorium' 운동을 벌였고, 이는 꽤 효과적이었다는 평가를 받는다. 카길, 번지 같은 메이저 곡물 거래업체들도 여기 동참하고 있다. 문제는 여기에도 허점이 있다는 것이다.

우리가 아마존 농부라고 생각해보자. 지금까지는 나무를 벌목하고 그 자리에 콩을 심어 곡물 메이저에 팔았다. 그런데 소이 모라토리엄 때문에 벌목을 해서 콩을 심으면 메이저들에게 팔 수가 없다. 합법적인 곳에 콩을 심겠지만 반면 아마존의 땅을 놔두기는 아까울 것이다. 그래서 나무를 베어 옥수수를 심는다. 벌

BR-163 도로 주변 나무를 베어 조성한 재배지.

출처: 구글 위성사진

채한 자리에 콩을 심지 말랬지, 옥수수 심지 말란 말은 안 했으니까 말이다. 이게 소이 모라토리엄의 허점이다.

콩 재배지는 아마존을 남북으로 관통하는 고속도로 BR-163을 중심으로 형성돼 있다. 이 도로의 북쪽 끝에는 카길의 산타렝 곡물 부두가 있다. 지금도 BR-163 도로 주변 벌목지에서는 농사가 한창이다.

소이 모라토리엄의 두 번째 허점은 '브라질 아마존'에만 해당되는 운동이란 점이다. 이를테면 볼리비아 아마존이나 아마존보단 덜 유명하지만 중요한 브라질의 세라도(열대 사바나) 같은 곳에서는 지금도 벌채가 급격하게 진행되고 있다.[45] 일종의 풍선효과다. 실제로 카길 기업은 브라질 세라도 재배 금지 운동에 격렬하게 저항하고 있다. 2010년에 약속한 '2020 벌목 제로'도 지키지 못해 2030년으로 목표 시점을 미뤘다.[46] '2020년까지는 팜오일 생산 벌목 제로를 달성한다는 의미였고, 나머지는 2030년까지 하겠다'는 부연과 함께.[47] 소이 모라토리엄이 브라질 아마존의 콩 재배 벌목을 줄이는 데는 공헌했지만, 남미에서 살벌하게 자행되는 벌목 그 자체를 막는 데는 한계가 있다. 그리고 우리가 들여오는 브라질산 사료 원료도 벌목 문제에서 자유롭다고 누구도 단언하기 힘들다.

온실가스 관점에서 보면 수입 그 자체도 커다란 탄소발자국을 남긴다. 단순하게 따져 2019년 우리나라의 사료 원료 수입량(약 1495만t)을 벌크선(6만~7만t)으로 들여온다고 하면, 대략 230척의 물량이 들어온 격이다. 벌크선처럼 커다란 배는 벙커C유로 움직인다. 벙커C유는 중유heavy oil라고 하는 석유의 한 종류다. 탄소 원자가 길게 연결돼 높은 온도에서도 쉽게 날아가지 않고 피넛버터처럼 묵직하고 끈적해 '무거운 기름'이라는 이름이 붙었다. 석유를 끓이고 끓여도 끝까지 남아 있는 기름을 기반으로 만든 게 벙커C유다.[48] 탄소발자국이 푹, 푹 찍힐 것 같은 느낌이 들지 않는가. 실제로 정부가 국가 온실가스 배출량을 계산할 때 사용하는 배출계수를 보면, 같은 에너지를 사용했을 때 벙커C유의 배출량(21.929)이 휘발유(19.548)나 경유(20.111), 제트용 등유(19.931)보다 높은 걸 알 수 있다.[49]

선홍빛 호주산 와규를
먹을 수 있는 건

사료만 물 건너오는 것은 아니다. 만만치 않게 많은 육고기도 수입돼 들어온다. 우리나라 가축 사육두수가 꾸준히 늘고, 가축의 '비대화'도 성공적으로 진행됐지만 한국인의 육류 소비량을 따라가지 못해서다.

지난해 소·닭·돼지고기 수입량은 100만t이었다. 우리 밥상에 올라오는 고기 반찬 10개 중 3~4개는 수입산이란 뜻이다. 쇠고기와 돼지고기는 미국산이 각각 55%, 34%로 제일 많고, 닭고기는 83%가 브라질산이다. 아마존 나무를 베어낸 자리에서 재배됐을 콩과 옥수수를 먹고 자란 고기가 배에 실려 한국으로 들어오는 것이다. 또 고기는 신선함이 생명이므로 냉동선, 냉장선으로 움직인다. 가정집 냉장고만 봐도 잘 알겠지만, 냉동·냉장선은 전기를 많이 잡아먹는다. 그 결과 일반 화물선에 비해 2배 더 많은 이산화탄소를 배출한다.[50]

우리의 육식 사랑을 뒷받침하기 위해 아마존 벌목부터 고기 수입까지 엄청난 온실가스가 배출되지만, 이런 내용은 국내 축산과 관련된 온실가스 통계(인벤토리)에는 잡히지 않는다. 농업 부문에도 방목, 사바나 소각 같은 항목이 있긴 하지만 아마존은 우리 땅이 아니므로 둘 다 우리 인벤토리에는 '미산정NE' 또는 '없음NO'이다. 사료와 고기 수입 선박의 온실가스 배출은 해운 수송 부문에 통으로 묶여 있기 때문에 얼마나 되는지 알 수 없다. 인벤토리만 보면 국내 축산 부문 온실가스 배출은 2%뿐인데, 이건 사료와 고기의 상당량을 수입산에 의존한 덕분에 다른 나라나 다른 부문으로 배출량을 떠넘겼기 때문이다.

사실 나는 현재의 식생활을 고수하면서 '지속가능한 축산업'이 가능한 건지 모르겠다. 현대의 축산업이란 대량생산과 대량소비를 전제로 굴러가기 때문이다. 한국인의 1인당 육류 소비량도 1980년 11.3kg에서 약 40년 만에 5배 가까이 늘었다.[51] 전 세계적으로도 비슷한 기간에 1.5배가량 증가했다.[52] 생산효율을 위한다는 명목으로 가축의 비대화가 진행됐고, 몸집이 불어난 소는 전보다 더 많은 메탄 트림을 뱉는다. 과거 논밭에 뿌리던 가축의 똥오줌은 민원으로 엄두도 못 낼 일이고, 땅은 이미 화학비료로 영양 과잉이 돼버려 맘 놓고 거름을 줄 수도 없다. 게다가 기본적으로 농지는 계속 줄고 있다. 수천만 년 동안 지구의 허파였던 아마존 밀림은 반세기 만에 73만km²(한국의 7배, 미국 본토에서 제일 큰 텍사스주보다 넓은)가 잘려나갔는데,[53] 사람이 먹을 고기를 만들어 내기 위해서다.

더 많은 고기가 필요해지면서 우리는 더는 동물을 동물로 보지 않는다. 가축으로만 생각한다. 좁은 우리에 가둬 거세시키고 부리를 자르며, 사람으로 치면 유치원생 정도 됐을 아기 동물을 성인 크기로 비대화시켜 잡아먹는 공장형 사육시스템이 이를 적나라하게 보여준다. 하지만 공장형 사육시스템 속 가혹행위가 없더라도 오늘날 가축의 운명은 안타깝게도 동물이 아닌 '고기'다. 축산과학원이 운영하는 '원스톱 한우개량정보 조회 서비스'는 한우 농가가 소를 살 때 어떤 혈통을 타고났는지 보여준다. 어미가 낳은 형제 소가 도축될 때 몇 킬로그램이었는지, 등급은 뭘 받았는지, 등 지방 두께가 어떤지 '고기로서의 잠재력'을 보여주는 서비스다. 우리가 먹는 가장 일반적인 돼지 품종이 LYD(랜드레이스+요크셔+듀록)가 된 것도 이렇게 섞었을 때 가장 새끼를 많이, 잘 낳고 마블링이 뛰어난 고기를 다량으로 생산해내기 때문이다. 아일랜드의 소 치는 농부의 아들이자 작가인 존 코널John Connell은 농장에서의 경험을 『소를 생각한다』라는 책에서 이렇게 적는다(참고로 코널의 농장은 '저 푸른 초원 위에 그림 같은' 곳에 가깝다).

녀석들은 소의 탈을 쓴 돈일뿐이다. 아버지의 말에 따르면 그렇다. … 소 사육의 진실은 소가 도축당하려고 산다는 것이다. 소가 존재하는 것은 죽기 때문이다. … 나이를 먹거나 몸무게가 차면 전부 푸주한의 쇠칼 맛을 볼 것이다. … 사육 과정에서 자연을 최대한 배제하는 것이 현대 집약적 축산의 방식이다.

다시 온실가스 이야기로 돌아와서 트림과 똥오줌, 사료, 고기 수입, 이 모든 과정에서 '지속가능한 축산'을 실현할 수 있는 방법은 아직 어떤 것도 실현되지 못했다. 우리가 삼겹살 회식과 1일1닭, 마블링을 즐길 수 있는 건 아마존의 벌목과 비대화된 가축 덕분이다. 지금 우리의 육식문화를 되돌아볼 필요가 있다.

아마존의 17%(브라질은 20%)가 벌써 사라졌다. 앞에서 '이렇게 되면 이산화탄소 흡수 기능에 이상이 생길 수밖에 없다'고 하고 어떤 문제가 생겼는지는 뒤로 미뤘다. 불을 지르거나 벌목해서 나무를 없애면 그간 나무가 빨아들인 이산화탄소가 한번에 쏟아진다. 자, 그래서 지구의 허파는 어떻게 됐을까. 2021년 4월 〈네이처 기후변화〉지에 실린 논문의 요지로 고기 편을 마무리하려고 한다.

2010년부터 2019년 사이에 브라질 아마존 분지는 이산화탄소 166억t을 배출하고 139억t을 흡수했다. 브라질 아마존은 온실가스 배출원이 되었다.[54, 55]

3장

탄소가 차오른다,
논밭에

CARBON
NEUTRALITY

고기만 줄인다고
해결이 될까

일부 환경운동가들, 특히 채식을 주장하는 쪽에서는 고기를 끊는 것이야말로 지구를 살리는 길이라고 말한다. 미국 소설가이자 채식옹호론자인 조너선 사프란 포어 Jonathan Safran Foer 는 그의 책 『우리가 날씨다』에서 다음과 같이 이야기한다.

중요하다고 여겨지지만 실제 효과는 크지 않은 다른 행동으로는 태양전지판 설치, 대중교통 이용, 에너지 절약, 지역 특산물 먹기, … 포장 줄이기, 유기농 음식 사기, 하이브리드 차로 바꾸기 등이 있다. 이런 노력을 하는 사람들, 다시 말해 이런 노력들만 하는 사람들은 주먹을 날리고 싶은 대상에 '주먹'이라고 말하는 셈이다.

… 고어('불편한 진실'의 앨 고어 부통령)가 제시한 목록에는 중요한 것이 빠져 있다. … 심장마비를 겪고 회복 중인 환자에게 담배를 끊고, 스트레스를 줄이고, 하루에 두 번 햄버거와 프라이를 먹으면 안 된다는 말은 빼먹고 운동만 처방하는 것이나 다름없는 과오다.[1]

그는 고어가 축산업 문제를 누락했으며, 그 이유는 논쟁에 말려들기 싫었기 때문이라고 말한다. 고의든 아니든 고어뿐 아니라 조 바이든 미국 대통령의 정책이나 유럽 그린딜에서도 육식에 대해 생각만큼 목소리를 높이지 않는 건 맞다. 하지만 그렇다고 다른 노력을 깎아내리고 기후위기 문제에서 '일단 고기부터 끊으라니까'란 식의 접근은 단편적으로 느껴진다.

이유는 온실가스 배출량 통계에서 찾아보자.[2] 글로벌 온실가스의 약 20%가 농업 부문에서 나오는데, 이 가운데 축산업에서 직접 배출되는 양(트림, 분뇨)은 3분의 1에 못 미친다. 나머지는 경종농업, 그러니까 씨 뿌리는 농사에서 나온다. 지금까지 이 책을 열심히 읽은 독자라면 이렇게 물을 것이다. '경종농업의 상당 부분도 결국 소, 돼지를 먹여 살리기 위한 것 아니냐'고. 그렇다. 그래서 간접 배출량까지 따지면 축산업의 책임은 3분의 1보다는 훨씬 클 것이다.

그렇다면 한국은 어떨까. 우리나라는 방목을 하거나 사료를 얻기 위해 산을 밀어내는 경우가 거의 없다. 우리나라 경종농업은 가축이 아니라 사람 입에 들어가는 먹거리를 만든다. 우리나라 농업 부문은 '축산업=육식, 경종농업=채식'으로 구분해도 무방하다는 뜻이다. 이렇게 봤을 때 우리나라 농업 부문 배출에서 육식과 채식의 비중은 44대 56으로 채식이 조금 더 높다. 밥상 위 기후변화 문제를 단순히 육식이냐 채식이냐의 문제로만 접근해선 안 된다는 사실을 말해준다.

그러나 채식, 경종농업에서 발생하는 온실가스에 대한 사회적 관심은 매우 낮다. 물론 다른 부문도 마찬가지지만, 동물단체의 견제를 받는 축산 분야와 달리 '경종농업 온실가스'는 정말로 감시도 관심도 받지 못한다.

석탄, 철강 등 거대한 적을 앞에 둔 환경단체는 물론이고 농업 분야에서도 생산성 향상, 산업 현대화가 우선이지 온실가스 감축은 피자 옆의 디핑소스, 자장면 옆의 짬뽕국물 같은 문제다. 필요하긴 필요한데 없어도 대세에 지장이 없단 얘기다.

그럼 이제부터 곡물과 채소, 과일을 기르는데 왜 이렇게 많은 온실가스가 나오는지 하나씩 짚어보자.

채식, 너마저 I
– 산업화 이전

사실 농업에 대해 잘 모르고, '식물 하면 나무, 나무 하면 이산화탄소 흡수'라는 공식만 머리에 있다면 곡물과 온실가스의 관계를 직관적으로 이해하긴 어렵다.

경종농업에서도 온실가스 배출원은 다양하기 때문에 먼저 구분할 필요가 있다. 우선 에너지 투입 방식에 따라 직접적인 배출과 간접적인 배출로 나눌 수 있다. 당신이 농부라고 가정하자. 전기요금이나 기름값으로 직접 지불하는 활동(열을 가해 온도를 높이는 가온, 트랙터 연료 주입 등)은 직접 배출, 나머지 숨어 있는 혹은 순식간에 만들어내는 것들이 간접 배출이 된다. 경종농업 배출량으로 잡히는 건 대부분 간접 배출이다. 그래서 이번 장에서는 먼저 간접 배출에 대해 살펴보겠다.

불과 한 세기 전까지 인구 대부분은 농부였고, 그만큼 소출을 늘리는 건 개인에게도 국가에도 아주 중요한 과제였다. 사람들은 아주 오래전부터 쟁기나 가축의 힘을 빌려 땅을 갈고 논에 물을 댔다. 지력이 쇠하면 산지를 개간했지만, 시간이 흐르면서 작물을 번갈아 심는 돌려짓기로 얼마간은 버틸 수 있다는 점도 깨달았다. 산업혁명의 물결은 논밭에도 번졌다. 농기계가 들어왔고, 화학비료와 농약이 녹색혁명을 일궜다.

자, 여기서 문제. 위 단락에서 언급된 농업 활동 중 온실가스 배출과 관계 깊은 것을 골라보자.

너무 쉬운가? 농기계야 뻔하고, 비료와 농약도 공장에서 만드니 관련 있을 것 같다. 하지만 이렇게만 답하면 50점이다. 땅을 갈고(경운), 물을 대는(관개) 일도 온실가스를 발생시킨다. 펌프 같은 기계를 이용해서가 아니다. 그냥 갈아엎어진 땅, 고여 있는 물 그 자체가 배출원이다. 아니, 저 옛날 고분벽화에도 남아 있는 오래된 경작 활동이 온실가스를 뿜다니 이게 무슨 소린가. 적어도 우리나라에서는 논농사 탄소 배출량이 소 트림과 똥에서 나오는 배출량보다 많다. 당황스럽게 들리지만 사실이다. 토양 속 유기물과 미생물 때문에 그렇다.

앞서 〈온실가스 목록에 가득한 C〉에서 이산화탄소에 대해 이야기하면서 금성은 이산화탄소가 오로지 대기에만 있어 섭씨

464도의 지옥이 된 반면, 지구에서는 바닷물과 암석, 공기 등 곳곳에 쌓였다고 했다. 그러니 당연히 흙에도 있다.

식물은 공기에 있는 이산화탄소를 빨아들인다. 탄소를 재료로 이파리도 만들고, 줄기도 만들고, 나무 기둥도 만든다. 뿌리에도 탄소가 있다. 거의 모든 식물의 뿌리에는 균근이라는 미생물이 붙어 있다. '균' 자가 들어가니 뿌리의 고혈을 빨아먹는 존재 같지만, 사실 뿌리와 균근은 공생 관계다. 뿌리는 미생물에게 탄소를 줘서 힘을 얻게 하고, 미생물은 답례로 영양분을 준다. 이렇게 1차적으로 흙(에 사는 미생물) 속에 탄소가 깃든다.

동식물이 죽어도 흙에 탄소가 저장된다. 식물은 공기 속 탄소를 재료로 잎과 줄기를 만들고, 동물은 이 식물을 먹고 살기 때문에 결국 우리는 모두 탄소의 자식이다. 물론 식물이나 동물의 몸에 있는 탄소는 진짜 '탄소 덩어리' 그러니까 탄소 원자c만 있는 게 아니라 탄소 여러 개 혹은 질소나 수소 등 다른 원자와 결합한 고분자 유기물 형태로 존재한다. 그런데 죽어서 땅에 묻히면 부지런한 미생물들이 와서 고분자 결합을 끊기 시작한다. 이 과정에서 대부분의 탄소는 미생물의 호흡을 통해 다시 공기 중으로 날아가고, 일부가 토양에 남는다. 낙엽이 쌓인 땅 아래를 파보면 시커먼 흙이 나오는데 탄소(유기물)가 많아서 그렇다. 이걸 휴머스 혹은 부식토라고 한다.[3]

식물을 거쳐 땅에 저장되는 탄소의 양은 엄청나다. 보수적으로 잡아서 1조 5000억t에서 1조 6000억t 정도인데 이건 공기에 있는 탄소의 2배, 동식물 속 탄소의 약 4배에 달하는 양이다.[6]

물론 탄소가 모든 곳에 고르게 분포하는 것은 아니고 기후에 따라 저장되는 양이 다르다. 이산화탄소를 돈이라고 생각해보자. 땅의 입장에서 바라봤을 때 식물이 광합성으로 땅에 보내는 이산화탄소는 월급, 땅속 미생물이 유기물을 분해해 대기로 되돌려 보내는 건 소비다. 버는 것보다 쓰는 게 많으면 수중의 돈이 점점 없어지듯 땅속 탄소 비축량이 줄어든다. 반대가 되면 탄소 비축량이 는다.

덥고 건조한, 이를테면 사막 같은 곳은 식물이 귀해 월급(광합성) 자체가 얼마 없다 보니 쌓일 탄소도 별로 없다. 열대 지역은 많이 벌고 많이 쓴다. 광합성도 많고, 미생물 활동도 활발하기 때문이다. 고위도 추운 곳에서는 미생물 분해가 천천히 진행되면서 탄소가 차곡차곡 쌓인다. 그래서 지구에서 탄소가 가장 많이 저장된 땅은 툰드라 같은 동토다. 어떤 땅은 탄소가 유독 많고, 어떤 땅은 별로 없어서 (사람의 간섭만 없으면) 지구 전체적으로는 균형을 이루고 있다.

기후변화로 지구 기온이 올라 영구 동토가 녹으면 지구는 걷잡을 수 없는 온난화의 길을 걷게 된다는 이야기를 들어봤을 것이다. 눈과 얼음이 녹으면 판도라의 상자가 열린 것처럼 동토에 잠들어 있던 탄소가 피어오른다는 얘기다.

한국정밀농업연구소의 남재작 소장은 농업 분야의 에너지·온실가스 분석 전문가다. 그는 이렇게 말한다.

"땅속 유기물이 바깥으로 드러나면 미생물이 갑자기 번식하면서 엄청나게 탄소를 날려 보내요. 제철공장 하나가 동토에 들어선다고 보면 되는 거예요."

그런데 기후변화에 앞서 땅속의 탄소를 흔들어 깨운 것이 있었으니 바로 인간의 쟁기질이다. 인류는 1만 년 전 농사를 시작하면서부터 땅을 갈았다. 이때 유기물(탄소) 가득한 부식토가 지표로 올라오면서 온실가스가 하늘로 날아간다. 땅을 갈면 땅을 갈지 않을 때보다 온실가스 배출이 20% 늘어난다는 연구도 있다.[5]

물을 댄 논에서 온실가스가 배출되는 것도 이와 관련 있다. 기본적으로 흙에는 유기물이 있다. 그런데 논에는 벼도 자라고, 곤충도 산다. 여기에 물을 댄다는 건 혐기성 미생물에 무제한 밥상을 차려주는 격이다. 흙, 식물, 동물에 붙들려 있던 유기물을 혐기성 미생물이 먹는다. 앞서 소 트림과 가축분뇨 이야기에서 수차례 언급했듯 혐기성 미생물은 소화 끝에 메탄을 내놓는다. 우리나라의 경우 메탄 양만 따지면 논에서 배출되는 양이 소에서 배출되는 양보다 40% 더 많다.

그래서 미국에서는 추수를 하고 토양 침식을 막는 피복작물을 심는 농가에 돈을 주는 기업도 생겼다. 《LA타임스》에 실린 기사 내용을 보자.

오하이오 중부에 사는 릭 클린턴(66) 씨는 옥수수와 콩, 밀의 수
확량을 늘리기 위해 몇 년 전 피복작물을 기르기 시작했다. 어느
날 배출권 거래 회사인 인디고 애그리컬처에 대한 글을 읽은 그는
3000에이커(약 12km²) 농지에 피복작물을 기르는 조건으로 5년
간 17만 5000달러(약 2억 원)를 받기로 계약했다.[6]

여기에 기르는 작물은 판매용이 아니라 말마따나 농경지를
덮어두는 용이다. 추수 뒤 땅을 그대로 두면 온실가스가 날아갈
수 있으니 유기물로 덮어 땅을 탄소 흡수원으로 활용하면서 비
옥하게 하기 위해서다. 인디고 같은 회사가 농민들에게 돈을 줘
가면서까지 피복작물을 심게 하는 건 자선사업을 하려는 게 아
니다. 이렇게 농토를 흡수원으로 활용하면, 나무 심을 때와 마찬
가지로 탄소 배출권이 생긴다. 인디고는 농지에서 얻은 배출권을
IBM이나 JP모건체이스, 바클레이 같은 기업에 팔 수 있다.
    미 농무부는 2012년과 2017년 농부들의 경운 여부에 대해
조사했는데, 관행대로 경운을 하는 농지 면적은 24% 줄어든 반
면, 경운을 최소화하거나 아예 하지 않는 면적은 각각 28%, 8%
늘었다.
    한국에서도 무경운 농법이나 밭을 갈지 않는 태평농법 등을

시도하는 사람들이 있다. 비록 전체 농가 수에 비하면 한줌도 안
되지만 말이다.

　1만 년 관행을 뒤로하고 어떻게 무경운, 건답직파모내기를 하지 않
고 물을 대지 않은 마른 논에 볍씨를 바로 뿌리는 파종 방법를 하는지는 책의 뒷부분에
서 소개하겠다.

채식, 너마저 II
– 산업화 이후

이제 이른바 '녹색혁명' 이후의 간접 배출, 그러니까 화학비료와 농약 이야기로 넘어가보자.

조상들이 끊임없이 새 농토를 갈구했고, 여의치 않으면 산을 밀어서라도 새 땅을 마련했던 건 재배 면적을 늘리기 위해서만은 아니다. 같은 땅에 계속 같은 작물을 기르면 땅속 영양분이 금방 소진되는, 흔히 '지력이 쇠했다'고 말하는 현상 때문에 새 땅이 필요했다. 오랜 기간 인류는 가축의 분뇨로 양분을 보충했다. 지친 땅을 말 그대로 '쉬게' 하는 방법도 있었다. 땅을 삼등분해서 돌아가며 한 부분씩 쉬게 하는 것이다. 그러다 윤작법이 등장했다.

2021년 상반기 큰 인기를 끈 넷플릭스의 〈브리저튼〉에 이와 관련된 이야기가 나온다. 누군가는 특정 부분만 열심히 돌려 봤겠지만 나는 드라마를 보는 순간조차 책에 대한 고민을 놓지 않았기에 이 대사를 기억한다. 영주이자 공작인 남자 주인공 사이먼의 대사다.

"밀 수확량이 줄었는데 아무도 밭에 가축을 방목하거나 윤작으로 수확을 늘릴 생각을 하지 않았소."

실제로 영화의 배경이 되는 19세기는 영국에 윤작법이 도입된 지 그리 오래 지나지 않았을 때다. 16세기 네덜란드 플랑드르에서 사륜작법, 노퍽농법이라 불리는 농법이 시작돼 18세기 중반쯤 영국으로 전해진다. 주기적으로 작물을 달리해서 돌려 지으면 땅을 놀리지 않고 계속 쓸 수 있어 생산량과 소득을 모두 늘릴 수 있다.[7] '뭐 이런 단순한 방법을 갖고 거창하게 농법이라고 부르나' 싶겠지만, 여기서 핵심은 '녹비작물'이다.

녹비는 우리말로 하면 풋거름이란 뜻으로, 녹비작물을 심으면 땅이 비옥해진다. 콩과 식물이 대표적인 녹비작물이다. 콩을 특별하게 만드는 건 뿌리에 붙어 있는 뿌리혹박테리아다.

사실 기원전 사람들도 콩을 심으면 지력이 회복된다는 걸 알았다. 하지만 식물이 정확히 어떻게 먹고 사는지는 18~19세기가 돼서야 하나둘 밝혀지기 시작한다. 고대 그리스 철학자 아리스토텔레스는 '식물은 뿌리로 토양 속 양분을 빨아먹고 산다'

라고 했다.[8] 일곱 살 된 우리 집 꼬마도 할 수 있는 하나 마나 한 소리 같은데 그래서일까, 이 주장은 2000년 동안이나 흔들림 없이 내려온다.

그러다 1600년대 브뤼셀 출신 화학자 얀 밥티스타 판 헬몬트Jan Baptista van Helmont가 아리스토텔레스의 주장에 도전하는 실험을 한다. 오늘날 기준에서 보면 아주 단순한 실험이었다. 잘 말린 200파운드(약 90kg)의 흙에 5파운드(약 2.2kg) 나무를 심은 다음 5년 뒤 다시 흙과 나무의 무게를 쟀다. 그랬더니 나무의 무게는 164파운드(약 74kg) 늘어난 반면 흙의 무게는 눈곱만큼 줄어든 게 아닌가. 그는 나무는 흙이 아닌 다른 곳에서 양분을 얻는다는 생각을 하게 됐다. 여기까지는 좋았다. 하지만 '내가 준 건 물밖에 없으니 결국 식물을 키운 건 물'이라는 결론을 내린다. 하기야 광합성이 눈에 보이는 것도 아닌데, 그 누가 '유레카! 비밀은 광합성이었어!'라고 말할 수 있겠는가. 광합성이 밝혀진 건 이로부터 100년 이상 지나서다.

광합성이 알려진 지 반세기 정도 지나 사람들은 질소도 식물 성장의 필수 요소라는 사실을 알게 된다. 우리가 탄수화물, 단백질, 지방만 갖고 살 수 없듯 식물도 탄소, 수소, 산소(즉, 물과 이산화탄소)만 갖고 살 수 없다. 질소와 인, 칼륨, 칼슘, 마그네슘, 황도 필요하다. 이를 9대 필수 다량원소라고 한다. 9종 말고도 철,

망간, 구리, 아연 등도 미량 필요하다.[9] 이 원소들 가운데 질소는 엽록소를 이루는 핵심 성분이기 때문에 질소를 섭취해야만 생명을 유지할 수 있다.

그런데 안타깝게도 식물은 공기에 있는 질소는 빨아들이지 못한다. 지구 대기의 78%가 질소인데도 말이다. 식물은 뿌리를 통해서 땅에 이온 상태로 녹아 있는 질소만 받아먹을 수 있다. 그래서 '지력'이라는 건 흙에 질소가 얼마나 풍부한지를 이르는 말이고 지력이 쇠했다는 건 흙에 질소가 부족하다는 뜻이다. 흙에 있는 질소는 대개 동식물 유해에서 왔다. 앞서 콩과 작물의 비기라고 한 뿌리혹박테리아도 흙에 질소를 가두는 중요한 역할을 한다. 이 박테리아는 공기 중의 질소를 이온 상태로 만들어 식물이 먹기 좋도록 한다. 윤작을 할 때 중간에 콩과 작물을 심는 건 토양 질소량을 늘려 지력을 회복시키는 효과가 있었던 것이다.

그런데 산업혁명과 함께 인구는 급속도로 불어나기 시작했고, 가축분뇨나 콩과 작물만 갖고 생산량을 늘리는 것도 한계가 있었다. 위기의 인류를 구한 건 새똥이었다. 남미 페루 쪽에는 새와 박쥐가 싼 똥이 쌓이고 쌓여 '구아노'라고 하는 똥무더기가 있었는데, 엄청난 질소무기물이라는 사실이 밝혀진 것이다.

영국과 프랑스, 독일 등 유럽 국가는 맹렬하게 구아노를 퍼날랐다. 구아노가 귀한 몸이 되면서 구아노를 두고 유럽을 등에 업은 칠레와 페루·볼리비아 연합이 전쟁까지 벌인다. 하지만 새

똥도 금세 바닥나기 시작했고, 또다시 질소를 찾는 일이 지상과 제가 됐다.

하늘에는 질소가 차고 넘치는데 덩어리가 커서 (분자) 식물이 받아먹질 못하니 그림의 떡일 뿐이고, 어떻게든 질소 분자 덩어리를 쪼개야 하는데 질소 분자가 단단히 붙어 있는 탓에 내로라하는 화학자들이 달려들어도 번번이 실패할 뿐이었다.[10]

그러나 늘 그랬듯 인류는 답을 찾았다. 독일 화학회사 연구원이었던 카를 보슈Carl Bosch와 무명 화학자 프리츠 하버Fritz Haber가 주인공이다. 질소 분자 N_2와 수소 H_2를 반응시켜 암모니아 NH_3 합성에 성공한 것이다. 공기에서 뽑아낸 질소와 천연가스에서 뽑아낸 수소를 150~300기압, 400~500도에 반응시키면 암모니아가 만들어진다. 그래서 하버-보슈 공법을 두고 공기로 빵을 만들었다고 하는데, 엄밀히 말하면 공기로 오줌을 만든 것이다. 드디어 소똥과 새똥, 콩에 기대지 않아도 화학의 힘을 빌려 지력을 끌어올릴 마법을 손에 쥐게 됐다.

문제는 이 과정에서 엄청난 에너지가 투입된다는 것이다. 암모니아를 만들 때 쓰는 수소는 천연가스에 든 메탄을 '수증기 변성'이라는 방법으로 개질해서 얻는다. 물을 전기 분해해도 수소가 생기지만 메탄을 개질할 때 수율도 좋고 더 싸게 먹히기 때문이다. 그런데 이 과정에서 필연적으로 이산화탄소가 발생한다. 또, 질소와 수소를 결합시키려면 고온·고압의 환경이 필요한데 여기에 막대한 에너지가 들어간다. 오늘날 세계적으로 1억 7500만t의 질소가 경작지에 뿌려지는데 그중 약 40%가 하버-보슈 공법으로 만든 인조 비료다.[11] 그래서 암모니아 하나 만드는 데 전 세계 에너지의 2%를 쓰고, 총 이산화탄소 배출량의 1.2%나 나오게 된다.

농업 온실가스 감축은
마른 수건 쥐어짜기?

비료는 우리나라 농업을 이야기할 때 빠질 수 없는 요소다. 한국에서 가장 큰 비료 회사는 농협 계열사인 남해화학이다. 이 회사의 연간 온실가스 배출량은 2020년 기준으로 6만 5000여t 이다. 기업이 매출을 올리기 위해 온실가스 배출을 얼마나 했는지 계산한 걸 '온실가스 배출 원단위'라고 한다. 남해화학의 배출 원단위는 삼성전자의 1.3배, 현대자동차의 4.6배다. 같은 매출을 낸다고 했을 때 남해화학의 배출량이 더 많다는 뜻이다.[12, 13]

비료는 제조할 때도 다량의 에너지를 잡아먹지만, 뿌리는 것만으로도 온실가스를 발생시킨다. 안타깝게도 작물은 사람들이 뿌리는 비료의 절반 정도만 받아먹기 때문이다. 비료의 핵심은 질소로, 식물이 먹기 좋게 암모니아로 만들어 암모늄 같은 형태로 만들어서 뿌리는데 남은 비료는 땅속에서 질산화-탈질화의 과정을 겪다 부산물처럼 아산화질소N_2O를 대기로 내보낸다(질산화-탈질화 과정은 앞서 110~111쪽에서 이야기했으므로 생략한다). 이산화탄소보다 약 300배나 온실 효과가 큰 가스를 말이다. 비료를 뿌릴 때 공기 중으로 흩어지거나 땅에 있다 빗물을 타고 강으로 흘러 들어오는 녀석 중에도 아산화질소로 생을 마감하는 것들이 많다. 이런 식으로 발생하는 아산화질소의 양은 무시할 수 없다. 소 트림에서 나오는 메탄가스의 양과 논밭에서 피어오르는 아산화질소의 양은 전 세계적으로 1 대 1로 비슷하다.

비료만큼은 아니지만 농약도 제조할 때 당연히 에너지가 들어간다. 매년 300만t의 농약이 논밭에 살포되는데 무려 1600가지 화학물질이 동원된다. 화학물질 조성에 따라 농약 제조 시 온실가스 배출량은 수십 배 차이난다. 농약을 생태계가 아닌 에너지 측면에서 분석한 연구는 찾아보기 힘든데 2002년 미국에서 조사된 바에 따르면 농약을 제조할 때는 비료 제조에 비해 약 4분의 1에서 5분의 1 정도의 에너지가 투입된다.[14]

비료와 농약은 용도는 달라도 서로 영향을 준다. 오랫동안 곡물은 키가 큰 게 장점이었다. 줄기가 길어야 열매도 많이 달리기 때문이다. 게다가 긴 줄기는 지붕 자재, 가축 사료, 깔개 등으로도 활용할 수 있고, 때로는 연료가 되기도 한다. 짧은 잡초와의 햇빛 경쟁에서도 유리하다. 질소비료를 먹은 곡물은 쑥쑥 잘 컸다. 그러나 다른 변수가 등장했다. 비료를 먹고 웃자란 농작물이 자꾸만 바람에 넘어지는 것이다. 상황이 바뀌어 이제는 짧고 강한 종자가 필요했다. 작지만 굵고, 열매도 많이 맺는 종자, 그러니까 곡물도 비대화를 겪은 셈이다.

식물생리학자 로이드 에반스Lloyd Evans는 『백억 인구 먹여 살리기』란 책에서 이 과정을 이렇게 소개한다.

> 1900년 무렵 이후 많은 유럽 밀 품종의 키는 1.5미터로 줄어들기 시작해 1960년 무렵이면 1미터 남짓 되었다. … 1917년 일본에서 반半왜성 밀 품종 다루마가 미국 품종 하나와 교배되었고 … 후대로부터 선발한 결과, 농림 10호라 불리는 반왜성 품종이 나왔고, … 이들 품종과 많은 후속 품종이 개발도상 세계를 통해 들불같이 퍼져 오늘날 전체 밀 재배 면적의 70%를 차지한다.[15]

밀뿐 아니라 벼도 비슷한 과정을 통해 키가 작으면서 강한 왜성 품종이 보급됐다. 그런데 키가 작으면 햇빛을 두고 잡초와 경쟁을 벌여야 하므로, 경쟁자를 제거하기 위해 농약이 동원됐다.[16]

농약은 농약을 부른다. 농약은 항생제와 같아서 농약을 이기는 저항성 해충이 등장하기 마련이다. 제초제에 내성을 갖는 작물이 생기면서 비선택성 제초제 글리포세이트가 인기를 끌기 시작했다. 비선택성이란 말 그대로 잡초와 작물을 가리지 않고 죽인다는 뜻이다. 농사를 몰라도 이름은 한번쯤 들어봤을 몬산토의 라운드업이 대표적인 글리포세이트 제초제다. 몬산토 제품이 특히 시장을 장악할 수 있었던 건 라운드업에 죽지 않는 유전자 변형 작물(이름하여 '라운드업 레디')을 함께 팔았기 때문이다. 모든 풀을 죽이는 제초제와, 그 제초제에도 살아남는 작물이라니 환상의 짝꿍 아니겠는가.

그러나 잡초들은 정말 잡초 같은 힘으로 라운드업을 이겨냈다. 공교롭게도 몬산토가 라운드업 레디를 출시한 1996년 라운드업에 죽지 않는 '슈퍼 잡초'가 처음 발견됐다. 2017년 발간된 한 논문에 따르면 전 세계 37개국에 슈퍼 잡초 38종이 발견됐는데[17] 그 후에도 신종 슈퍼 잡초는 계속 등장해 2020년에는 50종이 넘는다.[18] 비료가 농약을 부르고, 농약은 또 다른 농약을 부르는 악순환이다.

나는 환경 기사를 쓰기 시작한 뒤로 가끔 토론회에 참석 요청을 받는다. '언론의 시각에서 본 ○○○' 류의 주제가 대부분이고, 이런 주제라면 부담이 크지 않지만 이따금 일주일 전부터 밤잠을 설치게 만드는 자리도 있다. 2021년 봄에 참석한 세미나도 그랬다. 농업과 관련된 자리였고, 참석자 대부분이 농학에 뼈를 묻겠다는 분들이었다. 번데기 앞에서 주름잡는 참담한 심정으로 겨우겨우 발표를 마치고 휴식 시간이 됐을 때 한 분이 이렇게 말했다.

"제가 농업 관련해서 국제회의에도 가보고 그랬는데요, 사실 미국 같은 곳에서는 농업 부문 온실가스 감축 얘기하면 '마른 수건 쥐어짠다'라고 해요. 우리나라만 해도 포스코 한 곳이 10%를 내뿜는데 농업은 다 합쳐봐야 한 3%밖에 안 되잖아요. 여기는 줄여도 티도 안 나고, 줄일 수단도 별로 없어요."

앞서 '농업 배출량 비중 3%'는 통계 착시라고 했는데, 지금까지 언급된 내용 중에도 상당 부분은 농업 배출량에 잡히지 않는다. 지금까지 경종 농업에서 온실가스가 발생하는 경우로 ① 땅을 갈아엎을 때 ② 논에 물을 댔을 때 ③ 비료를 만들 때 ④ 비료를 뿌릴 때 ⑤ 농약을 만들 때를 언급했다. 이 가운데 우리나라 국가 인벤토리에서 '농업'에 잡히는 건 ②와 ④뿐이다. 경종 농업 부문 온실가스를 직접배출과 간접배출로 나누고, 이 가운데 절반, 그러니까 간접배출만 이야기했는데도 그렇다. ③과 ⑤는 에너지나 산업공정에 들어가 있다. 이건 국제적으로 통용되는 기준이라서 누구를 탓할 일은 아니고, 알고 넘어가자는 취지에서 하는 말이다.

문제는 ①이다. 땅을 갈아엎을 때 온실가스가 나온다는 얘기는 반대로 땅을 내버려두면 온실가스를 가둬둘 수 있다는 뜻이기도 하다. 경운에 따른 온실가스도 농업이 아닌 '토지이용, 토지 이용 변화 및 임업LULUCF'이라고 하는 항목 중 '농지로 유지된 농경지' 부분에 잡힌다. 그런데 이 값은 각 나라별로 농토를 어떻게 관리하느냐에 따라 양(+)의 값이 되기도 하고, 음(-)의 값이 되기도 한다. 값이 음수라는 건, 농지가 숲처럼 온실가스를 빨아들이는 흡수원이 된다는 말이다.

실제로 프랑스는 1996년부터, 아일랜드는 2013년부터 줄곧 농지가 흡수원 역할을 했고, 미국과 캐나다는 온실가스 통계를 내기 시작한 1990년부터 계속 그랬다.[19]

무경운 농법이라는 개념 자체가 생소한 우리나라는 어떨까. (-)다. 마이너스가 아니라 '값이 없음'을 뜻하는 표시다.

"경운을 할 때와 조금만 할 때, 아예 안 할 때 각각 특정값을 곱해서 20년간 탄소의 양을 비교하는 식으로 LULUCF 농지 탄소 배출량을 계산해요. 그런데 우리나라는 특정 값을 찾기 위한 연구를 많이 하긴 했는데 그 값을 쓰기에는 연구가 부족합니다. 그래서 IPCC에서 정한 디폴트값을 씁니다. 그런데 IPCC에서 정하길, 각 나라에서 연구된 값이 없으면 변화량을 0으로 하라고 해서 그 부분은 산정이 되지 않는 겁니다."

국립농업과학원의 LULUCF 온실가스 통계 담당자의 설명이다. 어쩌면 국내 농업부문 온실가스 문제는 마른 수건이 아니라 수건이 젖었는지, 말랐는지조차 모르는 상황이 아닐까.

비료와 농약에
푹 빠진 한국

　흔히 한국은 압축성장의 신화를 썼다고 말하는데, 농업 부문도 그렇다. 산업화·도시화가 진행되면서 반세기 넘게 농지 면적은 꾸준히 줄었지만, 농업 생산량은 1970년 1000만t에서 1980년에 1400만t으로, 1990년 1800만t에서 2000년 2300만t으로 늘었다. 여느 나라와 마찬가지로 비료와 농약의 도움을 받았다. 그것도 아주 많이. 통일벼 속에 그 이야기가 녹아 있다.

　우리나라는 1960년대까지 보릿고개를 겪었다. 쿠데타로 1963년 정권을 쥔 박정희 대통령은 반만년 보릿고개를 넘는 데 사활을 걸었다. 1964년 현대판 문익점마냥 중앙정보부 요원을 동원해 이집트에서 개발된 다多수확종 벼 '나다'를 몰래 들여왔다. 박 대통령은 이 씨앗에 본인 이름의 '희'자를 붙여 '희농 1호'라 부르고 큰 기대를 걸었다. 그러나 희농 1호는 우리나라의 기후에 적응하는 데 실패한다.

　이번에는 필리핀에서 희소식이 들려왔다. 미국의 록펠러포드재단이 필리핀에 설립한 국제미작연구소IRRI에 파견됐던 서울대 허문회 교수팀이 다수확종 개발에 성공한 것이다. 물론 당시에도 다수확종 쌀은 있었지만 모두 불면 날아갈 듯한 인디카쌀(안남미·알랑미라고도 부르는 쌀)이었다. 우리가 주식으로 먹는 자포니카종과 인디카종을 교배하면 불임이 돼 종자를 받을 수 없었다. 허 교수는 인디카와 자포니카를 교배한 뒤 또 다른 인디카를 교배해 씨를 받을 수 있는 다수확종 벼 IR-667을 개발했다. 이게 바로 통일벼. 인디카의 유전자가 많이 섞인 탓에 우리 입맛에 맞지 않다는 불평도 나왔지만, 1971년 초 청와대에서 열린 품평회에서 박 대통령이 "귀한 달러 주고 외국 쌀 사먹는 처지에 밥맛 따지게 됐나"라는 말로 불만을 단숨에 잠재웠다는 일화도 있다.[20]

한국 언론은 통일벼를 '기적의 볍씨'라고 소개했는데 말 그대로 놀라운 생산량을 보였다. 1964년 166kg/ha였던 수확량이 1973년에 355kg/ha로 급증했고, 1976년에는 쌀 자급률 100%라는, 당시로 치면 기적을 일궜다.

그런데 통일벼의 성공은 종자 그 자체만 갖고 달성한 건 아니다. 통일벼가 한창 보급되기 시작한 1973년 5월 22일 《매일경제》 신문 1면에 〈농촌에 비료 품귀〉라는 제목의 머리기사가 실린다. 급격한 비료 수요 증가를 공급이 따라잡지 못해 비료 암매상까지 날뛴다는 내용이다.[21] 비료 품귀 현상이 이듬해까지 이어지자 정부는 공장을 모두 가동해 비료를 증산하라는 긴급지시를 내렸다. 단지 수확량이 늘어서 벌어진 일만은 아니다. 그럼 왜 그랬을까?

통일벼 같은 다수확 품종은 비료 요구량이 많다. 동물이 많이 먹어야 살이 찌듯 식물도 열매를 많이 맺으려면 다량의 영양을 섭취해야 한다. 단보(약 991m²)당 재래종에는 20.8kg의 비료를 뿌렸는데 통일벼는 31.3kg을 뿌려야 했다.[22] 하루 세 끼 먹는 사람이 하루 네 끼에 야식까지 챙겨먹는 상황이 된 것이다. 통일벼 재배 면적이 늘면서 비료 소비량은 연간 15%씩 늘기 시작한다. 그러나 '안 되면 되게 하라'는 시절이었으므로 비료 생산량은 금방금방 늘어났다. 1973~1974년의 비료 품귀는 1975년부터 해소되기 시작했고 금세 비료가 남아돌았다. 1977년엔 앞서 말한 남해화학 공장이 완공됐는데 단일 공장으로는 세계 최대 규모였다. 정부는 남아도는 비료를 수출하기 위해 적극 지원했고, 국내에서는 국제 시세보다 높은 가격을 보장함으로써 비료산업을 키운다.

비료 요구량이 높은 작물은 대체로 농약 요구량도 높다. 재래종이 5차례 농약을 뿌려야 한다면 통일벼는 7차례 뿌려야 했다.

통일벼의 뒤를 이어 유신벼와 밀양23호 같은 다수확종이 속속 등장했고, 여기엔 늘 화학비료와 농약이 그림자처럼 따라다녔다.

보릿고개를 넘어가면서부터는 농업의 규모화가 추진된다. 농가당 재배 면적을 늘리고, 잡다한 작물을 조금씩 나눠 심지 말고 돈이 될 만한 작물 몇 가지를 선택해서 집중하는 정책이다. 빠른 도시화로 1970~1980년대부터 도시와 시골의 격차가 벌어지자 대농을 키우려는 취지였으나 이 또한 비료 사용을 늘리는 요인이 됐다. 단일 작물을 심으면 당장은 이득일지 모르지만 그 작물이 계속 같은 영양분만 먹어서 땅이 금방 지치기 때문이다. 그리하여 1970년대 말이 되면 한국의 단위 면적당 시비량(비료양)은 세계 최고 수준이 되고, 1ha당 농약 사용량도 1968년 1.9kg에서 1975년에는 10kg을 넘어선다.

비료는 제조할 때와 뿌릴 때 온실가스를 만든다. 그런데 또 다른 문제도 있다. 질산염 비료나 농약을 뿌리면 토양 산성화가 일어난다. 토양이 산성화됐다는 말은 수소 이온H+의 양이 늘었다는 이야기다. 흙은 일반적으로 음성(-)을 띠기 때문에 양이온(+) 비료 성분이 붙는데, 흙이 산성화돼 수소 이온이 늘어나면 비료가 차지할 수 있는 자리가 그만큼 줄어든다. 칼륨, 칼슘, 마그네슘, 구리, 아연, 철, 니켈, 망간 같은 양분이 빠져나간다는 뜻이다.

또 산성인 땅에서는 미생물 활동이 저조해져 앞서 말한 콩과 작물의 질소 고정 기능이 떨어진다. 땅에서 자연적으로 공급되는 질소의 양도 줄어드는 것이다. 결국 부족한 양분을 채우려 더 많은 비료를 쏟아 붓고 또다시 유실이 일어나는 악순환에 빠진다.[23, 24]

일찌감치 이를 걱정하는 목소리는 있었다. 1984년 1월 18일 《경향신문》 1면 머리기사 제목은 〈논 산성화 가속 지력 쇠진/쌀 생산점 한계점에〉이다. 내용은 이렇다.

우리나라의 논은 과다한 비료 사용으로 산성화가 심화되고 자체 생명력으로 생성되는 각종 유기물 함량 등이 크게 부족, 쌀 등 주곡의 생산성이 한계에 이른 것으로 나타났다. … 논의 산도는 5.5로 적정수준 6.5에 크게 미달되고 있다. … 유기물 함량은 최저수준인 3.0%를 밑도는 2.3%에 머물고 있으며 … 논의 양분 보존 능력도 토양 100g당 적정수준인 20me 밀리그램당량보다 훨씬 낮은 11me에 불과한 것으로 분석됐다. … 농촌경제연구원은 이같이 땅의 힘이 약화된 것은 과거 20년 동안 증산을 위해 화학비료와 농약 등을 지나치게 많이 사용했기 때문이라고 분석했다. 이러한 경향은 다수확 벼 품종을 보급함에 따라 심화되었다.[25]

1999년에는 남해화학 관계자가 언론에 "2~4배, 심지어 8배가 넘는 비료를 뿌리는 농민도 있다"라며 "과다 시비는 땅과 농작물에 대한 학대"라는 기고를 싣기도 한다.[26] 2010년 이후 사용량이 약간 꺾였지만 약간 줄어든 상태로 그 수준을 계속 유지하는 중이다. 줄었다고는 하나 세계식량기구에 따르면 2019년 현재 한국의 단위 면적당 비료 사용량은 대만, 이집트, 아랍에미리트연합UAE, 중국에 이어 8위고,[27] 단위 면적당 농약 사용량은 트리니다드토바고, 에콰도르, 중국, 세이셸 등에 이은 9위다.[28] 비료와 농약이 점철된 탄소로운 곡물, 탄소로운 과일, 탄소로운 채소를 키우는 것이다.

탁상공론을 보여주는
친환경농업 정책

정부라고 아무것도 하지 않은 건 아니다. '놀랍게도' 정부는 2001년부터 매 5년마다 '친환경농업 육성 5개년 계획'을 수립해왔다. '놀랍게도'라고 적은 이유는 크게 두 가지 때문이다. 우선 이런 정책이 무려 20년 동안이나 시행됐지만 아는 사람이 거의 없을 것이기 때문이다(언론 보도에서 이를 알 수 있다). 2021년 5월 기준으로 가장 최근의 5개년 계획은 2016년 3월 10일 발표된 4차 계획이다. 그런데 이날 농림축산식품부의 발표를 지면에 실은 언론사는 단 한 곳도 없었다. 심지어 인터넷 기사로 쓴 언론사도 14곳에 불과했다. 주요 일간지뿐 아니라 지방지, 전문지 등 네이버와 계약된 수많은 언론사 중 그만큼밖에 없었던 것이다.

'놀랍게도'라고 한 두 번째 이유는 '그들만 아는 그들만의 정책'이어서인지 3차 계획에서 설정했던 목표를 하나도 달성하지 못한 채 4차 계획을 수립했고, 4차 계획에서 잡은 2020년 목표는 3차 계획 목표에도 못 미치는 것들이 상당수다. 다음 쪽 그림을 보면 알 수 있다.[29, 30]

회색이 3차 계획이고, 짙은 녹색이 4차 계획, 연두색이 5차 계획이다. 색칠된 원이 실제고, 테두리만 있는 원은 목표다. 예를 들어 2015년을 보면 이상과 실제가 얼마나 멀리 떨어져 있는지

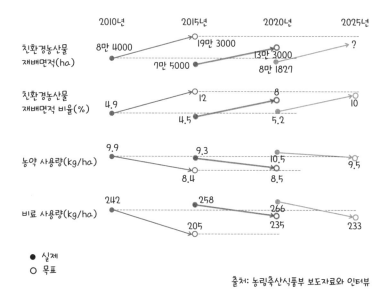

정부의 친환경농업 육성 5개년 계획의 목표와 실제

	2010년	2015년	2020년	2025년
친환경농산물 재배면적(ha)	8만 4000	19만 3000 / 7만 5000	13만 3000 / 8만 1827	?
친환경농산물 재배면적 비율(%)	4.9	12 / 4.5	8 / 5.2	10
농약 사용량(kg/ha)	9.9	9.3 / 8.4	10.5 / 8.5	9.5
비료 사용량(kg/ha)	242	258 / 205	266 / 235	233

● 실제
○ 목표

출처: 농림축산식품부 보도자료와 인터뷰

알 수 있다. 2015년에는 친환경농산물 재배면적이 19만 3000ha로 늘어나야 했지만, 실제론 2010년보다 줄어든 7만 5000ha였다. 농약과 비료 사용량도 꿈은 드높지만 현실은 처참하다. 전형적인 탁상행정이다. 친환경농산물(유기농+무농약) 출하량을 기준으로 최고의 전성기는 2010년 전후였다. 가장 최근 통계인 2018년에는 그때의 절반에도 못 미친다. 왜 그럴까.

보고서를 보면 다양한 원인이 지적된다. 인증에 대한 소비자 불신, 경제성 확보 어려움에 따른 시장 확대 한계, 정착되지 않은 친환경농법, 부족한 친환경농업 관련 예산, 품목별 목표 부재, 친환경농업의 높은 진입 장벽 등 이 말고도 이유는 많을 것이다.

나는 농민의 입장에서 이야기를 듣고 싶었다. 그래서 만나는 농민마다 농사를 지으며 가장 고민이 되는 부분이 무엇인지 물었다. 이들의 이야기를 들으면 농약과 비료를 많이 칠 수밖에 없는 이유, 나아가 친환경농사로 전환을 어렵게 하는 이유를 알 수 있을 거라 생각했기 때문이다. 이들의 고민을 관통하는 부분은 첫 번째 '예뻐야 팔린다'는 것과 두 번째 '팔리는 가격은 엿장수 마음'이라는 것이다.

2020년 11월 열린 토론회에서 전국농민회총연맹 이무진 정책위원장이 인상적인 이야기를 했다.

"저는 15년 동안 해남에서 유기농 농사를 3만 평 했습니다. 논농사는 도저히 불가능해서 포기했고요, 이후로 밭농사만 작게 했어요. 계약한 생활협동조합에서 '남해 섬초가 유명한데 해남도 따뜻하니 시금치를 공급해주면 좋겠다는 소비자들의 요구가 있다'고 해서 7000평에 시금치를 심었습니다. 그런데 500평만 건지고 나머지는 다 폐기처분했어요. 왜 그런지 아세요? 물류센터에서 다 돌려보낸 거예요. 겨울에 노지재배한 시금치가 예쁠 수가 있겠습니까. 예쁘게 기르려면 하우스에서 비료 치고 그래야 돼요. 그런데 노지재배 겨울 시금치가 맛은 정말 좋거든요. 농민이 아무리 철학적인 이념을 갖고 길러도 실제 소비자는 상품으로 보지 않는 겁니다."

경기도 고양시에서 1만 평 하우스 농사를 짓는 가야농장 이용연 대표도 비슷한 말을 했다. 경기도에 산 지 30년이 됐지만 고향인 충청도 말씨가 남아 있었다.

"유기농은 벌레가 다 먹고 쉽지 않아. 여기 고양시에도 친환경 농가가 있기는 있는데, 그 사람들은 사명감을 갖고 해요. 그런데 개인 소득을 놓고 보면 친환경은……."

나는 다시 물었다.

"친환경 농산물 출하량이 2010년대 들어와 줄거나 거의 그대로이던데 결국 돈이 안 돼서 그런 거예요?"

"친환경은, 내가 봤을 때 앞으로 더 줄어들 거여. 나부텀도 돈벌이를 해가면서 해야 되잖아요. 근데 이거(친환경)는 노동력이 너무 많이 들어가는 거야. 관찰하고 신경 쓰고. 어떤 사람은 매일 약통(친환경에 쓸 수 있는 해충 방제약이 따로 있다) 짊어지고 살아. 그리고 요즘 소비자들이 눈으로 봤을 때 벌레 구녕 있고 하면 선호를 안 하잖아. 친환경이 돈벌이 되면 해지 말라도 해. 낼부터 유기농으로 다 하라고 하면, 우리나라 보릿고개 다시 겪어야 돼요."

유기농만 예뻐야 팔리는 게 아니다.

"멜론은 꼭지가 있어야 돼요. 꼭지가 싱싱하고 좋아야 시장에서 가격을 많이 쳐주거든요. 그래서 작업하다가 꼭지를 실수로 부러뜨리거나 꼭지가 말랐으면 가격을 못 받아요. 그런 게

20~30%는 되는 것 같아요. 맛은 꼭지랑 상관없이 똑같죠."(평창에서 멜론을 기르는 지준거 사장)

"사과는 맨 처음에 봄, 그러니까 3~4월에 한 번 비료를 뿌리고 수확 시기가 되면 황산가리를 줘요. 색깔 내는 데 도움되는 비료예요. 그리고 당도 높이고 색깔 내는 비료 한 번 더 뿌리고. 2~3년 비료를 안 줘봤는데 딱 봐도 비실비실해요. 사과를 예쁘게 만들려면 자꾸 무슨 짓을 해야 돼요. 사과에 봉지를 씌운다거나 하는 게 그런 거예요. 이건 순전히 예쁘게 하려고 하는 거예요. 안 그럼 표면이 거칠거칠하게 되거든요. 그걸 동록이라고 하는데, 동록을 막으려고 약을 한두 번 쳐요."(평창에서 사과를 기르는 최난숙 사장)

"지금 관행농업은 하나의 업이 아니고 돈벌이 수단이에요. 돈벌이 수단으로 할 때는 열심히 화장을 잘 해주면 돼요, 빛깔 좋게. 알타리 같은 것 보면 붉은 황토가 묻어 있잖아요? 그런데 어떤 데는 흙이 재색을 띠는 데가 있어요. 그럼 그걸 씻은 다음에 황토가루를 채로 쳐서 뿌린다고 해요. 화장한다고 하죠. 경매장에서 조명을 받으면 상당히 예뻐 보여요."(서산에서 유기농과 일부 관행농을 하는 전량배 충남친환경농업협회장)

유기농이건 무기농이건 할 것 없이 '예뻐지기 위해' 농약과 비료를 뿌리고 이것도 모자라 비닐 옷을 입고 황토 메이크업까지 한다.

멀고 먼
유기농의 길

우리는 '농사'라고 하면, 농부가 땅을 갈고 씨를 뿌려서 구슬
땀을 흘려가며 재배하는 모습을 떠올린다. 그저 바라만 보는 우
리에게 그 모습은 목가적이다. 그러나 농부에게 농사는 생계를
유지하는 수단이다. 농업의 탄소 배출을 줄이려면 막연히 유기농
을 외칠 게 아니라 농사가 안정적인 생계 수단이 되는지 들여다
봐야 한다. 여유가 있고, 믿는 구석이 있어야 농사를 '돈벌이' 이
상으로 바라볼 수 있을 것이다. 현재 우리 농산물 시장의 유통 구
조는 '지구를 지키는 농업'이나 '생명을 살리는 농사'와 같은 고
민이 끼어들 여지가 없다.

우리나라 농산물 유통시장에서 '갑'은 서울 송파구에 있는 가락동 경매 시장이다. 여기에서 결정되는 가격에 따라 전국 농산물 가격이 오르내린다. 원래 농산물 시장의 메카는 용산이었다. 용산 전자상가 자리에는 용산 청과물 시장이 있었다. 그런데 소수의 위탁상이 거래를 독점하고, 중간상들이 마진을 잔뜩 붙이는 폐단이 발생했다.[31] 가락시장은 유통 단계를 대폭 줄이고 투명하게 가격을 결정하도록 경매제 중심 도매시장으로 1985년 문을 열었다. 그러나 도매 단계의 전횡은 해소되지 않았다.

대표적인 문제가 '경매 같지 않은 경매'다. 흔히 우리가 생각하는 경매는 물건이 나오면 여기저기서 입찰가를 부르고, 값을 가장 높게 부르는 사람에게 낙찰된다. 공개된 자리에서 경쟁하고 가격이 결정되므로 가격 '후려치기'나 뒷거래가 개입될 여지는 적을 것 같다. 그런데 그렇지 않다.

서울시농수산식품공사가 2020년 10월 펴낸 〈경매제 중심의 공영도매시장 거래질서 개혁 필요성〉 자료에는 황당한 사례가 나온다. 2020년 8월 9일 농부 최 씨는 가락시장의 A도매법인에 청양고추 10kg을 출하해서 2만 4000원에 낙찰받는다. 그런데 같은 날 B도매법인에 출하한 고추의 낙찰가는 2000원이었다. 같은 날 같은 농산물을 출하해도 도매법인에 따라 12배나 차이가 난 것이다.[32]

이런 일은 흔하다. 8월 6일 양 씨의 열무 8kg은 법인에 따라

1만 1750원, 1500원으로 낙찰가가 달랐고, 5월 27일 박 씨의 상
추 4kg도 1만 900원, 4400원으로 2.5배 차이가 났다. 매일매일
등락폭도 심하다. 수미감자(20kg, '상'품 기준)는 2021년 2월 2일
평균 2만 9054원에 낙찰됐는데 다음날에는 5만 6050원으로 급
등했다. 2021년 5월 25일 7208원에 거래된 양배추(8kg, '상'품
기준) 가격은 다음날 5749원으로, 그 다음날엔 3270원까지 떨어
졌다. 하루이틀 사이 값이 배로 뛰거나 절반으로 폭락하는 게 흔
하다.[33]

내가 만난 농민들도 이런 점을 힘들어했다.

"하다못해 이쑤시개 공장도 자기가 맨든 거 얼마라고 가격
을 받잖아요. 그런데 농산물만 (농부가) 가격결정권이 없어요. 그
냥 거기서 통보가 되는 거여. 근데 해보니께 이게 생산량이 엄청
나게 요동쳐서 가격이 폭락하고 폭등하는 게 아니더라고. 생산량
은 고만고만한데 가격 변동이 엄청나요."(이용연 대표)

"우리나라는 가격 변동 폭이 심한 걸 넘어 심각한 수준이에
요. 이만큼 키우면 얼마를 받겠다, 이렇게 안정적으로 예측할 수
가 없으니까 투기농법을 하는 거예요. 블루베리가 돈된다고 하면
블루베리로 우르르 몰리고, 샤인머스켓이 돈된다고 하면 또 그리
로 우르르 몰리고……."(이무진 위원장)

이는 용산 청과물시장부터 쌓인 위탁상의 독점 때문이다.

가락도매시장을 통한 거래는 산지→도매법인→중도매인

→소매상으로 단순화할 수 있다. 도매법인이 위탁상이다(지금의 위탁상과 용산 시절의 위탁상은 법적 지위나 자격 요건 등에서 완전히 같지는 않다). 가락시장에는 중앙청과, 서울청과, 동화청과, 한국청과, 대아청과 이렇게 청과라 이름 붙은 5개의 민간 도매법인이 있다. 1994년 추가된 대아청과를 빼면 가락시장 개설 후 지금까지 이들 업체가 경매 시장을 꽉 잡고 있다. 중도매인은 경매에 참여하는 응찰자들이다. 그런데 이들도 거래하는 청과법인이 정해져 있다.[34] 도매법인 5곳과 이들과 연결된 중도매인이 시장을 쥐락펴락하는 것이다.

"우리 농산물 가격 등락폭이 심한 건 경매제 때문이에요. 이게 공정하게 이뤄지지 않아요. 중도매인이 '나 얼마에 살래' 하고 경매사와 짜고 치는 고스톱처럼 낙찰이 이뤄져요. 경쟁을 통해 가격이 결정되는 것이 아니라 경매 시작하자마자 가격이 결정되는 거죠."

백혜숙 서울시농수산식품공사 전문위원의 말이다. 공사가 2019년 청과 상위 25개 품목의 경매 647만 5000건의 경매를 분석했더니 59%가 3초 이내에 경매가 끝났고, 1초 이내에 끝난 것도 17%나 됐다.

이 과정에서 이득을 보는 건 도매법인이다. 도매법인은 농산물을 경매하고 7% 이내의 위탁수수료를 받는다. 금융감독원 전자공시에 따르면 2020년 위탁수수료로 중앙청과 390억 원, 한국청과 337억 원 등 5개 업체가 총 1595억 원을 벌었다. 평균 영업이익률은 22%나 된다.[35] 제법 수익이 되니 인수합병 시장에서도 인기가 높다. 동화청과 주인은 2010~2020년 사이 동부한농→칸서스네오→서울랜드→신라교역으로 바뀌었고, 대아청과도 2019년 개인주주에서 호반건설로 주인이 바뀌었다. 현재 5개 도매법인의 주인(지배주주)은 농업과는 하등 관계가 없는 제조업, 건설, 경영컨설팅 기업이다. 결국 '깜깜이 경매'를 통해 거둬들인 수수료의 종착역은 투기하는 자본가들의 주머니다.

예뻐야 팔리고, 팔리는 가격은 엿장수 마음인 이런 시스템에서는 비료와 농약을 줄이는 것도, 유기농 시장이 커지는 것도 한계가 있다.

"친환경 농업은 노동력도, 비용도 많이 들어요. 그럼 가격이 보전돼야 하는데 가락으로 가면 오히려 더 적게 받아요. 크기가 작고 때깔도 안 좋으니까. 그곳은 유기농인지 무기농인지가 아니라 겉만 보고 가격을 매기잖아요. 그래서 유기농산물이 일반 소비시장으로 가기 어려워요. 그나마 학교에서 친환경급식으로 절반 정도를 소화해줘서 유지되는 수준이에요."(김병혁 전국친환경 생산자협동조합 사무처장)

"우리나라는 친환경 농산물 시장이 생활협동조합, 학교급식이 사실상 전부예요. 제가 유기농 재배도 하면서 관행농으로 알타리를 심는 것도 이걸 소비할 데가 없어서 그래요. 유기농이 들어갈 수 있는 공영 도매시장이 만들어지고, 더 많은 소비자에게 갈 수 있는 길이 있다면 친환경 농산물의 가치에 대해 이야기할 기회도 늘어날 텐데 아쉽죠."(전량배 협회장)

"기후위기에 대응을 하려면 지금처럼 비료 주고, 농약 뿌리는 농업으론 안 돼요. 그런데 한 농민이 그러시더라고요. '경매제는 양으로 하기 때문에 무조건 크게 키워야 된다, 비대화시키는 약도 쳐야 한다'고요."(백혜숙 전문위원)

이런 문제를 해결하기 위해 친환경농산물 인증제도 개선, 공익형 시장도매인 제도(광역자치단체와 생산자, 구매자 단체가 운영) 등이 이야기되고 있지만, 사회적 무관심과 기득권의 벽에 막혀 속도를 내지 못하고 있다.

국산 유기농 시장이 쪼그라드는 사이 수입 유기농 시장은 무럭무럭 자라고 있다. 2015~2019년 사이 유기식품 수입 물량은 45%나 늘었다.[36] 우리 논밭엔 화학비료와 농약을 뿌리고, 외국에서 자란 유기농산물은 벙커C유 냉장·냉동선에 담아서 들여오는 게 우리 현실이다.

한국 농촌이
비닐밭인 이유

나의 부모님은 2021년 충남 논산으로 이사하셨다. 땅 계약을 하고 며칠이 지났을 때 엄마가 이사를 갈 곳이라며 위성사진 링크를 보내오셨다. 엄마는 네모 반듯하고, 고속도로와 가까운 곳이라고 거듭 강조했지만, 내가 지도를 보며 눈이 휘둥그레진 건 다른 이유에서다. 엄마의 집 주변이 온통 비닐하우스로 둘러싸여 있었기 때문이다. 언제부터 비닐밭이었을까. 궁금해진 나는 위성사진을 찾아봤다.

위성사진이 2008년부터 제공돼 그 이전 모습은 확인할 수 없지만, 2008년에도 이미 적잖은 비닐하우스가 부모님 집 주변은 물론 건넛마을에도 널리 퍼져 비닐밭을 이루고 있었다. 고속도로를 따라 이동할 때 주변 논밭을 한 번 보면 비닐밭이란 말은 결코 과장이 아니다. 아마 어떤 마을은 덮개 없이 열려 있는 땅보다 태양빛에 반짝이는 비닐하우스가 훨씬 많을 것이다.

유럽에 가봤다면 문득 의아한 생각이 들 것이다. 유럽 시골에서는 넓은 밭이나 풀을 뜯어먹는 소는 봤어도, 비닐하우스는 보지 못했을 것이니 말이다. 두 가지 이유가 있다. 실제로 우리나라에 비닐하우스가 워낙 많고, 유럽에는 유리온실도 있어서 기능은 같지만 우리가 미처 '재배 시설'이라고 인식 못하고 지나쳤을 수 있다.

유럽엔 유리온실의 비중이 한국보다 높은 편이다. 네덜란드의 경우 유리온실이 전체의 99%로 사실상 '전부'라고 말해도 될 정도고, 독일(77%), 프랑스(25%)도 높다.[37] 한국은 1% 미만이니 네덜란드와 반대로 비닐온실이 '전부'라도 해도 되겠다. 에너지 사용 면에서 둘 중 뭐가 더 낫다고 말하기는 어렵다. 우리는 '비닐하우스'라고 뭉뚱그려 말하는 시설들은 그저 '비닐봉지'로 덮어놓은 게 아니다. 언뜻 보기엔 다 비슷비슷한 비닐처럼 보이지만 폴리에틸렌이나 PVC, EVA, PO 같은 부드러운 연질필름부터 불소수지, PET, PC, PVC 등으로 된 비교적 빳빳한 재질에 이르기까지 다양한 종류의 플라스틱(비닐도 플라스틱의 한 종류다) 하우스가 있다. 또 하우스의 높이나 구조, 피복재가 한 겹이냐 두 겹이냐에 따라서도 에너지 효율이 크게 달라진다. 대충 만든 비닐온실은 유리온실보다 못하지만, 잘 만든 비닐온실은 유리온실보다 에너지 사용을 줄일 수 있다. 다만, 태생이 플라스틱인지라 2~10년 주기로 갈아줘야 하기 때문에 폐기물 발생 측면에서는 유리온실만 못하다.

국립원예특작과학원 시설원예연구소 유인호 연구관도 다음과 같이 설명한다.

"한국에 플라스틱 온실이 대부분인 이유는 결국 초기 투자비 때문일 겁니다. 일반적으로 업자들이 말하길, 약 3000평 정도의 온실을 지을 때 유리온실은 평당 80만 원 정도 들고, 비닐온실은 이보다 15만 원가량 싸다고 해요. 물론 요새는 비닐하우스도 안에 자동화 설비가 많이 들어가서 가격 차이가 줄어들고 있지만, 평균 그 정도 차이가 난대요. 평당 15만 원 차이면, 1000평이면 1억 5000만 원이잖아요? 이런 부담 때문에 비닐하우스를 짓는 거죠."

물론 유럽이라고 모두 유리온실인 건 아니다. 스페인이나 이탈리아, 포르투갈, 그리스 등 남부에서는 우리처럼 비닐하우스 비율이 90%를 넘는다.[38] 그럼에도 외국 여행을 하면서 '왜 이 나라엔 비닐하우스가 별로 없지?'라는 생각이 들었다면 재질 말고도 더 중요한 이유가 있다. 우리나라는 하우스가 정말 유난히 많기 때문이다.

비닐이든 유리든 땅 위에 구조물을 세워 작물을 기르는 걸

시설재배라고 한다. 2020년 우리나라의 시설재배 면적은 8만 3000ha다.[39] 서울시 전체를 완전히 뒤덮고도 남는 면적이다. 그런데 우리나라보다 족히 100배는 더 큰 유럽에서는 시설재배 면적이 40만ha를 좀 넘는다.[40] 이웃나라 일본은 우리랑 비슷하지 않을까 싶지만 한국보다 서너 배 더 넓은 일본도 시설재배 면적은 우리와 비슷한 수준이다. 비율로 치면 우리의 25~30% 정도인 셈이다.

우리 농촌은 왜 비닐밭이 된 걸까. 우리나라와 면적이 비슷한 그리스나 포르투갈의 시설재배 면적은 3000~5000ha 정도다. 한국은 1970년대 말에 이미 그 정도였다. 연중 온화한 지중해와 겨울에는 얼어 죽고, 여름에는 쪄 죽을 것 같은 우리나라의 기후를 떠올리면 그 이유를 짐작할 수 있다. 정부도 정책적으로 시설재배를 지원했다. 1968년 하우스 표준화 사업으로 비닐하우스를 단지화, 대형화했고 시설 내 온풍 난방도 시작해 단순히 비바람을 가리는 데 그치지 않고 온도를 조절하기 시작한다. 이후로 계속 면적을 넓힌 비닐하우스는 1990년대 또다시 중요한 계기를 맞는다. 우루과이라운드로 농산물 시장이 개방되면서 농업 경쟁력 제고가 발등의 불이 됐는데, 이때 정부가 시설원예를 우리 농업의 미래로 좌표를 찍은 것이다.[41] 정부는 '시설원예 시범단지 조성 사업'을 실시해 첫 3년간 농가가 자부담 없이도 시설을 지을 수 있도록 문턱을 확 낮췄다.

뚜렷한 사계절과 정부의 장려 정책이 하우스가 늘어난 중요 배경임은 분명하다. 그러나 이게 전부는 아니다. 시설재배를 하려면 돈이 든다. 하우스 설치비는 둘째 치고 하우스 안을 따뜻하게 데우고, 바람이 잘 통하게 비닐을 열고 닫고, 환풍기를 돌리고, 물을 대려면 돈이 든다. 시설재배로 수확량이 늘더라도 비용이 너무 많이 들면 소용이 없다.

그러면 '우리 농촌은 왜 비닐밭이 된 걸까'라는 질문을 조금 바꿔보자. '비닐하우스는 어떻게 우리 농촌에서 유지될 수 있었을까?'

누가 비닐밭을 만들었나

비닐밭 농촌 마을에 대해 농촌 에너지 전환을 연구하는 동국대 박진희 교수는 이렇게 설명한다.

"비닐하우스는 온도 유지가 중요하고, 이를 위한 에너지원을 무엇으로 할 것인가가 중요한 문제입니다. 그런데 우리는 면세유 제도가 있지 않습니까. 시설재배를 할 때 많은 비용이 든다면 모를까. 면세유가 있었기 때문에 하우스를 해도 됐던 것이죠."

오늘날 농업에서 기름과 전기는 햇빛과 비바람만큼이나 중요한 요소다. 햇빛과 비바람을 인위적으로 조절해야 하는 하우스에서는 말할 것도 없다.

우리 정부는 기름·전기로 짓는 농사를 '면세유'와 '농사용 전기요금'이라는 제도로 측면 지원해왔다. 자동차에 넣는 휘발유를 보면 이해가 된다. 휘발유가 리터당 1600원일 때 그 안에는 교통에너지환경세 529원, 주행세 137.54원, 교육세 79.35원과 10%의 부가가치세가 포함돼 있다.[42] 우리가 내는 기름값의 55%가 세금이다. 그런데 농업용 기름에는 이런 세금이 전액 면제된다. 휘발유, 경유, 등유, 중유, 윤활유, LPG 할 것 없이 농기계나 난방기 등에 쓰이는 기름이라면 모두 세금 없는 면세유로 공급된다.

정부는 1986년부터 농사용 기름에 면세 혜택을 주었다. 원래는 영농비 부담을 줄여주고자 한시적으로 도입됐지만, 연장에 연장을 거듭해 2018년에 10번째로 연장돼 지금까지 이어지고 있다.

전기요금도 마찬가지다. 우리나라 전기요금은 용도에 따라 주택용, 일반용, 교육용, 산업용, 농사용, 가로등, 심야 이렇게 7종으로 구분된다. 그중 농사용 전기요금이 가장 저렴하다. 값싼 농사용 전기요금은 면세유보다 더 역사가 깊다. 1960년대 초 관개용 양수·배수펌프에 들어가는 전기요금을 할인해 준 게 시작이다. 그때는 하우스가 지금처럼 많지도 않고, 있더라도 자동화 설비 없이 비닐 덮개를 씌워놓은 수준이었을테니 전기요금을 할인 해줄 대상도 많지 않았을 것이다. 그러다 1970년대 들어서 농사 용 전기요금 할인 대상이 크게 늘어났다. 그런데 꼭 농민을 돕기 위해서라기보다 특별한 사정이 있었다. 전기가 몇 년씩 남아돌 았기 때문이다. 아니 전기가 남아돌았다는 게 말이 되나? 그런데 정말 그랬다.

1960년대 말까지는 전력난이 심했다. 그런데 1970년부터 상황이 완전히 달라진다. 정부는 고질적인 전력난을 해소하고자 다급히 화력발전소 증설에 나섰는데, 완공된 발전소들이 일제히 가동하기 시작하면서 전기 공급량이 갑자기 늘어난 것이다. 그래 서 1970년 7월 30일 《매일경제》에는 〈지나친 잉여전력〉이란 제 목으로 이런 기사가 실린다.

제한송전만을 기록했던 전력이 금년들어 크게 남아돌고 있어 화 제. (중략) 후진국의 치명적인 약점처럼 되어 있던 전력난이 하루 아침에 과잉으로 뒤바뀐 것이다. (중략) 지금까지 예비전력은커 녕 매년 공급부족의 마이너스만을 기록한 과거의 전력 사정과 비 교해보면 거의 기적에 가까운 사실이다. (중략) 원화로 계산해서 247억 8000만 원이 활용되지 못하고 그대로 유휴 상태에 있는 셈 이다.[43]

한여름 잉여전력 걱정이라니, 요즘 기준에서 보면 참 별난 일이다. 전력은 모자라도 문제지만 남아도 문제다. 발전소를 지으려면 비용이 많이 들기 때문에 여기저기서 돈을 빌린다. 전기를 팔아서 돈을 갚아야 하는데, 전기가 남아서 팔 데가 없으니 원리금 상환에 빨간불이 켜진다. 해가 바뀌어도 이런 상황이 계속되자 정부는 1972년 말 '쓰면 쓸수록 싸지는' 신박한 전기요금제를 마련한다. 전기온돌을 쓰는 집이나 제철·제강처럼 전기를 많이 쓰는 업종의 전기요금을 할인해 준 것이다. 누진제가 상식인 요즘 기준에 비춰보면 희한한 일이 아닐 수 없다. 물론 이런 체감식 전기요금은 1년 뒤 폐지됐지만 산업 부문에 적용된 많은 할인 혜택이 그 후로도 이어졌다.

농사용 전기요금도 그중 하나다. 양수·배수 때만 적용되던 할인이 모종을 키우거나 전조재배(전등을 이용해 작물 개화시기를 조절하는 것)할 때, 작물을 냉동·저온보관할 때로 점차 확대됐고, 기타 농사용 전기도 별도의 요금제를 적용받는다.[44]

비닐하우스에서 작물을 키울 때는 노지에서 재배할 때보다 돈이 많이 든다. 농촌진흥청은 몇 가지 대표 작물을 선정해 주기적으로 농업 경영에 관한 통계를 내는데 가장 최근 자료를 보면, 노지 채소 재배의 평균 경영비는 10a아르당 약 166만 원이지만 시설 채소는 같은 면적에 940만 원이 든다. 그중에서 에너지 비용인 수도광열비(기름값, 전기요금 등)만 놓고 보면, 10ha당 노지

재배 때는 10a에 4만 원, 시설 재배 때는 147만 원으로 그 차이가 크다.[45]

그럼에도 2000년대까지 비닐하우스가 우후죽순 늘어난 건 해와 비바람을 '다스린' 덕분에 수입을 늘릴 수 있었기 때문이고(노지 재배 평균수입 317만 원, 시설 재배 평균수입 1506만 원), 그 다스림을 가능케 한 건 세금 없는 면세유와 값싼 전기요금이었다. 138만 원(수도광열비 차이)을 더 쓴 대신 1189만 원(총수입 차이)을 더 번다면 누구라도 노지 재배보다 비닐하우스 재배를 할 것이다.

이렇듯 면세유와 농사용 전기요금은 시설재배를 촉진하는 역할을 하는데 최근에는 농촌에서 사용하는 에너지원이 기름에서 전기로 넘어오고 있다. 전기는 일관되게 저렴하기 때문이다. 앞서 농촌에서 쓰는 기름은 세금이 없다고 했지만, 그렇다고 해서 기름값이 시종일관 싼 건 아니다. 자동차용 휘발유에 비해 상대적으로 싸지만 기본적으로 국제 유가에 연동되기 때문에 1~2주 사이에 값이 요동치기도 한다.

그런데 전기요금을 결정하는 건 시장이 아니다. 한국에서 전기요금은 사실상 정부의 통제를 받는다. '에어컨을 틀었더니 전기세가 많이 나왔다'라는 문장에서 어색함을 느끼지 못한다면, 그건 우리나라 전기요금이 워낙 오랫동안 정부 통제를 받았기 때문이다. 전기를 쓰고 내는 돈은 비용이지 세금이 아니다. 그런데도 정부가 늘 전기요금 결정을 주도해온 터라 우리는 전기료를 세금으로 인식하고 전기세라고 말한다.

정부는 여론을 의식해 전기요금을 눌러온 데 반해 석유나 가스는 국제 시세를 따라 움직여서 시간이 흐를수록 '상대가격 왜곡현상'이 벌어졌다. 석유, 석탄, 가스, 전기는 양을 재는 단위가 제각각이다. 기름은 리터 단위로 팔지만, 석탄은 킬로그램이나 톤 단위로 판다. 전기는 킬로와트시로 판다. 이렇게 판매 단위가 제각각이면 단순히 가격으로 싸고 비싼 것을 알 수 없다. 석유 1l리터 1500원이 석탄 1t 15만 원보다 싸다고 말할 수 있는가? 그래서 서로 가격을 비교할 때(즉, 상대가격)는 판매 단위가 아니라 각 에너지원이 갖고 있는 에너지의 양, 즉 열량을 기준으로 따진다. 석유 1만kcal에 얼마, 석탄 1만kcal에 얼마 이런 식으로 말이다.

자, 이렇게 단위를 맞춰놓고 비교했을 때 석탄·석유·가스와 전기 중 어떤 게 더 비싼 게 '상식적'일까. 답은 전기다. 왜냐하면 전기는 석탄, 석유, 가스로 만들기 때문이다. 그런데 우리나라는 정부가 전기요금을 인위적으로 낮게 유지한 탓에 전기가 석유·가스보다 싸지는 일이 벌어지곤 한다. 이게 바로 상대가격 왜곡이다. 한국전력거래소 이사장을 지낸 한밭대 조영탁 교수의 『생태경제와 그린 뉴딜을 말하다』의 설명을 참고하면 한번에 이해할 수 있을 것이다.

에너지 부존 여건이 특이한 극소수 나라를 제외하고 모든 나라에서 전력은 모든 에너지 중에서 열량 단위로 환산한 가격이 가장 비싸다. 이는 전력이 다른 에너지를 연소하여 얻은 열량으로 생산한 2차 에너지이기 때문이다. 옷이 옷감보다 비싸고 즉석밥이 쌀보다 비싼 것과 같은 이치다. 하지만 우리나라는 오랜 기간 전기요금이 석유, 가스와 유사하거나 더 낮은 수준이었다. (중략) 유류는 원가를 반영하는 시장체제로 운영되었지만, 전기요금은 판매 독점으로 인한 정부 통제로 매우 낮게 유지되었다.[46]

이런 이유로 우리나라는 OECD 국가 중에서도 유난히 전기요금이 싼 편인데, 여기에 농사용 전기요금은 추가 할인까지 적용받고 있다. 그래서 얼마나 싼가 하면, 우리나라 전기요금 평균값을 100이라고 할 때 일반용(관공서·사무실)은 120, 가로등은 104, 주택과 산업용(공장)은 98이고, 심야전기는 61인 데 비해 농사용은 44에 불과하다.

이렇다 보니 국제유가 인상으로 면세유가 비싸지자 기름 대신 전기로 갈아타는 경우가 늘고 있다. 예전에 하우스 안에 기름 보일러를 놨다면 이제는 전기 히터를 놓는 식이다. 정리하자면, 면세유와 저렴한 농사용 전기요금이 수십 년 동안 이어지면서 비닐하우스 재배가 가능해졌고, 기름값이 올라도 시종일관 저렴한 전기요금 덕에 부담 없이 시설 재배를 이어갈 수 있었단 이야기다.

더 많이, 더 빨리
탄소 권하는 농업 _____

'덕분에 농민은 경영비 줄여 좋고, 우리도 밥상 물가 걱정을 덜어 좋은 것 아니냐'라고 볼 수도 있다. 하지만 값싼 전기요금 혜택을 영세농만 누린다면 모르겠는데, 실제로는 대농에 혜택이 집중되고 재배와 관련 없는 농산물 서비스업까지 숟가락을 얹고 있는 상황이다.[47] 가격이 저렴한 농사용 전기 계약을 맺고 엉뚱한 용도로 쓰다 적발되는 경우도 많다. 2020년 국정감사 자료 중에는 '계약종별 위반' 건수에서 농사용 전력을 다른 곳에 쓰는 사례가 70%를 차지했다.[48]

수경재배와 신종 작물도 '전기 먹는 비닐밭'을 늘리는 요인이다. 딸기밭을 본 적 있는가? 나는 엄마에게서 종종 들었다. 강원도 주문진이 고향인 엄마는 딸기 먹던 이야기를 종종 하셨다. 주문진이 오징어 말고 딸기로도 유명한지 모르겠지만, 외할아버지는 제법 큰 딸기밭을 갖고 계셨고, 봄날 성당 언덕길에서 바라본 흰 딸기꽃이 그렇게 예쁠 수가 없었다고 하셨다. 그래서 나도 '딸기밭' 하면, 여느 과일·채소와 마찬가지로 땅에서 쭉쭉 뻗어나간 줄기 사이로 딸기가 대롱대롱 매달린 모습을 상상했다.

하지만 이런 생각으로 요즘 딸기농장을 찾는다면 적잖이 당황할 것이다. 딸기 수경재배 농장에서는 '작물은 땅에서 자란다'

는 상식부터 도전을 받는다.

경북 칠곡에서 2015년부터 딸기를 키우고 있는 널위한딸기 농장 김동혁 대표의 하우스는 아이작 아시모프의 SF소설『파운데이션』에 나오는 행성 알파 센타우리를 연상케 했다. 기분에 따라, 필요에 따라 날씨를 자유자재로 조절하는 알파 행성처럼 김 대표의 농장은 모든 게 설정에 따라 자동으로 움직였다.

온도가 올라가면 비닐이 스르륵 열리고, 인공 토양이 건조해진다 싶으면 호스로 물이 나온다. 맹물이 아니라 딸기에 필요한 양분이 정확한 비율로 섞인 비료를 탄 물이다. 추울 땐 난방기가 돌아가고, 하우스 중간중간에 달린 유동팬이 바람도 만들어낸다. 빛의 양, 적산온도(식물이 자라는 동안 일평균 온도를 합친 것), 비료량, 수질…… 이 모든 걸 결정하는 건 농장주 김 대표다.

김 대표의 방식처럼 작물을 흙이 아닌 물에 양분을 녹여 키우는 걸 수경재배라고 한다. 원래 경북 구미에서 다른 일을 했던 그는 '워라밸'을 찾아 칠곡으로 들어왔다. 처음에는 전통적인 방법대로 땅에서 딸기를 길렀지만, 2년 정도 하고서 수경재배로 바꿨다고 했다.

"아시다시피 요즘 농촌에 일할 사람이 없잖아요. 노동력이 덜 드는 쪽으로 가는 거죠. 같은 규모로 바닥에서 일했을 때 인건비가 100이라고 하면, 위(수경재배)에서 하면 40 정도가 들어요. 그렇지만 이런 시설을 바로 하기에는 투자비가 너무 많이 드니까

경북 칠곡의 널위한딸기농장 하우스 내부. 딸기는 작업자의 편의를 위해 허리춤 높이에서 자란다. 흙처럼 보이는 건 사실 인공 흙이고, 인공 흙 가운데를 지나는 검은 호스에서 화학 비료 섞인 물이 나온다. 딸기는 흙이 아니라 호스에서 나온 물에서 영양분을 공급받는다.

출처: 저자 촬영

1~2년은 배우는 셈 쳤던 거고, 수경재배로 바꾸고 나서는 수익 창출도 잘됐고, 무난하게 온 것 같아요."

짧은 시간에 농촌에 자리 잡은 그는 '모범 귀농인'으로 손색이 없을 정도로 성실했고, 소득은 더더욱 모범적이었다(스스럼없이 그의 수입을 알려주었는데, '책이고 뭐고 나도 여기 눌러 앉을까' 싶어지는 순간이었다).

수경재배는 작물이 '어떻게' 먹고 자라느냐의 문제고, 시설재배는 작물을 '어디서' 키우느냐의 문제이니 이 둘은 다른 범주의 개념이다. 그러나 수경재배의 취지가 '환경을 통제해 더 큰 소득을 얻자'인 만큼 수경재배는 시설 안에서 이뤄진다. 시설에 각종 자동화 장비를 놓고 24시간 가동을 하는 만큼 전력 소비도 많고, 물·비료 등 투입되는 자원도 더 많다.

"전기는 8동 합쳐서 농사용 전기요금으로 70만 원 정도 내요. 난방비는 (연간으로) 그해 추위에 따라 크게 달라지는데 첫해는 1000만 원 들었고요, 지난해엔 600만 원 냈어요."

농사용 전기요금 70만 원이면, 가정용으로 따지면 100만~300만 원 어치의 전기를 쓰는 셈이다. 참고로 우리나라 4인가구의 월 평균 전기요금은 약 5만 4000원이다.

"물하고 비료도 훨씬 많이 들어가죠. 땅에서는 하루나 이틀에 한 번 줬다면, 이건 하루에 네 번을 줘야 돼요. 땅에서 기를 때 10만큼 들어갔다면, 수경재배 때는 100 정도 들어가는 것 같아요."

또 땅에서는 물이나 비료를 뿌리고 그 뒤론 신경 쓸 게 없지만, 수경재배는 토양이 없으니 양액을 배수관으로 빼줘야 한다. 배수를 재활용하는 시설도 있지만, 국내 수경재배 시설에서는 대부분 그냥 하천으로 흘려보낸다.

우리나라 전체 시설재배 면적은 2000년대까지 급격히 늘다 증가세가 멈췄는데 수경재배 면적은 2008년 1731ha에서 2019년 3696ha로 계속 늘고 있다. 초기 투자비가 많이 들어도 돈이 된다는 방증이다. 하우스나 수경재배가 경제적으로 이득인 이유는 당연히 수확량이 더 많기 때문이다. 그런데 시설재배에서는 양을 늘리는 것 못잖게 수확 시기를 앞당기는 것도 중요하다. 기왕 날씨를 지배할 거, 성장 속도까지 조절하고 싶지 않겠는가.

"옛날에 노지 재배하던 때는 딸기 제철이 5월이었어요. 그런데 하우스가 딸기 제철을 앞당겼어요. 딸기는 11~2월이 제일 비싸요. 노지에선 절대 11월에 수확을 할 수 없죠. 그런데 하우스에서는 온풍기로 온도를 높일 수 있으니 11월 수확이 가능해요. 그래서 이젠 딸기 제철이 한겨울이죠."

경북 상주에서 포도 샤인머스켓을 키우는 문선호 씨도 수확 시기를 앞당기고자 시설재배를 시작했다.

"포도는 수확하고서 잎에 있던 양분을 뿌리 밑으로 내리는 시간이 한 달 정도 필요해요. 그런데 그사이에 잎이 죽으면 안 돼요. 처음 샤인을 접했을 때 이야기 들어보니 상주에서는 수확하고 곧 있으면 서리가 내려서 양분 내릴 시간이 없는 거예요. 그런데 하우스에서 키우면 수확시기를 15~20일 정도 당길 수 있어요. 양분 내릴 시간을 버는 거죠. 지중냉난방이라는 것도 할 생각이에요. 이걸 하면 지금 계산으로는 20일 정도 빨리 수확할 수 있을 것 같아요. 빨리 시장에 내놓으면 2만 7000원 받을 걸 4만 원에 팔 수 있어요."

작물의 본래 정해진 성장 속도보다 빨리 키우는 걸 촉성재배라고 한다. 촉성재배가 농민들 수입만 늘리면 좋겠지만, 문제는 온실가스 배출도 늘린다는 점이다. 작물에 무언가를 인위적으로 더해줘야 빨리 자랄 테니 당연한 얘기다. 예를 들어 오이의 경우 일반적인 방식으로 길렀을 땐 10ha당 비료값이 26만 원 든다. 그런데 반촉성으로 키우면 41만 원, 촉성일 땐 80만 원으로 껑충 뛴다. 농약값은 24만 원→44만 원→80만 원으로, 수도광열비도 24만 원→111만 원→326만 원으로 쭉쭉 늘어난다.[49]

점점 따뜻한 날이 많아지면서 열대 지방 작물이 우리나라에서도 자라거나 남부지방 작물이 중부 지방으로 올라오는 경우가 흔해졌는데 이때도 시설이 동원되는 경우가 많다.

서울에서 토목 설계일을 하다 2010년대 초 부모님이 계신 강원도 평창으로 귀촌한 젊은 농부 지준거 사장은 멜론이 고소득 작물이란 이야기를 듣고 멜론을 키우기 시작했다. 그는 한국에서 멜론은 100% 하우스에서 키운다고 했다.

"멜론은 노지 재배가 안 돼요. 기온도 기온이지만 물 때문에 그래요. 멜론은 북아프리카 사막이 원산지라 비를 맞으면 아예 물러 죽어요. 장마가 길었던 2020년에도 멜론이 다 물러터진 농가가 많아요. 시설 재배니까 직접 비를 맞진 않지만 워낙 습도가 높은 상태로 햇빛도 잘 못 보니까 못 버티고 죽은 거예요. 무름병이라고 해요. 미국 캘리포니아같이 비가 거의 안 오는 데선 노지 재배를 한다고 들었는데 국내에선 안 되죠."

한국의 농촌이 비닐밭이 된 건 폭우와 폭염, 폭설, 혹한, 태풍 등 요란한 날씨가 부른 당연한 결과일지 모른다. 기후변화가 심해지면 작물은 더욱 하우스 안으로 숨어들 것이다. 그런 만큼 에너지 투입도 늘어난다. 갈수록 '탄소를 권하는 농업'이 되어 간다. 시설 재배를 피할 수 없다면, 최대한 온실가스 배출을 줄이는 방법을 찾아야 하지 않을까.

피할 수 없다면
줄여라

온실가스 배출을 줄이는 방법은 시설 자체를 에너지 절약형으로 바꾸거나 농사에 쓰는 전기를 친환경적으로 생산하는 것이다. 하지만 무엇 때문인지 두 가지 다 제대로 되는 것 같지 않다.

집도 단열을 잘하면 냉난방비를 절약할 수 있듯 시설도 어떻게 만드느냐에 따라 에너지 사용량이 달라진다. 시설에서 작물을 기를 때 지열을 사용하거나 온풍기를 돌릴 때 버려지는 폐열을 회수해 난방에 재이용하는 배기열 회수장치, 다겹 보온커튼 등을 활용하면 꽤 큰 에너지 저감효과를 볼 수 있다. 일례로 온실에 다겹 보온커튼을 설치하면 폭신폭신한 스폰지 같은 발포PE나 부직포, 솜을 덮었을 때보다 열이 빠져나가는 걸 최대 40%까지 줄일 수 있다.[50] 문제는 돈이다.

비닐하우스를 에너지 효율적으로 개보수하는 데는 '억' 소리 나는 비용이 든다. 그래서 정부는 2009년부터 '시설원예 에너지 이용 효율화 사업'이라는 이름으로 농가 지원 사업을 시작했다. 이 사업은 중간에 '농업에너지 이용 효율화 사업'으로 이름을 바꿔 지금까지 이어지고 있다. 아이러니한 건 기후변화는 갈수록 심해지는데 사업 예산은 해를 거듭할수록 쪼그라들고 있다는 사실이다.

2012년 1323억 원이었던 사업 예산은 2015년 748억 원으로 감소하더니 2018~2020년엔 417억에서 366억으로, 그리고 다시 242억 원으로 줄고, 2021년엔 193억 원까지 내려왔다. 약 10년 만에 거의 10분의 1 수준으로 쪼그라든 것이다.[51] 실적 부족이 큰 이유다. 부처가 예산을 늘리려면 사업 홍보도 잘하고, 집행 실적을 높여서 '이 돈으론 부족하다'는 걸 보여줘야 한다. 그런데 매년 집행률이 40% 안팎에 머물 정도로 실적이 저조하다 보니 계속 예산이 깎여 10분의 1토막이 나고 말았다. 2018~2020년 3년 동안 지열냉난방 같은 신재생에너지 시설과 다겹 보온커튼이나 순환식 수막시설 같은 에너지절감 시설이 설치된 면적은 전체 시설 면적의 0.1%와 3%에 지나지 않는다. 지금 같은 속도라면 100년이 지나도 비닐밭에서 탄소를 저감하기란 막연하기만 하다.

농사 지을 때 쓰는 기름을 전기로 바꾸고, 이 전기를 재생에너지로 생산하면 어떨까. 이를 '전력화'라고 한다. 기름, 그러니까 화석연료를 태워 에너지를 얻는 방식으로는 온실가스 발생을 막을 수 없으니 아예 화석연료를 친환경 전기로 대체하자는 것이다. 이건 비단 농업만이 아니라 수송, 건물 등 다른 분야에서도 탄소중립을 추진할 때 늘 나오는 이야기다. 예를 들어, 기름 대신 전기로 달리는 전기 자동차 같은 것 말이다. 기왕 에너지 집약적인 시설재배를 피할 수 없다면 농촌에서 깨끗한 전기를 만들어 공급하면 기후변화에 적응하는 동시에 온실가스 감축 효과까지 거둘 수 있으니 일석이조 아니겠는가.

언제나 말은 쉽다. 언론 보도에서도 많이 다뤄졌지만 우리나라 농촌에서 태양광 사업은 '농지를 줄여서 식량 안보를 위협하고 마을을 해체하는 주범'이다. 전남 무안군에서 만난 복길 간척지 농민 김기복·송달영·조재영 씨도 태양광 이야기에 고개부터 저었다. 인터뷰 당일 앞이 보이지 않을 정도로 폭우가 쏟아져 어디도 가지 못하고 군청 민원실에 앉아서 2시간 가까이 이야기를 나누었다. 빗소리와 함께 들은 한 마을에서 나고 자란 세 사람의 이야기는 이러했다.

복길 간척지는 1970년대 바닷물을 막아 1980년대 초부터 농사가 시작됐다. 세 사람도 간척지를 분양받아 농사를 지었다. 하지만 제방만 막아 조성된 논은 자꾸 염해를 입었다. 시간이 흘리 2000년대 중반 기획부동산 바람이 불었다. 무안에 있는 전남 도청 일대에 대단위 정부사업이 들어온다고 했다. 관광버스를 타고 온 사람들이 한 바퀴 휙 돌면서 지분을 사들였다. 김 씨 등도 이때 농지를 팔았다.

"염해 때문에 계속 불안한 상태였는데 '땅도 사주고, 농사도 계속 짓게 해준다'고 하니까 팔았지. 원래 법으로도 외지인이 농지를 사려면 '농사를 짓겠다'는 확약을 해야 하거든. 땅을 팔아도 나는 여기서 계속 (지주를 대신해) 농사를 지을 수 있으니까 괜찮을 거라 생각했던 거지."(송달영 씨)

그렇게 세 명의 농민은 소작하는 임차농이 됐다. 염해에 대한 민원이 이어지길 20여 년, 무안군은 마침내 2009년부터 2013년까지 230억 원을 투입해 방수제와 배수장, 배수문 등을 설치하는 개선사업을 벌이기로 한다. 염해 걱정을 덜었나 싶었는데 이번엔 2019년 개정된 농지법이 복길 간척지를 아예 '염해지역'으로 분류했다. 개정 농지법은 땅을 60cm까지 파서 염분이 일정 농도 이상이면 염해 농지로 판정해 태양광 사업을 할 수 있도록 했는데, 여기에 복길 간척지가 들어간 것이다. 싫든 좋든 40년 가까이 이곳에서 농사를 지으며 일평생 살아온 송 씨 같은 농민들은 태양광 사업이 시작되면 밥줄이 끊기게 생겼다. 이들에게 태양광은 점령군과 마찬가지다.

복길 간척지 농민들의 이야기는 다른 농촌에서도 반복된다. 어느 날 마을에 태양광이 하나둘 들어오더니 금세 밭을 뒤덮고, 주객이 전도돼 태양광 사업자가 농민의 생계를 위협한다는 이야기. 이 이야기들은 '경작지 잡아먹는 태양광', '농심 태우는 태양광', '태양광에 빼앗긴 들녘' 같은 제목으로 기사화된다. 태양광은 '신新 황소개구리'다. 정말 그럴까.

농촌 태양광은 왜 미움을 샀을까

우선 통계부터 보자. 농촌 태양광은 앞서 살펴본 '농업 에너지 이용 효율화 사업'과는 영 딴판인 상황이 전개된다. 농촌 태양광 사업은 어지간하면 목표를 초과달성하는 것이다. 2018~2020년 (10월까지) 보급된 농촌 태양광 설비는 3001MW메가와트인데, 목표(1799MW)의 1.7배 수준이다.[52] 농지에서 농사 말고 다른 일을 하려면 '농지전용허가'를 받아야 하는데 태양광도 마찬가지다. 전체 농지 전용 면적 중 태양광 부지로 바뀐 비율은 2010년 0.2%에 불과했는데, 2018년 22.5%, 2019년 15.5%로 늘었다. 농지를 농업 이외의 목적으로 사용하겠다고 한 땅 중에 저만큼의 비중을 태양광 사업에 할애했다는 것이다. 태양광이 들어선

곳을 지목별로 나눈 보고서를 봐도 농경지가 임야 다음으로 많다. 전북에서는 산보다 논밭에 지어진 태양광이 더 많다.[53] 이런 상황만 놓고 보면, 확실히 농촌에 태양광이 많이 들어오는 것 같다.

그러나 단순히 태양광이 '많아서' 점령군이 된 건 아니다. 보다 근본적인 이유는 태양광이 '외지인의, 외지인에 의한, 외지인을 위한' 시설이기 때문이다.

농사짓는 사람이 밭을 소유한다는 '경자유전耕者有田'이란 단어를 알 것이다. 농자천하지대본과 함께 역사책 어딘가에 등장할 법한 이 단어는 대한민국 헌법에도 나온다. 헌법 121조에는 "국가는 농지에 관하여 경자유전의 원칙이 달성될 수 있도록 노력하여야 하며, 농지의 소작제도는 금지된다"라고 적혀 있다. 소작이 무려 헌법에서 금지하는 행위였다니…… 그럼 내가 무안에서 만난 세 명의 농민은 대체 어떤 사람들이란 말인가.

경자유전의 원칙은 하위법인 '농지법'에도 녹아 있다. '농지는 국민에게 식량을 공급하는 귀중한 자산이므로 투기의 대상이 되면 안 되며'(3조), 따라서 '직접 농사지을 게 아니면 농지를 갖지 말라'(6조)는 것이다.

자, 그런데 이렇게만 하면 문제가 생긴다. 농부인 부모님한테 농지를 물려받을 때는 어떻게 해야 할까. 법을 어기지 않으려면 나도 농부가 되거나 상속을 포기해야 한다. 과한 이야기다. 그래서 법은 농민이 아닌데 상속으로 농지를 물려받은 경우

1만km²까지는 소유할 수 있도록 약간의 틈을 열어 뒀다. 그런데 여러 차례 개정을 하면서 이 틈이 점점 벌어지기 시작한다.[54] 농업인이 아니어도 주말농장, 체험농장용이라면 농지를 가질 수 있게 됐고, 농부가 아닌 농부의 자녀가 물려받을 수 있는 상속 농지 상한도 올라갔다. 이제는 위탁경영이나 임대차 같은 방식으로 농부가 아니어도 맘만 먹으면 농지를 소유할 수 있는 방법이 많다. 2021년 상반기를 뒤흔든 LH 사태에서 보듯 농업계획서를 허위로 작성하거나 나무 몇 그루 심는 방식으로 '꼼수' 취득할 수 있는 길은 활짝 열려 있다. 살짝 열어둔 틈새가 거의 대문이 됐다.

농사 안 짓는 땅 주인이 많다는 이야기는 바꿔 말하면, 남의 땅을 빌려 농사짓는 임차농이 그만큼 많다는 뜻이다. 무안에서 만난 농민처럼 투기세력에 설득돼 땅을 팔았거나, 내 농지가 있으면서 동시에 남의 땅에서 소작을 하는 경우다. 이런 식으로 경자유전의 원칙이 흐트러지면 자연히 지주와 농민의 이해가 충돌할 수밖에 없다. 농민은 그 땅에서 안정적으로 계속 농사짓기를 원할 테지만, 지주는 임대료만 더 받을 수 있다면 굳이 농사를 고집할 이유가 없기 때문이다.

농민 김기복 씨는 말했다.

"우리는 평당 500~600원씩 쳐서 임대료를 주는디 발전 사업자들은 평당 7000원씩 준다는 거여. 한 구획을 1200평으로 치면, 우리는 72만 원 내는데, 저쪽은 840만 원, 10배도 더 차이가 나니까. 농지에 도시 자본이 유입되기 시작하면, 농지는 없어진다고 봐야 혀."

"그럼 만약 태양광을 짓는 대신 발전 수익을 농민과 나눈다고 하면 어떨 거 같으세요? 이익공유제 같은 거요."

나의 질문에 무안 농민 조재영 씨는 답했다.

"이익공유제는 내가 여기서 내 삶을 살면서 이익을 나눠야 되는 거 아니겠소. 태양광이 들어오면 우리는 삶을 잃는 건데 그건 이익공유제가 아니지."

결국 농촌 태양광 갈등은 태양광이 논밭을 뒤덮어서가 아니라 논밭을 일구는 농민의 삶을 갈아엎기 때문에 벌어지는 일이다. 농촌 태양광 중에서 농업인이 참여한 태양광 설비는 0.3%에도 못 미친다.[55]

농촌 태양광은 들어올 때도 문제지만, 들어오고 나서도 문제다. 논밭 태양광이 만들어낸 전기는 누가 쓰는 걸까. 기왕 농촌에 들어온 거 전기·기름 먹는 비닐하우스의 탄소 배출을 줄이는 데 쓰이면 좋겠지만, 우리나라에선 재생에너지를 콕 집어 '나, 이 전기 쓸래' 하기 어렵다. 우리나라는 발전소에서 생산된 모든 전기를 한국전력이 사서, 한국전력이 공급하는 독점 체제이기 때문이다. 우리 동네 밭에서 태양광 발전을 하는 사업자는 무조건 한전에 전기를 팔아야 하고, 나 역시 그 사업자한테 가서 전기를 팔아 달라고 할 수 없다는 의미다.

2021년 3월 전기사업법이 개정돼 재생에너지를 '직구'하는 게 가능해지긴 했다. 하지만 이 제도('제3자간 전력거래계약 제도power purchase agreement', 약자로 '제3자 PPA'라고 한다)는 SK, 삼성 같은 글로벌 대기업의 필요에 따라 도입돼서 농민이 이 제도를 이용하기는 어렵다.

배경을 보면 기후위기로 세계에서 내로라하는 기업들은 앞다퉈 "우린 재생에너지만 써"라고 선언RE100하기 시작했는데, 우리나라 기업은 이걸 할 수가 없었다. 전술했듯 우리나라에서는 재생에너지 발전사업자에게 직접 전기를 살 수 없고 무조건 한전이 여기저기서 끌어모은 전기를 사야 하기 때문이다. 우리가 쓰는 전기는 태안에서 석탄으로 만든 것, 경주에서 원자력으로 만든 것, 인천에서 가스로 만든 게 뒤섞여 있다. 그런데 외국에서 재생에너지를 쓰지 않는 한국 기업과는 거래를 하지 않는다는 압력이 들어왔고, 이 때문에 대기업들이 '재생에너지를 직구하게 해달라'고 요구해 제3자 PPA가 마련된 것이다. 그래서 이 제도를 통해 구입하는 전기는 산업용이든 일반용이든 1000kW 넘게 계약을 해야 한다.

그리고 누구나 이 제도를 통해 재생에너지를 살 수 있어도 이 전기를 쓸 농민은 아무도 없을 것이다. 비싸니까. 우리나라는 전기요금이 싼데, 농사용 전기는 더 싸다고 앞서 말했다. 그런데 제3자 PPA는 기존 요금체계가 아니라 발전 사업자와 전기

사용자가 별도로 계약을 한다. 진즉 재생에너지 비율을 높인 유럽 등 일부 국가에서는 이미 재생에너지가 석탄화력보다 저렴해졌지만, 한국에선 여전히 재생에너지가 더 비싸다. 그러니 제3자 PPA에선 기존 전기요금보다 비싼 값을 낼 가능성이 크다. 농민이 재생에너지를 직구할 이유가 없는 것이다.

그럼 남이 만든 전기 대신 내가 직접 깨끗한 전기를 만들어서 쓰면 어떨까? 밭에다 태양광 패널을 깔고 그 아래에서 농사를 짓는 거다. 이런 방식을 '영농형 태양광'이라고 한다. 내 밭에서 전기를 만들어 내가 쓰고 남은 걸 한전에 팔 수도 있고, 아예 처음부터 전량을 한전에 팔아도 된다. 정부 주장에 따르면 태양광을 꽂으면 그늘이 생겨 대략 10~20% 정도 수확량이 줄어드는 대신 태양광 전기를 팔면 줄어든 수확량을 만회하고도 남는다고 한다. 그러나 정부 보조를 받아도 초기 투자 비용이 워낙 많이 들고 매번 높은 가격에 전기를 팔 수 있다는 보장도 없어 개인이 영농형 태양광을 하는 경우는 거의 없다.

무안 농민 조재영 씨는 이렇게 말했다.

"영농형 태양광 하는 데가 있대서 가봤어요. 근디 설치할려면 비용이 엄청 나대요. 그거 올릴라믄 땅을 팔아야 되겠습디다 (기억하겠지만, 조 씨는 임차농이다). 이거, 아는 사람들은 다 이벤트라고 해요. 보조사업 따먹을라고 하는. 뭣하러 농지에다 그 돈 들여 미친 짓거리 하겠소."

태양광이 논밭을 잠식한다고 난리인데 남이 만드는 전기도, 내가 만드는 전기도 결국은 '그림의 떡'인 셈이다. 그럼 농촌 태양광으로 만든 전기는 어디로 흘러간단 말인가.

우리나라 지역별 판매 전력량 통계를 보면, 생산된 전기의 33%는 수도권에서 소비됐다.[56] 인구도 많고, 산업체도 많으니 그럴 수밖에 없다. 그래서 농민단체는 농촌 태양광을 '식민지화'라는 격한 표현을 써서 비난한다.

"옛날 골프장을 개발할 때처럼 태양광이 농촌 사회를 분열시켜요. 공동체 파괴시키고 만든 깨끗한 에너지를 여러분들은 정말 깨끗하다고 생각하나요? 도시에서 하기 싫은 건 다 농촌으로 와요. 이게 농촌을 식민지화한 거지 뭐예요?"[57](한 농촌 에너지 전환 토론회에서 참석한 농민 대표)

지난 수십 년간 우리 농촌은 더 많은 전기, 더 많은 기름을 쓰는 구조로 바뀌었다. 농민들은 변덕스런 날씨를 피하고 더 많은 소득을 올릴 요량으로 논밭에 비닐을 둘렀고, 정부는 값싼 전기와 값싼 기름으로 비닐밭을 지속가능하게 했다. 이 비닐밭이 진정으로 지속가능해지려면 전기라도 좀 깨끗하게 만들면 좋을 텐데 현실은 수챗구멍을 막은 머리카락처럼 잔뜩 막혀 있다. 땅은 본래 탄소 저장고였다. 언제까지 우리 논밭에 배출원이라는 오명을 씌울 순 없다.

4장

무엇을 상상하든
그 이상!
어업의 세계

CARBON
NEUTRALITY

바다 이야기

우리는 바다에서 생명이 시작됐으며, 바다야말로 지구를 지구답게 만드는 요소임을 잘 안다. 우주 탐사를 할 때도 '그곳에 물이 있는가'는 반드시 확인해야 할 것 중 하나다. 지금처럼 과학적 지식이 많지 않던 과거에도 바다는 특별한 공간이었다. 먼 옛날 수메르인들은 바다의 여신 티아마트가 만물을 낳았다고 생각했고, 그리스 신화에 나오는 바다의 신 포세이돈이 삼지창으로 비, 바람, 구름을 다스렸다고 여겼다. 그리고 한국은…… 용왕이 있다!

바다는 신비롭고 웅장하며 때로는 사고가 일어날 수 있는 무서운 공간이다. 이런 거리감 탓일까. 우리는 바다에 무심하기도 하다. 지구가 생명을 품은 건 바다 덕분이지만, 바다는 그에 걸맞은 대접을 받지 못하고 있다. 이 책을 준비하는 사이 마침 자크 아탈리의 『바다의 시간』이라는 책이 출간됐는데 서문에 이런 멋진 말이 나온다.

> 바다의 가능성은 수수께끼처럼 난해하다. … 인류는 깊은 심연의 바다보다 우주를 훨씬 더 많이 방문했다. 바다를 알지 못하기 때문에 우리는 바다를 존중하지도 않는다. 바다를 약탈하고 더럽히면서 죽이고 있다. 우리 자신도 함께.[1]

나는 지구가 이렇게 망가진 건 인간의 무심함 때문이며, 그 무심함은 무지에서 비롯됐다고 생각한다. 깊이 알면 감히 이토록 많은 온실가스를 뿜어낼 수 없다(왜 가장 먼저 기후변화에 목소리를 낸 이들이 과학자들이겠는가). 바다는 그저 우리가 물고기를 퍼올리고, 크루즈를 타고 유랑하며, 윈드서핑을 즐기는 곳이 아니다. 바다 먹거리를 이야기하려면 먼저 바다에 대한 경외심을 가질 필요가 있다.

아주 먼 옛날, 그러니까 46억 년 전쯤 지구가 갓 태어난 신생아였을 때 가장 먼저 등장한 바다는 마그마의 바다였다. '아픈 만큼 성숙한다'라는 말을 보여주기라도 하듯 지구는 젊은 태양 주위를 도는 암석의 충돌을 견디며 무럭무럭 자랐다. 지구가 지금의 90% 크기로 자랐을 때(그래 봐야 시간으로 치면 지구가 태어난 지 몇천만 년밖에 안 됐을 때다) 화성처럼 커다란 천체 테이아가 지구에 부딪쳤다. 공룡을 멸종시킨 소행성의 지름이 10~20km라는데, 지름 6000~7000km짜리가 충돌했으니 무슨 일이 벌어졌겠는가. 엄청난 열이 발생하면서 지구 암석이 모두 녹아 바다는 마그마로 뒤덮였다. 이때 발생한 열은 암석을 물컹하게 녹인 것도 모자라 기체 상태로 증발시켰다. 마그마 바다와 암석 증기는 지금 우리가 아는 바다와 대기처럼 부풀어 올랐다 가라앉고 (밀물 썰물), 불덩어리 비를 내렸다.[2]

시간이 흘러 핵폭탄급 운석이 충돌하는 횟수가 점차 줄자 지구 온도는 서서히 내려갔고, 암석 증기도 모두 제거됐다. 암석 증기와 섞여 있던 수증기도 응결해 비(이번에는 진짜 비)가 되어 내렸을 것이다. 그러면서 바다가 만들어졌지만, 대형 천체가 지

구를 때릴 때면 다시 증발해 사라지곤 했다.[3]

　39억 년 전쯤에는 바닷물을 날릴 충돌도 급격히 줄어들었다. 바다 밑에는 무거운 광물이 가라앉아 해양지각을, 보다 가벼운 광물은 둥둥 떠다니는 대륙지각을 만들었다. 알다시피 대륙은 한자리에 그대로 있는 게 아니라 지금 이 순간도 계속 조금씩 움직인다. 대륙은 이동할 뿐 아니라 크기도 변한다. 지구가 아기였을 때는 대륙이 거의 없었다. 그러나 지질학적 과정을 통해 대륙은 지금 크기에 이르렀고, 매년 $650\sim1300km^3$씩 늘어나고 있다.

　지구에서 탄생한 최초의 생명체가 무엇이었는지는 뚜렷이 밝혀지지 않았다. 머나먼 옛날 원시 생명체가 등장했다가 바닷물이 소행성에 맞아 증발할 때 같이 사라졌을지 모른다. 나름의 증거(그러니까 화석 같은)를 갖고 최대한 거슬러 올라가보면, 우리는 남세균이라는 조상을 만날 수 있다. 약 35억 년 전(정확한 시점은 의견이 분분하다) 바다에서 등장한, 시아노박테리아라고도 하는 이 생명체는 당시 지구에 가득했던 이산화탄소를 먹고 산소를 내뱉었으며(혐기성), 무시무시한 우주 방사선을 막아낼 오존층도 만들었다. 남세균은 오늘날에도 먹이사슬 가장 밑바닥에서 부지런히 산소를 만들고 있다.[4]

　그러나 남세균의 등장과 함께 생명체가 눈부신 진화의 고속열차를 탄 건 아니다. 지구 역사에는 지질학자들이 '지루한 10억 년Boring Billion'이라고 부르는 시기가 있다. 18억 년 전부터 8억 년 전까지 10억 년 동안 생물 진화에서도, 기후에서도, 지질학적으로도 놀랄 만한 이벤트 없이 흘러간 시기라고 해서 이런 이름이 붙었다.[5]

그러나 지루한 10억 년이 지나자 생명체는 갈수록 구조적 복잡성을 띠었고, 5억 4000만 년 전에 이르면 해양 동물이 폭발적으로 늘어났다. 바로 캄브리아기 폭발이다. 고생대의 대표 얼굴인 삼엽충과 사슴벌레와 새우를 합쳐놓은 것 같은 아노말로카리스 등 지금 우리 눈에는 약간 괴기스럽지만 드디어 동물다운 동물이 등장했다. 4억 년 전에는 동식물이 육지로 진출했고, 적응과 진화 그리고 우연이 합쳐져 오늘날에 이른다.

생명이 발원한 곳이라는 이유로도 바다는 귀한 대접을 받기에 충분하지만, 온실가스 측면에서 봐도 찬탄할 만한 업적을 쌓았다.

사십 몇억 년 전 바다가 지금처럼 지구에 자리 잡지 못했을 때 바닷물의 온도는 150도에 달했다는 주장이 있다. 그런데도 바다가 '물'일 수 있었던 건 원시 대기에 이산화탄소가 워낙 많아 대기압이 훨씬 높았기 때문이라고 한다[6](기압이 높으면 기체도 액체가 된다. 콜라병 안에 녹아든 탄산가스가 그 예다). 오늘날 바다는 적도의 해수면도 거의 30도를 넘지 않는다. 40억 년 전에는 태양도 지금처럼 강렬하지 않았는데 바닷물이 150도였다는 얘기는 이산화탄소가 어마어마하게 많았다는 뜻이다.

그 많던 이산화탄소는 다 어디로 갔을까. 금성과 지구의 차이를 설명할 때도 언급했지만 지구는 이산화탄소를 가둘 탄소 창고가 많았다. 지구가 온통 바다였을 때는 바다가 이산화탄소를 끌어들였다. 이산화탄소는 바닷물에 잘 녹았고, 그러면서 지구 기온이 내려갔다. 대기의 온도가 떨어지자 수증기는 더 쉽게 응결됐고, 비가 되어 바다로 떨어졌다. 바닷물이 늘어난 만큼 이산화탄소는 더 많이 녹았다.[7]

딱딱한 육지가 지구에 모습을 드러내면서부터 땅도 힘을 보탰다. 땅은 풍화 작용에 따라 깎이면서 석회암을 만들었다. 빗물은 약산성이라 바위를 녹인다. 물론 비가 온다고 바위가 죽처럼 흐르지 않지만 낙숫물이 바위를 뚫는다는 말처럼 암석은 빗물에 조금씩 깎인다. 바위에 있던 칼슘, 마그네슘 같은 이온은 빗물을 타고 강으로, 바다로 흘러갔다. 칼슘은 바닷물에 녹아 있던 이산화탄소(정확히는 중탄산염)와 결합해 탄산칼슘이 됐고, 이로써 탄소가 쉽게 공기로 빠져나가지 못하도록 붙들었다.

바다 속 탄산칼슘은 산호나 딱딱한 껍데기를 가진 플랑크톤의 골격을 만드는 재료가 되기도 한다. 이런 생물이 죽으면 바다 밑바닥으로 가라앉고, 오랜 세월 동안 그 위에 유기물이 쌓인다. 물론 대륙판이 이동하면서 깊이 묻혀 있던 탄소도 언젠가 떠오르겠지만 100년도 못 사는 우리에겐 영겁과도 같은 시간이 흘러야 벌어질 일이다.[8]

그래서 바다에 묻힌 탄소가 얼마나 될까. 2021년 8월 발간된 IPCC 보고서를 보면, 공기 중에는 약 8700억t(그중 3분의 1이 인간이 내뿜은 것이다)의 탄소가 있다. 그런데 그 2배만큼 흙 속에 묻혀 있고, 46배만큼 바다에 있다. 200m 이하 중층수와 심해에 저장된 탄소 양만 37조이 넘는다.[9] 바다가 이만큼 탄소를 붙들지 않았다면 지구는 에어 프라이어가 됐을 것이다.

바다는 지금 이 순간에도 사람들이 배출하는 엄청난 양의 온실가스를 묵묵히 받아주고 있다. 정말 '바다와 같은 성정'인 걸까? 그렇지 않다. 왜냐하면…… 그 이유는 뒤에서 밝히겠다.

아낌없이 주는
(줄 알았던) 바다

온실가스를 흡수하는 바다도 경이롭지만, 물고기도 신비로운 존재다. 사료요구율FCR, food conversion ratio이라는 지표가 있다. 고기의 몸집(젖소의 경우 우유량)을 1kg 늘리는 데 사료가 얼마나 필요한가를 나타내는 값이다. 종류와 사육 방식이 다양해 값을 특정하긴 어렵지만 소는 6~10, 돼지는 3~5, 닭은 약 2 정도다. 소 무게 1kg을 늘리려면 사료 6~10kg을 먹여야 한다. 물고기의 FCR은 1~2 사이다.[10] 즉 물고기가 인풋 대비 아웃풋이 가장 뛰어나다. 물고기는 핏속부터 몸, 배설 방식까지 에너지 효율성을 최대한 끌어올려 진화한 동물이다.

반면, 아가미도, 부레도, 지느러미도 없는 육지동물 인간은 겁 없이 바다에 진출했다. 그리고 최선을 다해 자연의 균형을 깨뜨리며 물고기를 잡고 있다. 언제부터 물고기를 잡았을까.

처음으로 물고기를 잡은 흔적은 백수십만 년 전, 즉 호모 사피엔스도 아닌 호모 에렉투스가 지구를 누비던 시절로 거슬러 올라간다.[11] 어업이라는 이름을 붙이기엔 조악한 수준이었을 것이고 강가나 얕은 바다에서 그날따라 일진이 사나운, 불운한 물고기들이 잡혔을 것이다.

사피엔스는 똑똑한 만큼 모험심도 강했다. 호주 연구진은 동티모르에서 4만 2000년 전 사용된 낚시용 고리와 물고기 뼈 등을 발견해 2011년 논문으로 발표했다. 이 유적이 흥미로운 건 참치처럼 먼 바다에서 잡히는 어종의 흔적이 다량으로 나왔기 때문이다. 예전에도 참치나 상어 같은 대형 어류를 먹은 흔적이 드문드문 발견되었지만, 어쩌다 조류를 잘못 만났거나 연안으로 떠밀려 온 걸 먹었다고 짐작된다. 그런데 호주 연구진이 찾은 이 유적은 사람들이 배를 타고 먼 대양으로 나가 적극적으로 어업 행위를 했음을 보여준다. 연구진은 동티모르 육지에서 얻을 수 있는 단백질원이 작은 새 정도인 환경이 이유였을 것이라고 설명한다.[12, 13]

이렇듯 어업의 역사는 길지만 고기잡이는 매우 고단하고 위험한 일이었다. 땅에서는 소나 말이 사람의 노동력을 일부 대신했지만, 망망대해에서는 고래에게 배를 끌어달라고 할 수 없으니 사람이 노를 젓는 수밖에 없었다. 게다가 바다 날씨의 변덕스러움도 위험 요소였다. 어선과 낚시도구가 정교해져도 어업에 투입되는 에너지는 자연의 힘(바람, 조류)과 인간의 힘뿐이라는 점은 수만 년 동안 변하지 않았다. 17세기 중반 증기선이 등장하기 전까지는 말이다.

1712년 영국의 토머스 뉴커먼Thomas Newcomen이 석탄으로 물을 끓여 만든 증기를 이용해 피스톤을 움직이는 9.5m짜리 거대한 기계를 만들었고, 반세기가량 지나 제임스 와트James Watt가 업그레이드 버전을 내놓는다. 모두가 아는 제임스 와트의 증기기관이다. 뉴커먼의 증기기관이 석탄 광산 전용이었다면, 와트의 증기기관은 범용이었다.

사람들은 증기기관을 곳곳에 활용했다. 영국에서 최초의 증기기관차가 철도를 달리기 5년 앞선 1807년에는 미국인 발명가 로버트 풀턴Robert Fulton이 증기선을 뉴욕 허드슨강에 띄우는 데 성공한다. 속도는 겨우 시속 8km, 주차장에서 주차공간을 찾아 어슬렁거리는 자동차보다 아주 약간 빨랐지만, 최초로 석탄의 힘으로 정기 운항하는 상업선의 등장이었다.[14]

뉴커먼의 증기기관에서 증기선이 나오기까지 약 한 세기가 걸렸지만, 처음이 어려운 법이다. 곧이어 영국과 프랑스에서도 증기선이 잇따라 강을 운항했고, 1816년에는 해협을, 1818년에는 대서양을 건넜다. 1838년에는 돛 없이 증기기관으로만 움직

이는 배가 나왔고, 4주 이상이나 걸렸던 대서양 횡단 시간은 절반으로 단축됐다.[15]

배를 움직이기 위해 얼마나 많은 석탄이 필요할까? 27일 중 나흘 동안 증기기관을 이용해 대서양을 건넌 서배너호는 석탄 68t과 나무 9t을 태웠다. 영화로도 잘 알려진 초호화 유람선 타이타닉은 약 6000t의 석탄을 싣고, 하루 100t의 재를 바다로 내보냈다는 이야기가 있다.[16, 17] 미국의 마지막 석탄 증기선 배저는 하루에 4t씩 넉 달 남짓한 운항 기간에 500t 넘는 석탄재를 미시간호에 버렸다. 1953년 진수된 이 배는 디젤 등 석탄 증기선이 다른 화석연료에 밀려 역사의 뒤안길로 사라지는 동안에도 꿋꿋이 남아 1992년 여름용 여객선으로 재단장해 아직까지 운행 중이다. 환경단체와 몇몇 민주당 의원들이 배저의 환경오염을 문제 삼아 이제 배를 퇴역시키거나 최소한 연료라도 전환하라고 주장해왔으나 배저의 마케팅 포인트는 '오대호의 마지막 석탄 증기선'인 만큼 선박 회사는 물론 일부 지역주민과 공화당원의 비호를 얻고 있다.[18]

선박의 역사를 완전히 바꾸며 한 시대를 풍미했던 석탄은 1900년대 중반부터 중유에 자리를 내주기 시작한다. 중유는 반세기가 지난 오늘날에도 바다를 건너는 대형 선박 연료의 60%를 담당하고 있다.[19] 석유 중에서도 가장 '더러운 연료'로 꼽히는 중유가 선박의 중추를 이루는 것이다. 어업에 산업에너지가 들어오면서 이제 배를 타고 가지 못할 곳이 없어졌다. 바다에서 온실 가스가 피어오르기 시작했다. 여기까지는 농축산업과 별로 다를 게 없는 내용이다. 그런데 동시에 어업은 축산업 등과 근본적으로 다른 아주 중요한 문제에 봉착한다. 바로 생산성 하락이다.

　앞서 축산업과 경종농업은 산업에너지가 들어오면서 생산성이 크게 늘었다. 가축은 비대화됐고 농작물은 화학비료와 농약을 먹고 더 빨리 자라고, 더 많이 살아남았다. 이렇게 가축을 어딘가에 잡아 두고 기를 때는 화석연료를 쓴 만큼 생산량을 늘릴 수 있었다. 어업은 다르다. 해상 조업이란 바다라는 대자연 속에서 고기를 건져 올리는 행위다. 석탄, 석유로 배를 움직인다는 점을 빼면 어업은 농업혁명 이전 '수렵채집 생활'에 가깝다.

　첫 증기선이 등장했을 때는 만선의 기쁨을 안고 돌아오는 배가 많았을 것이다. 그러나 너도나도 물고기를 잡으면서 어장의 씨가 마르기 시작했다. 하지만 바다는 넓고, 배는 증기기관으로 움직이니 조금만 더 나가면 황금어장을 금방 찾을 수 있었다. 머잖아 황폐해지겠지만 아직은 괜찮다. 바다는 넓고, 기름값만 조금 더 들이면 되는 문제였다.

　1970년대 초까지는 이런 방식이 통했다. 전 세계적으로 어선이 고기를 잡기 위해 이동하는 거리는 1950년대 평균 500km 정도였다. 불과 20년 뒤인 1970년대에는 1500km 이상으로 늘어났다.[20] 그런데 점점 한계가 드러났다. 너도나도 대형 선박을 끌고 바다를 헤젓고 다니는 동안 무한할 줄 알았던 바다 자원이 고갈되기 시작했다. 주요 어종을 몇 개만 살펴보면, 1950년 200만t이었던 대서양 대구Atlantic cod 어획량은 1968년 390만t까지 늘어난다. 이듬해부터는 줄어들기 시작해 2000년 이후엔 1950년대의 절반만 잡힌다. 대서양 청어Atlantic herring도 비슷한 시기에 정점을 찍었고 요샌 그때의 40%에 머물고 있다. 명태Alaska pollock와 태평양 고등어Pacific chub mackerel 잡이는 1970년대 후반이 전성기였다.[21]

2021년 봄에 공개된 다큐멘터리 〈씨스피라시〉는 2006년 《사이언스》에 발표된 논문을 인용해 "2048년에는 바다가 텅 빌 것"이라고 말한다. 2016년에는 《네이처 커뮤니케이션즈》에 "절정기 때 어획량은 세계식량기구 통계에 나오는 것보다 훨씬 많았고, 그 이후에는 세계식량기구가 파악하는 것보다 훨씬 빨리 줄고 있다"라고 주장하는 논문이 실린다.[22]

둘 다 요지는 '남획이 심각한 수준이고, 공식 통계는 빙산의 일각일 뿐'이라는 것인데, 공식 통계를 봐도 상황은 심각하다. 바다의 어업 생산량은 1950년 1600만t에서 1990년 전후에 8200만t으로 5배 늘었지만, 그 후로는 박스권에 갇힌 주식시장처럼 산발적인 등락을 반복할 뿐이다.[23] 그사이 더 크고 빠른 어선, 더 좋은 어구가 나왔음에도 어획량은 좀처럼 늘지 않는 것이다. 좀 더 속된 말로 하면 어획량이 현상유지라도 하는 건 '장비

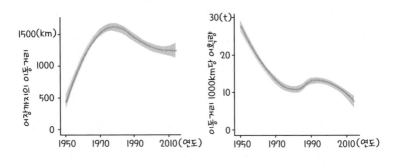

1950년부터 2010년대 초까지 세계 상업 어선의 평균 이동거리와 어획량

이동거리는 늘었지만, 이동거리당 어획량은 줄었다.

출처: 《사이언스 어드밴시스》

빨' 덕이란 얘기고, 좀 더 점잖은 말로 하면 어업 생산성이 나빠졌단 뜻이다. 1950년대에는 배를 타고 1000km를 이동하면 30t 가까이 잡을 수 있었는데, 2010년대 들어서는 10t도 건져 올리기 힘들어졌다.[24]

어업 생산량이 감소한 데는 또 다른 이유도 있다. 오일쇼크와 배타적 경제수역EEZ 확립이 그것이다. 세계식량기구는 전 세계 바다를 19개 어장으로 나눠 관리하는데, 이 중에서 자기 나라 바다가 속하지 않은 어장, 쉽게 말해 '먼 바다' 어획량landings from distant water fisheries은 국제 유가와 밀접한 상관관계를 갖는다. 둘의 그래프를 그려보면, 1·2차 오일쇼크가 일어난 1973년과

1979년에는 어획량이 급감했다가 2차 오일쇼크 직전 수준으로 유가가 내려간 1980년대 말에는 1차 오일쇼크 직전만큼 어획량이 늘어났다. 물론 잠깐뿐이었지만.[25]

EEZ가 확립된 것도 어업 생산비를 높이는 요인이었다. EEZ는 자국 해안에서 200해리(약 370km)에 해당하는 구간인데, '내 바다는 아니지만 여기서 고기를 잡을 거면 허락받고 해라'라는 곳이다. 지금은 익숙하고 당연한 개념이지만 1945년까지만 해도 원칙적으로 한 나라의 해안선에서 아주 가까운 곳만 빼면 바다는 임자가 따로 없었다. 그런데 1945년에 미국 영해 바깥에 있는 대륙붕에서 석유가 발견되면서 '바다 소유권'을 둘러싼 국제 논의가 시작됐고 근 40년 가까운 지난한 논의 끝에 1982년 EEZ 개념이 채택됐다. 남의 EEZ에서 조업 행위를 하려면 그 나라에 허락을 받고 입어료를 내야 한다. EEZ가 어족 자원 보호에 별 도움이 안 됐다는 주장도 있지만, 생산비 상승 요인으로 작용한 건 사실이다.

옛날엔 기름만 더 담아 좀 더 먼 바다로 가면 금세 고기를 잡을 수 있었는데 이젠 기름을 아무리 부어도 예전 어획량을 따라잡기 어렵다(어선에 기름이 엄청나게 많이 들어간다는 상식적인 이야기인데, 이 상식을 문서로 확인하긴 힘들다. '전 세계 어선 연료 소비량' 같은 자료가 거의 없어서다. 가장 많이 인용되는 세계식량기구 통계에 따르면 2008년 7000만t 가까이 사용됐다.[26]). 그 와중에 기름값은 올랐고, '여기다' 싶으면 남의 구역이니 돈을 내야 한다. 점점 고기가 안 잡히는데, 이 문제를 어떻게 해결하면 좋을까.

백만 원씩 주고도 상어 지느러미를 먹겠다는 사람이 줄을 섰는데 여기서 포기할 리 없다. 인간은 언제나 그랬듯 방법을 찾았다. 정부가 기름값을 보조해주거나 멀리 나갈 것 없이 양식을 하는 방법으로 말이다. 보조금은 조업 비용을 낮춰주고, 양식은 어족자원 고갈 걱정을 덜어준다. 문제는 둘 다 기후위기 시대에 걸맞은 해결책은 아니라는 점이다. 유가 보조는 계속해서 어선이 화석연료에 의존하도록 할 것이다. 양식장은 전기 먹는 하마일 뿐 아니라 물고기를 기르려면 어차피 어디선가 먹잇감을 잡아와야 한다.

어패류 좋아하는
한국은?

지금까지의 이야기 즉, '어업에 산업에너지가 동원된 이후 커다란 어선이 바다를 누비며 있는 대로 고기를 잡아 올리다가 어족 자원이 줄고 기름값은 오르고 바다도 함부로 이용할 수 없어지면서 정부 보조금으로 간신히 어업을 유지하거나 양식업으로 눈을 돌리게 된 상황'은 오늘날 지구 곳곳에서 벌어지고 있다. 한국도 마찬가지다. 사실 생선이나 해조류, 어패류 등은 미국이나 유럽(노르웨이나 아이슬란드 같은 몇몇 나라는 빼고)보다는 아시아에서 훨씬 많이 먹는다. 미국인은 1년에 23.7kg의 해산물을 먹지만, 중국인은 좀 더 많은 39.5kg을 먹는다. 한국인은? 무려 68.1kg을 먹는다![27] 따라서 한국에선 위에서 언급한 상황들이 더 두드러지게 나타나리란 예상이 가능하다. 그리고 가수 이승환이 말했듯, 슬픈 예감은 틀린 적이 없다.

앞서 어선들의 평균 이동거리가 늘었다고 했는데, 한국은 대만과 스페인, 중국과 더불어 가장 급격하게 이동거리가 증가한 나라다. 각국의 조업 현황에 대한 정보를 제공하는 《씨어라운드어스SeaAroundUs》를 보면, 한국 어선은 정말 넓은 곳을 누비며 고기를 잡는 것을 알 수 있다.

이렇게 먼 거리 조업을 가능하게 만든 중요한 배경에는 각종 보조금이 있다. 캐나다·중국·미국 연구팀이 세계 152개국의 어업 정부보조금을 분석한 결과를 보면, 2018년에 어업을 지탱하기 위해 35억 4000만 달러(약 4조 원)가 쓰였고, 이 가운데 한국 정부보조금이 9%나 된다. 물론 보조금은 종류가 다양하고, 모두 바다 자원을 축내는 건 아니다. 연구팀은 보조금을 어족자원을 회복시키는 '유익한 보조금'과 어획량을 늘리는 '생산력 향상 보조금', 그리고 기타로 나눴다. 한국은 보조금의 절반 이상을 어족자원 회복에 썼다. 다행스런 일이다. 그러나 어획량을 끌어올리는 기이한 보조금도 중국, 일본, 유럽연합에 이어 4번째로 많은 액수다.[28]

대표적인 게 바로 면세유다. 어업도 농업과 마찬가지로 세금이 붙지 않는 면세유를 쓴다. 농업 면세유는 농협, 어업 면세유는 수협을 통해 공급되는데, 수협 면세유 공급량은 2019년 10억

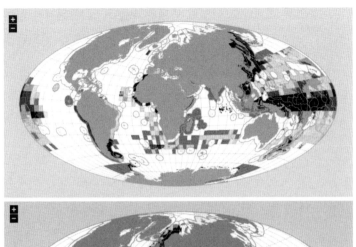

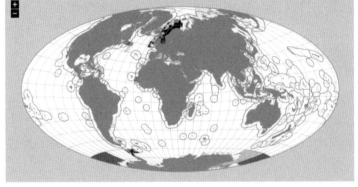

한국과 노르웨이의 조업 장소. 2018년 한국(위)과 노르웨이(아래) 어선의 조업 장소. 한국 어선은 수산강국으로 알려진 노르웨이보다 훨씬 '부지런히' 바다를 누볐다.

출처:《씨어라운드어스》

7900ℓ에 이른다. 서울시에서 도로 수송에 쓰이는 기름이 연간 40억ℓ 정도인데,[29] 말하자면 1000만 서울 인구가 자동차에 쓰는 기름의 약 4분의 1을 어업에서 쓰는 셈이다.

농업과 비교해도 어업의 면세유 사용은 크게 뒤지지 않는다. 2019년 농업에서는 14억ℓ의 면세유를 썼다.[30] 국내 농업의 부가가치가 어업보다 10배 더 크다는 점을 감안하면, 어업은 같은 부가가치를 창출하기 위해 훨씬 많은 화석연료를 사용한다는 것을 알 수 있다.

면세유는 고깃배와 떼려야 뗄 수 없는 관계다. 배를 타고 고기를 잡는 어선 어업의 경비에서 유류비가 차지하는 비중은 50%에 육박하고, 면세유의 80%가 어선으로 들어간다.[31] 그런데 여기서도 '씨가 마르는 바다'를 확인할 수 있다. 어획량은 매년 줄어드는데 면세유는 거의 비슷하게 쓰는 것이다.

"어획량이 많다고 면세유를 많이 쓰는 게 아니에요. 오히려 반대일 수 있습니다. 고기를 잡으러 갈 때 어획량이 많으면 배가 바다에 머무는 체류 시간이 줄고, 항해 거리도 짧아질 겁니다.

반대로 어획량이 줄면 기름을 더 많이 써야 할 거고요. 저희 쪽에서 항해 거리나 체류 시간에 대한 통계를 갖고 있는 건 아니지만 상식적으로 그렇게 생각할 수 있어요."

해양수산부 관계자의 말이다.

가둬서 기르면
해결될까

바다에서 고기를 낚는 양이 예전 같지 않자 양식에서 길을 찾기 시작했다. 어선 어업과 달리 양식업 생산량은 2005년 104만t에서 2020년 231만t으로 2배 이상 늘었다. 비중으로 보면 양식업이 얼마나 늘었는지 더 와닿는다. 우리나라 총 어획량에서 양식업은 2005년 40%가 안 됐는데 이제는 60%도 넘는다.[32] 우리 어업의 주류는 양식업이라 할 만한다. 문제는 양식업이 더 친환경적인 건 아니라는 점이다. 어떤 면에선 더 부정적이기도 하다. 특히 우리나라처럼 화석연료로 전기를 만드는 나라에선 더욱 그렇다.

얼마 전 한 토론회에서 "제주도의 농림어업이 전력 소비의

27.2%를 차지한다. 어업이 16%로 특히 높다"라고 하는 이야기를 들었다.[33] '어업에서 쓰는 전기라고는 양식장에서 쓰는 전기가 전부일 텐데 16%나 되겠냐'는 의문으로 전국에서 양식 생산량이 가장 많은 전남 완도를 찾았다.

양식은 키우는 장소에 따라 흔히 가두리 양식장이라고 하는 해상 양식장과 육상에 시설물을 설치해 그 안에서 기르는 육상 양식장으로 나뉜다. 둘 중 전기를 많이 쓰는 곳은 단연 육상 양식장이다. 집에서 금붕어를 기를 때만 봐도 산소 공급, 물 교체, 먹이 공급에 손이 가는데 바다 생물을 대량으로 가둬 기르는 건 보통 일이 아니다.

양식업을 한 지 18년 됐다는 황철환 사장의 전복 양식장 밖에는 커다란 파란 통 5대가 나란히 있다. 해수 여과기다. 기관실에서 바닷물을 유입하면 이 여과기가 정수해서 양식장 안으로 집어넣는다. 대개는 여과된 바닷물을 그대로 쓰기도 하지만 봄에 수온이 낮으면 보일러로 수온을 높이는 곳도 있다. 총 800평 규모의 수조를 가득 채운 물은 그대로 머무는 게 아니라 하루 종일 순환된다. 다 전기를 써서 하는 일이다.

"우리 집은 전기요금이 월 800만 원(연 9600만 원) 나와요. 150마력, 100마력짜리 보일러 두 대 돌리는데 그 정도가 나와요. 그래서 저희는 보일러는 웬만하면 안 틀고 자연수를 그대로 써요."

광어 20만 마리를 키우는 박민우(가명) 사장의 양식장도 펌프 8대로 하루 종일 바닷물을 끌어와 순환시킨다. 치어일 때는 물을 따뜻하게 해줘야 해서 히트 펌프 6대를 풀가동한다. 물을 따뜻하게 데우는 건 물고기의 생존 때문만은 아니다. 어종에 따라 다르겠지만, 광어의 경우 따뜻하면 빨리 큰다.

"히트 펌프를 쓰면 3개월은 빨리 자라요. 2kg짜리 키우려면 2년, 빨라도 1년 반인데 이걸 쓰면 3개월 앞당길 수 있어요. 3개월이면 엄청 차이가 큰 거예요."

황철환 사장도 전복 알을 받을 때 보일러를 18도로 맞춰 따뜻하게 해준다. 고수온은 산란을 촉진한다.

이런 이야기가 패턴처럼 반복된다는 걸 눈치챘을 것이다. 앞서 가축 편에서는 사료를 과도하게 먹여 야생이었다면 어린 동물을 뚱뚱한 성인 크기로 비대화시켰고, 경종농업에서도 비료나 가온의 힘을 빌려 농작물을 촉성재배했다. 빨리빨리 키워서 빨리빨리 공급하면, 농민이나 어민은 빨리빨리 돈을 벌어 좋고, 소비자는 빨리빨리 많이많이 먹을 수 있어 좋다. 문제는 온실가스 배출이라는 대가가 따른다는 것이다.

또 여름철에는 광어가 여름철 더운 바닷물에 스트레스 받지 않도록 액화 산소를 물에 넣고, 조수 간만에 따라 바닷물 유입량을 조절하는 인버터라는 장치도 쓴다. 물론 전기가 덜 들어가게 하는 장비도 있다. 인버터와 히트 펌프는 지자체들이 양식장 친환경에너지 보급사업의 일환으로 보급하는 장비다. 박 사장도 완도군의 지원 사업으로 이 두 장비를 설치했다.

"군수님이 히트 펌프를 지원해주셔서(그는 이 말을 꼭 써달라고 강조했다) 폐사율이 많이 낮아졌어요. 인버터도 써보니까 한 달에 전기값이 300만 원 정도 적게 나와요."

이렇게 나름 에너지를 효율적으로 쓴 이 양식장의 전기요금은 1년에 2억 원이다. 연간 억대의 전기요금이라니. 참고로, 우리나라 4인 가구의 평균 전기요금은 월 5만 4000원, 1년이면 64만 8000원이다. 평범한 가정의 300년치 전기를 쓰는 정도가 아니다. 양식장은 농사용 전기요금이 적용되고, 앞서 말했듯 농사용 전기는 주택용 전기의 2분의 1에서 8분의 1밖에 안 되기 때문이다.

양식장에서 쓰는 전기는 총 얼마나 될까. 한국전력에 요청해 농사용 전력사용량을 표준산업분류로 나눠서 받아봤다. 자료에 따르면 2020년 '양식어업 및 어업 관련 서비스업'(산업분류 #032)이 쓴 전기는 약 29억 kWh킬로와트시로 작물 재배업과 축산업에 이어 세 번째로 많았다. '전기 먹는 하마라더니 겨우 세 번째?'라고 할 분들을 위해 덧붙이자면, 농사용 전기 사용 고객 중 양식어업 및 관련 서비스업이 차지하는 비중은 1%도 안 된다. 1% 미만의 사용자가 15%가 넘는 전기를 쓰는 것이다.

바다 가두리 양식장도 문제는 있다. 해상 양식장은 전기 대신 기름을 쓴다. 완도에서도 남쪽 끝자락에 있는 군내리 포구에서 16년째 전복 해상 양식을 하는 구영찬 사장을 만났다. 6.6t짜

농사용 전력 산업분류코드별 전력사용량

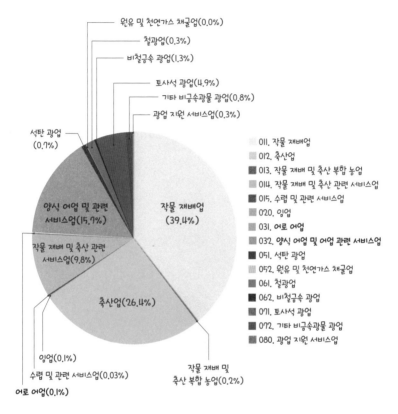

원유 및 천연가스 채굴업(0.0%)
철광업(0.3%)
비철금속 광업(1.3%)
토사석 광업(4.9%)
기타 비금속광물 광업(0.8%)
광업 지원 서비스업(0.3%)

석탄 광업
(0.7%)

양식 어업 및 관련
서비스업(15.7%)

작물 재배 및 축산 관련
서비스업(9.8%)

작물 재배업
(39.4%)

축산업(26.4%)

임업(0.1%)
수렵 및 관련 서비스업(0.03%)
어로 어업(0.1%)

작물 재배 및
축산 복합 농업(0.2%)

011. 작물 재배업
012. 축산업
013. 작물 재배 및 축산 복합 농업
014. 작물 재배 및 축산 관련 서비스업
015. 수렵 및 관련 서비스업
020. 임업
031. 어로 어업
032. 양식 어업 및 어업 관련 서비스업
051. 석탄 광업
052. 원유 및 천연가스 채굴업
061. 철광업
062. 비철금속 광업
071. 토사석 광업
072. 기타 비금속광물 광업
080. 광업 지원 서비스업

양식어업 및 서비스가 작물 재배업과 축산업에 이어 세 번째로 많은 전력을 쓴다. 농사용 전력을 쓰는 고객의 90%는 작물 재배업과 축산업 고객이고, 양식어업 및 서비스는 1% 미만이다.

출처: 한국전력

리 선박을 타고 5분도 안 돼 가로·세로 약 2.5m씩 구획된 양식
장에 도착했다.

"전복은 병에도 잘 안 걸려서 그냥 먹이만 주면 돼요. 이게 다 전복들 먹일 거예요."

그가 배 위에 수북하게 쌓인 미역을 가리켰다. 구 사장의 양식장은 총 400칸. 이 넓은 양식장에 미역을 일일이 손으로 들어서 넣는다면 구 사장의 허리가 남아나지 않을 것이다. 그래서 배에는 크레인이 실려 있고, 크레인 집게가 미역을 한번에

해상 전복 양식장으로 향하는 배. 배에는 전복의 먹이가 될 미역이 한가득 실려 있다. 위로 보이는 장비가 배에 실린 크레인이다.
출처: 저자 촬영

100kg씩 들어올려 칸칸이 넣어준다. 단거리를 오가며 단순한 작업만 하는 데도 배에는 약 180ℓ씩 한 달에 4번, 그러니까 720ℓ, 크레인에도 한 달에 400ℓ의 기름을 주유한다고 했다.

그런데 양식업을 할 때 들어가는 에너지는 이렇게 눈에 보이는 게 전부가 아니다. 나라마다 혹은 어종에 따라 결과가 다르지만, 이렇게 눈에 보이는 활동의 에너지, 즉 배에 기름을 넣거나 전기 모터로 바닷물을 순환시키는 건 양식업 배출량에서 빙산의 일각일 때도 있다.

세계식량기구가 방글라데시의 나일틸라피아(우리나라에선 역돔이라 부른다), 인도의 잉어, 베트남의 메기 양식의 온실가스 배출양을 계산한 결과를 보면, 잉어와 나일틸라피아의 경우 총 배출량의 43%, 메기의 52%가 먹이 생산 과정에서 나왔다.[34] 영국과 이탈리아, 방글라데시, 세계식량기구 전문가가 참여한 논문에도 양식장 온실가스의 39%는 먹이를 생산하는 과정에서 나왔고, 먹이 원료를 공장으로 가져와 가공하고, 양식장으로 운송하는 과정까지 다 포함하면 먹이 관련 배출이 전체의 57%에 이른다.[35]

조금만 생각해보면 당연한 결과다. 앞서 물고기는 철저히 에너지 효율적으로 진화해 FCR 즉, 몸집 1kg을 불리기 위해 드는 먹이가 비교적 적다고 했다. 그럼에도 물고기의 FCR은 1~2 정도다. 물고기 1t을 얻으려면 먹이는 1~2t이 필요하단 얘기다. 간혹 5에 육박하는 것도 있는데 잉어가 그렇다. 먹이는 어디선가 잡아와야 한다. 배를 타고 나가거나 또 다른 곳에서 먹잇감을 양식해야 한다.

양식장에 사는 어패류와 바다에 사는 친척 물고기(독일 같은 곳은 200축사의 소가 생선가루도 먹고 비타민제도 먹듯이) 양식장의 어패류는 야생의 먹이사슬에서는 도저히 만날 수 없는 것들을 먹는다.

"우리 전복은 EP사료라고, 곡물이랑 수입산 어분, 비타민이 섞인 걸 먹어요. 낮에 주면 저녁에 먹어요. 겨울엔 밤 7시, 여름엔 밤 10시쯤 먹더라고요. 한창 클 때는 20kg씩 30포가 들어요."(황철환 사장)

냉동고에 보관된 원료(왼쪽)와 팰릿 형태로 만든 사료(오른쪽).

출처: 저자 촬영

"광어 먹이는 고등어랑 깡치, 조기 이런 걸로 만들고 냉동고에서 얼려요. 우리가 직접 갈아서 요 손가락 굵기로 만들어요. 살도 잘 찌라고 영양제도 넣고, 소화제, 간장제도 먹여요."(박민우 사장)

광어는 주사도 맞는다. 연간 세 번 정도 항생제 주사를 진짜로 놓는다, 20만 마리한테!

"한 마리, 한 마리 안아서 주사를 줘요. 일하는 그룹이 와서 다 맞히는 데 일주일 걸려요. 이거 놓고 폐사율이 20%에서 3%로 떨어졌어요."(박민우 사장)

먹이가 양식업 온실가스 배출량에서 50% 이상, 가장 큰 비중을 차지하는 배경에는 이런 이유가 있다. 물고기를 1kg 살찌우기 위해 그 이상의 물고기를 잡아야 하고, 사료를 냉장고에 잘 얼리고, 비타민과 소화제도 먹여야 한다.

탄소 배출량
0의 비밀

여기에 추가로 고민해야 할 탄소발자국이 있다. 수송 과정에서 발생하는 온실가스다. 우리나라의 식량 자급률은 매우 낮고 매년 감소하는데, 가장 빠르게 감소하는 게 바로 어패류다. 1990년대만 해도 우리나라 어패류 자급률은 100%를 넘었다. 그런데 2000년대 들어 줄어들더니 2010년엔 70% 밑으로, 2019년엔 48.9%까지 내려왔다. 어촌 고령화와 어업 생산량 하락 등이 원인일 것이다. 이런 추세라면 2030년 후반엔 어패류 자급률 0%를 기록할 판이다. 그렇다고 어패류를 덜 먹는 것도 아니고 오히려 1인당 해산물 섭취량이 세계 최고 수준이다. 심지어 사면이 바다인 일본의 국민보다 더 많은 생선과 조개, 해조류를 먹는다.[36] 그만큼 수입량이 늘어나고 있다는 얘기다. 2020년에 한국은 20년 전보다 2배 많은 어패류를 수입했다.[37]

그렇지만 우리가 파악할 수 있는 어업 분야 온실가스 배출량은 아주 적다. 나는 지금까지 어선의 화석연료 사용, 양식장의 전기 사용, 양식장 사료 조달, 해산물 수입에 대해서 이야기했는데 이 중에서 국가 인벤토리로 확인할 수 있는 어업 부문 배출량은 어업에서 연소하는 화석연료, 그러니까 어선의 기름 사용량 정도만 포함한다(양식장에서 기름보일러를 쓴다면 이 또한 포함된다). 뭐, 아쉽지만 인벤토리 항목은 우리 정부가 임의로 정한 게 아니라 국제 공통이니 그렇다 치자. 그럼 그 일부분이라도 제대로 집계가 되면 좋으련만 그렇지 않다.

나는 자료를 준비하는 과정에서 이상한 점을 발견했다. 정부가 어업 부문 배출량을 계산할 때는 어업에서 쓰는 화석연료(석유)를 토대로 하고, 이 자료는 한국석유공사가 집계하는 석유류 수급통계에 들어 있다. 석유류 수급통계 중 어업의 연료 소비량에다 연료별(경유, 중유, LNG 등) 배출계수를 곱하는 식이다. 석유류 수급통계는 일반에 공개된 자료는 아니어서 정보공개청구를 해서 받을 수 있었는데, 여기 나오는 어업 연료 소비량과 국가 인벤토리의 에너지 분야 어업 배출량 그래프 모양은 정확히 일치했다. 연료 소비량으로 배출량을 계산했으니 당연한 이야기다.

문제는 바로 연료 소비량 통계 그 자체에 있다. 석유공사의 어업 자료는 연근해어업과 원양어업, 기타어업(예를 들어 양식업 같은)으로 구분된다. 이 세 부문에서 기름을 얼마나 썼는지가 우리나라 어업 부문 온실가스 배출량을 좌우한다. 다음 쪽의 두 그래프를 보시라. 위의 그래프는 원양어업과 연근해어업, 기타(달리 분류되지 않는 어업), 이 모두를 합친 전체 어업의 연료 소비량(진한 초록색)이다. 그리고 아래 그래프는 그중에 원양어업만 따로 떼어낸 것이다.

딱 봐도 이상하다. 먼저 원양어업과 연근해어업의 연료 소비량이 왜 저토록 차이가 많이 날까. 원양어업의 어획량은 연근해어업의 절반 정도인데, 연료 사용량은 100분의 1에 불과하다는 점을 납득하기 어렵다. '고기가 안 잡히니까 더 돌아다닐 수밖에 없다'는 해수부 관계자의 설명과 앞서 소개한 논문,《씨어라운드어스》자료 등과도 대치된다.

그리고 원양어업 부문 연료 소비량을 보면, 2001년엔 1만 7000배럴이었다가 2003년엔 갑자기 26만 5000배럴로 뛰고, 2018년엔 1000배럴로 줄어든다. 본디 1차 먹거리산업이 그 해의 기후에 따라 들쭉날쭉해도 이렇게 변화가 클까? 2019년엔 아예 0으로 떨어진다. 도대체 어떻게 된 일인가.

석유공사 담당자의 말은 이랬다.

"이 통계는 정유사가 기름을 어떤 회사에 공급했는지를 기준으로 집계합니다. 그러니까 정유사가 원양어업에 등록된 회사

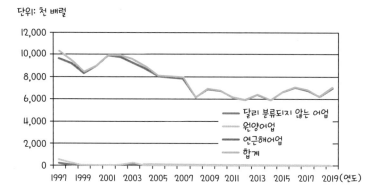

한국 어업의 수요처별 석유 소비량

단위: 천 배럴

- 달리 분류되지 않는 어업
- 원양어업
- 연근해어업
- 합계

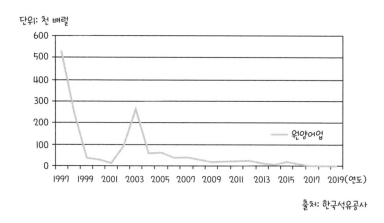

한국 원양어업 석유 소비량

단위: 천 배럴

- 원양어업

출처: 한국석유공사

에 제공한 기름이 원양어업 부문 연료 소비량으로 잡히는 것이죠. 그동안 이렇게 등록된 회사로 사조산업이 있었어요. 그런데 사조산업이 2019년에 식품제조업으로 바뀌면서 통계에서 빠졌다고 하더라고요."

사조산업이 공시한 2020년 12월 사업보고서를 보면 "원양 업계는 각 당사자국들과의 활발한 교섭을 통해 원양어장을 확보 하고 있으며, 소비자들의 웰빙의식 전환 및 원양산 수산물의 안 전한 먹거리 공급으로 인한 소비량은 점차 증대되고 있다"[38]라고 한다. 우리나라 온실가스 통계에서 원양어선은 있어도 없는 '투 명선박'이다.

'원양어선 석유 소비량이 어업 통계 대신 다른 산업으로 잡 힌다면 그건 괜찮은 것 아니냐?'라고 반문할 수도 있겠다. 그런 데 내 생각은 좀 다르다. 책임 소재 때문이다. 어업 행위 때문에 발생하는 온실가스는 어업 부문에서 확인할 수 있어야 저감 정 책도 효율적으로 뒤따르지 않을까? 채취에서 가공, 운송에 이르 는 거대한 식품산업에서 어선 배출량을 이야기하는 것과 어업 내지는 해수부 테두리 안에서 어선 배출량을 이야기하는 건 다 를 테니 말이다. 그 어떤 나라보다 먼 거리를 돌아다니며 고기를 잡고 있는데 어업 통계에선 잡히는 게 없다니 납득하기 어렵다.

태초에 바다는 공기를 가득 채운 이산화탄소를 흡수해 지구 의 열을 식혀줬다. 바다는 처음으로 생명을 품었고, 그 생명이 오 늘날 우리를 있게 했다. 그렇지만 우리는 바다가 지구를 지구답 게 만들어줬다는 사실을, 바꿔 말하면 바다가 달라지면 지구도 달라질 거란 사실을 자꾸만 잊는다. 인류는 산업혁명이 준 풍요

로움에 취해 대기 중 이산화탄소 양을 수십만 년 만에 최고치로 끌어올렸고, 이는 논에서도 밭에서도 축사에서도 그리고 우리의 출발점, 바다에서도 똑같이 벌어졌다. 사람들은 증기기관이 밀어주는 배를 타고 열심히 바다로 나가 정신없이 물고기를 퍼담았다. 100년도 못 가 물고기 씨가 마를까 걱정해야 하는 상황이 되자 이제는 '나가서 잡기' 대신 '가둬서 잡기'로 눈을 돌렸다. 또다시 화석연료에 기댄 채 말이다.

인간은 자연이 인간을 위해 존재하는 것처럼 착각할 때가 많다. '만물의 영장'이란 표현만 봐도 그렇다. 인간은 모든 존재의 위에 있으며, 욕심이 지나쳐 지구를 아프게 만들었다고 말한다. 그래서 '지구의 미래'를 위해 온실가스를 감축하자고 말한다. 착각이다. 기후변화로 위기를 맞는 건 지구가 아니라 우리다. 지구는 불구덩이처럼 뜨거울 때도, 얼음처럼 차가울 때도 끄떡없었다. 바다가 이산화탄소를 흡수하고, 나무가 산소를 공급하는 건 바다와 나무 입장에선 인간과 아무 상관없는 일이다. 그저 그렇게 생겨서 그렇게 할 뿐이다. 그러니 지구를 죽이고 살린다는 거만한 표현은 넣어두고 이렇게 말하자. 우리는 자살골을 넣고 있다고.

5장

어떻게
기를 것인가

CARBON
NEUTRALITY

그래서
어쩌라고?

이 책은 '밥상 위 먹거리가 어떤 과정 속에서 탄소발자국을 남기는가'가 주된 줄거리다. 그렇다고는 해도 글을 쓰는 내내 스스로 계속 되물을 수밖에 없는 질문이 있었다.

"그래서 어쩌라고?"

어쨌든 먹고살아야 하는데, 밥상에 올라온 고기도, 과일도, 채소도, 생선도 다 잘못됐다고 하면 도대체 뭘 어쩌란 말인가. 환경 기사를 쓸 때 유의해야 할 점 중에 '공포에 질리게 하지 마라'는 것이 있다. 정보를 제공하고 경각심을 일깨우는 건 독자들의 유의미한 행동을 이끌어내는 데 도움이 되지만, 공포에 질리게 하면 '어차피 망한 거, 될 대로 되라' 식으로 역효과를 부른다는 얘기다.

그래서 이번엔 '그래서 어쩌라고?'에 대한 이야기를 해볼까한다. 어떻게 길러야 '탄소로운 식탁'을 물릴 수 있을까. 아쉽게도 우리 사회에는 축산업에서 경종농업, 어업에 이르기까지 탄소발자국을 늘리는 시스템은 있어도, 줄이는 시스템은 별로 없다. 그래서 이 장에서는 개별적인 사례를 소개하려 한다. 여기 등장하는 이들의 출발점과 현재 서 있는 자리는 각각 다르다. 처음부터 기후 문제 해결이라는 목표와 함께 달려가는 사람이 있는가 하면, 애초에 나 좋자고 시작한 일인데 어쩌다 보니 환경에 도움이 된다는 걸 알게 된 사람도 있다. 어떤 면에선 '이게 바로 미래 농업'이라고 하는데 안을 들여다보면 방향성에 고개를 갸웃거리게 하는 사례도 있다. 그러나 모두 탄소발자국을 줄이기 위해 우리에게 필요한 시스템이 무엇인지 생각할 거리를 던지는 이야기들이다.

똥이라고
놀리지 말아요

기후변화를 막기 위해 채식을 하자는 주장이 들린다. 이 책을 처음 시작할 때부터 밝혔지만, 나는 이런 주장에 공감하지만 전적인 동의는 하지 않는다. 모든 사람이 완전히 고기를 끊고 채식하며 살아가는 상황은 상상이 안 되고, 그게 정말 옳은 것인지 모르겠다. 기후변화를 걱정하며 먹거리 문제를 논하고자 한다면, 고기냐 채소냐를 선택할 게 아니라 고기든 생선이든 과일이든 곡식이든 모두 '어떻게 시스템 자체를 탄소 중립으로 바꿔나갈까'를 고민하는 게 좀 더 현실적인 질문이라고 생각한다(물론 육고기의 탄소발자국은 다른 먹거리보다 훨씬 많은 편이므로 지금보다 고기 섭취량을 훨씬 줄여야 한다는 데는 공감도 하고, 동의도 한다. 매우 적극적으로).

성우농장 이도헌 대표는 충남 홍성에서 돼지를 키운다. 주변에서 그에 관한 이야기를 듣고 2020년 말부터 인터뷰하려고 했는데 번번이 연락이 닿지 않거나 그가 너무 바빠서 일정을 맞추기가 어려웠다. 보통 이럴 땐 인터뷰이에 반감이 생길 수도 있으나, 그에 대한 기사를 읽으니 팬심 비슷한 감정이 생겼다.

이도헌 대표는 여러모로 남다른 면이 있다. 2016년 『글로벌 금융전문가 이도헌의 나는 돼지농장으로 출근한다』라는 책을 냈다. 책에 따르면 그는 1990년대 뉴욕 월가의 롱텀캐피털매니지먼트LTCM에서 헤지펀드 운용에 참여했다. LTCM은 노벨경제학상 수상자와 당시 월가에서 잘나가는 인재들이 만든 헤지펀드 회사로 미국에서 가장 많은 자산을 운용했다. 러시아 채권을 대거 사들였다가 러시아가 모라토리엄을 선언하면서 결국 5~6년 만에 파산하긴 했지만.

그런 쟁쟁한 회사에서 첨단 금융기법을 접한 그는 1995년 28세의 나이에 금융 컨설팅과 ICT(정보통신기술)를 접목한 회사를 세워 코스닥 상장에 성공했다.[1] 그렇게 16년을 금융전문가로 보냈다가 2010년 글로벌 금융위기가 닥치자 사표를 던지고 다른 길을 찾아 나섰다. 세상이 아무리 변해도 사라지지 않을 업종은 먹거리라는 생각이 들었고, 양돈업에 눈을 돌렸다.

금융인답게 돼지농장 투자자로 시작했다. 그런데 농장이 부도 위기에 처하면서 뜻하지 않게 경영까지 뛰어들게 됐다.[2] 금융 전문가가 돼지농장 사장님이 된 배경이다.

이도헌 대표의 이력도 흥미롭지만, 내가 더 독특하다고 느낀 부분은 그의 농장이 여느 농장과 달리 '탄소중립'을 지향한다는 점이다.

성우농장은 홍성 결성면 원천마을에 있다. 그는 2018년 본 농장 인근에 돈사 하나를 새로 지었다. 이른바 '패시브 하우스'다. 단열을 잘해서 여름에 에어컨 없이도 적정 온도를 유지하는 돈사다. 그런데 아무리 패시브 돈사여도 여름엔 기온이 오르고, 겨울엔 내려간다. 사람은 너무 더우면 에어컨을 틀거나 찬물에 샤워를 할 수 있다. 그런데 말 못하는 돼지를 오로지 건축의 힘으로 패시브 돈사에서 키우는 게 가능할까? 2021년 10월의 어느 늦은 시각, 어렵게 그를 이메일과 전화로 만났다.

"올여름 기온이 39도에 이르렀을 때도 돈방 내 온도는 31도를 넘지 않았어요. 실제로 얼마나 에너지를 절약했는지 수치화해 보지는 않는데, 에어컨 설치 농장도 바깥 기온이 39도에 이르면 돈방 온도가 30도를 넘는 걸로 알고 있어요. 사견입니다만, 같은 규모라면 일반 돈사가 저희보다 전기료를 3배 이상 더 내지 않을까 싶어요."

패시브 건축이라고 하면 두꺼운 벽이 떠오르지만, 그게 전부는 아니다. 각종 배관과 환기구 같은 설비에 갖가지 센서도 달렸다. 돈방의 온도와 습도, 이산화탄소, 암모니아 농도를 측정해 서울 용산에 있는 클라우드 서버로 보낸다.

나는 질문했다.

"스마트 작물 재배를 하는 하우스에서는 온도나 습도를 설정하면, 현장에서 자동 조절이 되던데 왜 정보를 클라우드 서버까지 보내는 거예요?"

"보통은 예를 들어 습도를 설정하고 그 설정 습도보다 내려가면 가습을 하는 방식을 써요. 그런데 모든 농축산물을 키울 때는 체감온도로 해야 하거든요. 체감온도는 알고리즘이 필요해요. 온도와 습도 데이터를 받아서 수학적 연산을 통해서 체감온도를 만들어내고, 그걸로 제어하는 게 원칙이에요. 데이터가 제대로 쌓여야 하고 실시간으로 연산을 해야 하니까 서버가 필요해요."

IT에 능숙한 그는 2015년부터 이 시스템을 스스로 개발했다. 그러나 힘에 부쳐서 자회사를 만들었고, 그 회사가 용산에 있다.

"돼지는 온도도 중요하지만 일교차가 더 중요해요. 사람도 일교차 심할 때 감기 걸리잖아요. 팬으로만 온도를 조절하는 저희는 축사 안의 일교차를 어떻게 줄일까가 숙제인데, 알고리즘을 사용해 조절할 수 있어요. 무슨 얘기냐 하면, 기상청에서 정보를 받아서 1시간 단위로 24시간까지 예보를 해요. 지금이 저녁 6시인데 내일 새벽 6시에 기온이 20도 정도 뚝 떨어질 것 같다면, 미리 팬을 돌려서 돼지에게 주는 충격을 줄이는 거죠."

한국의 양돈업은 다른 선진국보다 생산성이 낮은 편이다. 동물 복지 단체에서는 불결한 축사, 지나친 밀집 사육 등을 이유로 꼽는다. 여기에 또 하나 중요한 이유를 추가하자면 한국의 기후 탓도 있다. 우리나라는 겨울엔 영하 20도, 여름엔 영상 40도까지 올라가는 다이내믹한 기후를 가졌다. 이 대표가 말했듯 돼지는 온도차가 극심하면 스트레스를 받는다. 돼지 생산성을 나타내는 지표로 PSY라는 게 있다. 말춤을 춘 싸이Psy가 아니라 '연간 모돈당 이유두수Piglet per Sow per Year'의 약자다. 어미 돼지 한 마리가 연간 젖을 먹이는 새끼 돼지의 수를 말한다. 미국, 스웨덴, 영국, 핀란드, 아일랜드, 벨기에, 독일 등 우리가 '선진국' 하면 떠올리는 나라들은 대부분 25~30 정도고, 덴마크는 33을 넘는다.[3] 한국은 21.3이다.[4] 성우농장의 PSY는 27~28로 프랑스, 벨기에 수준이다. 패시브 농장이 전기는 아끼고 생산성은 높였다는 뜻이다.

그러나 돼지 폐사율을 낮추는 것만으론 양돈에서 발생하는 온실가스를 잡는 데 한계가 있다. 양돈 분야의 최대 온실가스 배출원은 바로 분뇨이기 때문이다.

성우농장엔 모두 7000마리의 돼지가 산다. 돼지 1마리가 하루에 싸는 똥오줌은 2.61kg인데, 여기에 세정수까지 섞여 하루 5.1kg가 분뇨로 잡힌다. 그러니까 이 농장에선 하룻밤 자고 나면 35.7t씩 분뇨가 발생한다. 아파트 이사에서 흔히 볼 수 있는 이삿짐차가 5~6t 정도인데 매일 이삿짐 차 예닐곱 대 분의 똥오줌이 쌓이는 셈이다.

가축분뇨는 메탄과 아산화질소 같은 온실가스를 만들고 악취로 사람을 힘들게 한다. 지금까지 우리나라에서는 분뇨로 퇴비나 액비를 만들거나 정화방류를 해왔다. 그런데 퇴비나 액비는 농지 감소와 양분관리제 같은 정책 때문에 점점 설 자리를 잃어가고, 정화방류는 비용(에너지)이 많이 든다(자세한 내용은 앞에 있는 〈악취에서 시작해 악취로 끝난다〉 참고).

패시브 돈사라고 돼지가 똥을 덜 쌀 리는 없으므로 이 대표도 분뇨 처리를 놓고 고민이 많았다. 그가 찾은 방법은 '분뇨로 바이오가스를 만들자'였다. 옆에서 누가 냄새 고약한 방귀를 뀌면 '아, 메탄가스' 하면서 코를 움켜쥐듯 분뇨도 혐기발효시키면 메탄가스가 나온다.

그는 시간당 최대 430kW의 전기를 만들 수 있는 바이오플랜트를 세웠다. 동네 주민들의 이해를 구하고 수익을 공유하기 위해 '협동조합 머내'라는 마을기업을 세웠다.

표준사업비(98억 원) 중에 정부와 지자체가 78%를 보조해주는데, 이것저것 따지다 보니 실제 비용이 이것보다 훨씬 초과해 자기자본이 50억 원이나 들어갔다.

"발전기를 돌릴 때도 전기가 들어가요. 그러니까 전기가 적게 들어가도록 만들면 좋잖아요. 전기를 만들 때 펌핑을 하는 과정이 있는데 설계 단계에서 단차를 두고 공간 배치를 하면 펌핑

하는 에너지를 줄일 수 있어요. 그리고 아까 돼지 일교차 말씀드렸는데 미생물도 기온 차를 싫어해요. 기온 차가 심하면 메탄균의 활동력이 떨어져 발전 효율도 감소하기 때문에 벽 두께를 두껍게 했죠."

성우농장 플랜트는 하루 110t의 분뇨를 처리할 수 있다. 약 2만 5000마리의 배설량이다. 이 대표의 농장에는 7000마리뿐이므로 다른 곳에서 똥을 가져와야 한다. 그런데 여기가 어딘가. 바로 홍성이다. 홍성은 우리나라 양돈 사육두수로 따져 보면 단연 선두에 있다. 홍성엔 44만 마리의 돼지가 사는데 홍성의 인구가 10만 명이니 사람보다 돼지가 4배 더 많다. 2위인 경기 이천(30만 마리)보다도 월등하다. 이 대표는 인근 축사에서 톤당 3만 5000원을 받고 분뇨를 수거해 온다.

바이오플랜트는 2020년 말 가동을 시작해 2021년까지 시험 가동 중인데 2021년 말 기준으로 시간당 160kW의 전기를 만든다. 플랜트를 가동하는 데 150~200kWh의 전기가 드니 지금의 발전량으로는 배보다 배꼽이 더 크다고 볼 수 있다.

그래서 음폐수도 섞을 생각이다. 음폐수는 음식물 쓰레기에서 나오는 폐수를 말하는데 고약한 냄새가 말해주듯 유기물이 가득하다. 가스를 만드는 메탄균이 먹을 양식이 많아진다는 뜻이다. 법적으로 분뇨 바이오플랜트에서는 음폐수를 30%까지 넣을 수 있는데, 음폐수를 넣으면 시간당 400kW까지 전기를 만들 수 있을 것으로 예상된다. 또, 음폐수를 들여올 때는 처리비 명목으로 톤당 6만 원을 받기 때문에 경제성도 높다.

시간당 400kW면 쓰고도 남는 전기가 생긴다. 발전기 가동에 200kW, 농장에서 쓰는 전기가 100kW이므로 100kW가 초과생산된다. 남는 전기는 어디다 쓸까?

"농사용 전기가 유지되는 기간에는 플랜트가 만든 전기는 모두 한전에 팔고, 농장에서 필요한 전기는 한전에서 사서 쓸 거예요."

전기를 팔 때는 SMP 계통한계가격. 전력도매가로서 전기 1kWh를 생산하는 데 소요되는 비용이자 한전이 발전사로부터 전기를 구매하는 단가라고 하는 가격에 파는데 농사용 전기는 다른 용도의 전기보다 훨씬 싸기 때문에 그게 더 이득이라는 판단에서다. 하지만 농사용 전기 할인을 폐지해야 한다는 주장이 계속 나오고 있기 때문에 이런 방식이 계속되지는 않을 것 같다고 했다.

"농사용 전기 할인이 없어지면 그땐 플랜트가 만드는 전기를 농장에서 쓰고, 잉여전기를 팔 계획이에요."

SMP 가격은 시장 상황에 따라 변동하는데 2021년엔 kWh에 60원~100원 사이였다. 매일 24시간 한 달을 돌린다고 했을 때 약 580만 원 정도의 수익을 기대할 수 있다. 탄소중립 농장을 운영하면서 돈도 버는 구조다.

메탄가스를 뽑아내고 남은 분뇨로는 액비를 만든다. 액비는 홍성 인근에 있는 서산 간척지에 뿌려진다. 그러나 퇴액비를 활용하기 점점 어려워진다는 사실을 이 대표도 잘 안다고 했다. 농민들이 퇴액비보다는 일정한 품질에 냄새 걱정도 없는 화학비료를 선호하고, 무엇보다 농경지 면적 자체가 줄고 있어서다. 또한 한국 농지는 양분이 지나친 것이 문제여서 비료가 뿌려진 땅에 퇴액비를 추가하기도 어려운 상황이다. 이씨는 에너지 전환 관점에서 경작지 작물 체계를 바꿀 필요도 있다고 했다.

"예를 들어 한계농지(생산성이 떨어지는 농지)에 속성수를 심는 거예요. 억새 같은 속성수는 빨리 자라느라 일반 작물보다 비료 흡수량이 많아요. 또 나무는 온실가스를 흡수하잖아요. 이걸 키워서 20~30년 뒤에 목재 펠릿 같은 또 다른 재생에너지로 활용할 수도 있어요."

발전소에서 자연적으로 발생하는 열도 회수해서 쓸 수 있다. 이 대표의 마을기업은 300평 규모의 유리온실을 지어 겨울철 보온에 활용할 계획이다. 보온이 필요 없는 봄, 여름, 가을에는 폐열로 농산물을 말릴 수 있는데 구체적인 방안은 주민들과 논의해 결정하기로 했다.

돼지를 기르며 친환경 에너지 수급까지 고민하는 이 대표는 보기 드문 '의지의 사나이'임에 틀림없다. 동시에 친환경 축산업이 이렇게 강한 의지가 있어야만 가능한지 안타까운 마음도 든다. 그는 바이오플랜트를 만들 때 설비의 단열까지 감안해 지었는데 이를 두고 '경제적으로 보면 실수한 것'이라고 했다. 플랜트 건설에 투입된 자기자본을 매전 수익으로 나누면 반세기는 지나야 투자 원금을 회수할 수 있을지 모른다. 물론 음폐수 반입 수수료나 퇴액비 판매 수입 등이 있어 그보다는 덜 걸리겠지만 지구의 미래를 위한다는 결연한 의지가 있지 않고서야 선뜻 나서지 못할 것이다. 국내 분뇨 바이오플랜트가 2020년 기준 5곳, 통합(분뇨+음식물 쓰레기 등) 시설까지 합쳐도 50곳 남짓[5]인 건 결국 돈이 안 되기 때문이다.

독일은 초창기 바이오플랜트를 늘리기 위해 발전차액지원제도FIT를 활용했다. 정부가 정한 가격보다 싼 값에 재생에너지가 거래될 때 그 차액을 정부가 지원해주는 것을 말한다. 재생에너지 사업자 입장에서 보면, 정부가 정해진 가격에 전기를 사줄 것이란 믿음이 있기 때문에 투자에 대한 심리적 허들을 쉽게 넘을 수 있다. 그래서 선진국에선 재생에너지 보급 초기에 이 제도를 많이 활용했고, 한국도 도입했으나 2011년 폐지했다.

독일은 2000년 재생에너지법에 따라 FIT를 통해 재생에너지를 확대했는데, 특히 2004년과 2009년 분뇨를 사용하면 보너스를 주는 제도가 도입되면서 분뇨 바이오플랜트가 폭발적으로 늘어났다(이제는 시장 중심 제도로 바뀌는 중이다).

한국은 FIT가 폐지된 이후 재생에너지로 돈을 벌려면 한전에 전기를 팔거나 다른 발전사업자에 인증서를 팔아야 한다. 앞에서 SMP라는 단어가 잠깐 언급됐는데, 한전이 사들이는 전기 가격을 말한다. SMP는 시장에서 결정되는데 태양광으로 만든 전기든, 석탄으로 만든 전기든, 돼지똥으로 만든 전기든 같은 매매가가 적용된다. 누구라도 생산 원가를 최대한 낮춰 이윤을 극대화하고 싶을 것이다 그래서 '같은 가격에 팔 거면 누가 태양광과 돼지똥으로 전기를 만드나?' 싶을 것이다. 그래서 나온 게 '다른 발전사업자에게 인증서를 판다'는 부분이다.

한국에서 일정 규모 이상 전기를 만들어내는 발전사업자는 특정 비율 이상 재생에너지도 공급해야 한다. 이때 꼭 직접 재생에너지를 만들 필요 없이 다른 사람이 만든 걸 사도 된다. 예를 들면, A라는 석탄발전소가 바이오플랜트에서 만든 10MW어치의 인증서REC를 사고서 우리(석탄발전소)가 만든 것으로 치자는 제도다. 한전에 전기를 팔 때는 석탄이든 태양광이든 관계없이 똑같은 가격으로 판다고 했는데 인증서 즉, REC를 거래할 때는 에너지원에 따라 다른 기준이 적용된다. 이걸 'REC 가중치'라고 한다. 가중치가 2라면 사실은 1만큼 발전했어도 2만큼 발전한 걸로 친다. 당신이 태양광 발전을 하려고 하는데 가중치가 2배로 뛰면, 수익도 2배로 올라가는 셈이다. 가중치는 정부가 정한다. 가중치가 1보다 크면 정부가 장려한다는 의미로 읽을 수 있다. 2021년 7월 정부가 개정한 가중치에 따르면 태양광은 산지 훼손 논란을 낳은 임야 태양광과 대규모 태양광을 빼면 모두 1이

넘고, 해상 태양광은 2.5나 된다.

바이오가스의 가중치는 1이다. 축산업계에서는 축분을 에너지원으로 활용할 수 있도록 가중치를 올려 달라고 요구했지만 개정에 반영되지 않았다. 이 대표는 이에 대한 아쉬움을 토로했다.

"재생에너지의 대표적인 한계가 간헐성(기상 여건에 따라 발전량이 다른 것)과 저장 문제잖아요. 그런데 바이오가스는 그 두 가지 문제를 다 해결할 수 있어요. 언제든지 전기를 만들 수 있고, 메탄가스를 저장할 수도 있죠. 이런 장점을 인정해주지 않는 게 아쉬워요."

축산업자에게 '탈육식'을 묻는 건 조심스러운 일이다. 그렇지만 그의 생각이 궁금했다. 이렇게 애써서 에너지 전환을 꿈꾸는 이유도.

"온실가스 감축 차원에서 육식 감소는 받아들여야 한다고 생각해요. 하지만 더욱 정교한 논의가 필요하다고 봅니다. 먼저 우리의 현실을 반영한 탄소발자국을 정확히 측정할 필요가 있어요. 제가 시니컬하게 이야기할 땐 왜 초콜릿, 커피, 연어는 괜찮고 돼지고기는 안 되느냐고 되묻습니다. 하지만 이 질문이 푸드 시스템이 바뀌어야 한다는 당위성을 부정하는 것은 아닙니다. 저희 농장은 분뇨와 음폐수를 활용해 플랜트를 운영하면서 온실가스 중립으로 갈 수 있지 않을까 생각해요."

커피 향이 나는
축사

    충남 청양군에 있는 정진원 대표의 한우농장에서는 은은한 커피 향이 난다. 뭐, 축사에서 진짜 그윽한 아메리카노 냄새가 나겠느냐만 분명 여느 축사와는 다른 커피 향인 듯, 흙냄새인 듯한 냄새가 풍긴다.

    정 대표의 소 400마리가 싸는 분뇨는 가스로 거듭나지도, 발전기를 돌리지도 못하지만, 나름 소소하게 경축순환에 일조하고 있다. 성우농장의 바이오플랜트가 대형 블록버스터라면 정 대

---

* 참고: 〈커피 향이 나는 축사〉는 2019년 6월 내가 《세계일보》에 쓴 〈커피찌꺼기, 잘 쓰면 금쪽 같은 자원〉을 참고하고, 2년 뒤 추가 취재한 내용을 덧붙였다.

표의 한우농장은 저예산 독립영화 같은 느낌이다.

아주 먼 옛날부터 소똥은 묵혔다가 논밭에 뿌려 경축순환 농업을 해왔으니 별일인가 싶지만, 이 농장을 특별하게 하는 건 바로 커피다. 정 대표는 서울에서 커피찌꺼기(커피박)를 받아 이곳 농장에 뿌린다. 이 농장에 사는 한우 400마리는 톱밥 대신 커피 위에서 먹고, 자고, 볼일을 본다. 당신이 서울 종로·동작·구로·송파·강동·용산·중구에서 커피를 사 마셨다면, 그때 쓰고 버려진 커피가 여기 어딘가 깔려 있을지 모른다. 서울까지 가는 이유는 당연히 물량 때문이다. 그가 실어오는 커피찌꺼기는 연간 300t으로 2.5t 트럭을 이용하면 120번 그러니까 3일에 한 번꼴로 수거해야 하는 양이다.

처음에 그가 커피를 떠올린 건 순전히 냄새 때문이었다.

"축사가 있으면 냄새 난다는 민원이 많이 들어오거든요. 그런데 2017년 초 서울에서 수업 시간에(그는 2018년 2월 대학을 졸업한 젊은 목장주로, 가업을 잇고 있다) 우연히 기사를 하나 봤어요. 서울에서만 하루에 커피 찌꺼기가 150t 나온다는 거예요. 왜, 커피찌꺼기가 탈취 효과가 있다는 얘기가 있잖아요. 그거 보고 막무가내로 모 커피전문점에 갔죠."

커피전문점에서 레귤러 사이즈 아메리카노 한 잔을 만들 때마다 약 14g의 원두가 쓰고 버려진다. 커피찌꺼기로는 등산로에 깔린 데크나 고형연료(펠릿)를 만들 수 있다. 일반적으로 나무로 만든 우드펠릿은 kg당 3500~4000kcal의 열을 내는데, 커피찌꺼기는 기름 성분이 많아 발열량이 4500~5000kcal나 된다. 하지만 대부분의 커피찌꺼기는 그냥 종량제봉투에 담겨 버려진다. 수거 체계가 없기 때문이다.

기사를 본 정 대표는 커피찌꺼기를 조금 받아다가 축사 톱밥 위에 뿌렸다. 소들이 거부감을 갖거나 가루를 먹으면 어쩌나 걱정했는데 다행히 커피 위에서도 잘 지냈다. 무엇보다 악취가 좀 줄어드는 느낌이었다. 양을 좀 더 늘려봤더니 더 효과가 좋았다. 톱밥 대신 커피찌꺼기를 써도 되겠다는 확신이 든 그는 이번엔 다짜고짜 서울시를 찾아갔다. 매장마다 나오는 커피찌꺼기 양이 달라서 적게는 하루에 수 킬로그램에서 많으면 수십 킬로그램이 나오는데 그가 수백, 수천 개나 되는 매장을 일일이 찾아다닐 수 없으니 구청이 관내 커피 전문점에 찌꺼기만 따로 분리배출하라고 요청해서 쓰레기를 수거할 때 함께 모아주면 좋겠다는 바람을 전달하기 위해서였다.

"일단 담당과에 갔죠. 그런데 제가 뭐라고 시에서 협조를 해주겠어요. 그래서 일단 가서 보시라고 담당 과장님을 모시고 와서 설명했죠. 그분 입장에선 반강제로 오신 거죠. 고맙게도 구별로 모집을 받아주셨어요. 처음엔 5개 구가 지원했고, 2개 더 늘어서 7개 구가 됐죠."

그러나 또 다른 제약이 있었다. 청원군에서 '왜 다른 지역 쓰레기를 가져오느냐'며 반입 허가에 난색을 표한 것이다.

"커피박을 그냥 버리면 쓰레기니까 폐기물이잖아요. 폐기물이 오고가는 데 규제가 많더라고요. 서울시에서 성분 조사도 해서 유해하지 않다고 결과도 나왔는데도 그렇더라고요. 다행히 하루 10t은 규제가 덜한 편이었는데, 혹시 몰라 폐기물 반입신고도 했어요."

그렇게 반년 만에 그는 본격적으로 커피박을 축사에 깔기 시작했다. 2019년에 이어 2년 만에 다시 만난 정 대표는 여전히 서울에서 가져온 커피찌꺼기 위에서 소를 키우고 있었다.

"솔직히 귀찮죠. 커피찌꺼기를 담을 때 쓰레기는 넣지 말라고 해도 간혹 섞여 나오는 경우가 있어요. 그래서 (커피박 담은)

커피찌꺼기 위에 배를 깔고 앉은 송아지.

출처: 저자 촬영

비닐을 뜯어서 일일이 쓰레기를 골라내요. 소가 커피박을 먹진 않지만 혹시 비닐 같은 걸 보고 호기심에 삼키면 큰일이거든요. 그래서 톱밥이면 10~15분이면 깔 수 있지만 커피박은 작업 시간이 1시간은 더 걸려요."

그럼에도 그가 계속 커피찌꺼기를 쓰는 데는 냄새 저감 말고 또 하나 중요한 이유가 있다. 부숙이 잘된다는 것이다. 소똥은 돼지똥에 비해 냄새가 적어 기존 축사들은 소똥을 퍼담아 한편에 쌓아 뒀다가 퇴비로 쓰곤 했다. 그러나 아무리 냄새가 덜하다 해도 똥은 똥이다. 설익은(?) 똥을 잘못 뿌리면 동네에 악취가 진동했고, 그 때문에 민원이 끊이지 않았다. 이 문제를 해결하고자 축사면적이 일정 규모 이상인 농가는 퇴비부숙도 검사를 반드시 받도록 2015년 법이 개정돼 2021년 3월 25일부터 시행됐다.[6] 검사를 받지 않으면 최대 200만 원의 과태료를 내야 한다. 물론 '준비가 안 됐다', '경제적으로 부담된다'는 이유로 반대하는 축산농가가 많았다. 더구나 똥보다 오줌을 2배 더 싸는 돼지와 달리 한우는 똥을 오줌보다 1.4배 더 눈다.[7] 물기가 적고, 그마저도 톱밥에 흡수돼 액비화나 정화처리, 바이오가스를 만들기도 까다롭다. 그래서 소똥 처리엔 냄새 안 나는 퇴비를 만드는 게 최선인데 여기에 커피찌꺼기가 도움이 됐다.

"커피찌꺼기는 45일마다 새 찌꺼기로 갈아줘요. 걷어낸 건 이렇게 쌓아 두고요. 여기 만져 보면 뜨끈뜨끈함이 느껴지시죠?

발효가 되는 거예요. 톱밥 쓸 때보다 커피 쓸 때 부숙이 빨리 돼요. 요즈음은 부숙도 아주 중요한 문제예요."

충분히 숙성된 똥은 이제 퇴비다. 퇴비는 퇴비공장이나 인근 농가가 가져가는데 축사를 싫어하는 농부들도 퇴비만큼은 앞다퉈 가져간다고 했다. 정 대표도 축사 바로 옆에 있는 가족 논에다 소똥과 커피로 만든 퇴비를 뿌린다. 여기서 수확하고 남은 볏짚은 다시 소의 여물이 된다. '축사 수분조절제→퇴비→여물→축분→수분조절제→…'의 경축순환 구조가 만들어진 것이다. 여기에 도시의 커피찌꺼기까지 더해서.

커피찌꺼기를 쓰레기로 버릴 땐 톤당 8만~10만 원을 들여 소각하거나 매립해야 한다. 커피찌꺼기를 수거할 때 정 대표가 이에 준하는 처리비를 받을 수도 있지만, 찌꺼기를 수거하는 것도 퇴비를 나눠주는 것도 모두 공짜다.

"제가 서울시랑 얘기하면서 부탁한 게 하나 있어요. 이 퇴비로 기른 이곳 작물을 서울시에서 홍보 좀 해달라고 했죠. 선순환하는 거잖아요. 상생의 의미도 있고요. 커피전문점은 쓰레기 처리해서 좋고, 농민은 퇴비 무상으로 얻어 좋고."

쓰레기냐, 자원이냐는 의지에 달렸다.

메마른 땅에
벼농사 짓기

국어사전에서 '논'이란 단어를 찾아보자. '물을 대어 주로 벼를 심어 가꾸는 땅' 혹은 '물을 대어 벼를 재배하는 땅'이라는 설명이 나온다.

땅을 한 번 갈아서 흙을 잘게 부숴준 다음 찰방찰방 물을 채워 열맞춰 모내기를 하는 재배법은 나처럼 논밭을 고속도로 주변 풍경으로만 보고 자란 사람도 아는 상식이다. 이런 상식에 처음 금이 간 건 2020년 어떤 토론회를 보면서다. 한 농업정책연구소 소속 발제자가 "경운기로 땅을 깊이 갈면 토양이 침식되고 온실가스 흡수력도 상실된다"라고 했다. 이런 말은 '경운을 하지 않아도 가능한 농법'이 있으니까 하는 말 아닌가? 그런데 뒤이어

나온 농민대표 토론자는 이렇게 반박했다.

"트랙터를 안 쓰는 건 한국에 맞지 않아요. 현장을 아는 사람은 무경운 영농은 실패했다고 합니다. 그건 한국 지형에 맞지 않다는 게 증명이 됐어요."

이 말을 듣고 나는 역시 트랙터를 안 쓸 수 없다고 생각했다. 그런데 3개월 뒤 열린 다른 농업 관련 화상회의에서 무경운 농업 이야기가 또 나왔다. 한 시민단체 관계자는 "3~5월 많은 농업국가에서 경운을 하느라 대지에 갇혀 있던 온실가스가 대기 중에 방출돼 지구가 더워집니다. 벼농사할 때 연간 2~3번 땅갈이를 하는데 이걸 하지 않는 태평농법이 있습니다"라고 했다. 또한, 교수는 "원래 이앙법을 했던 게 아니라 200~300년 전에 퍼진 것이죠. 태평농처럼 물을 적게 쓰고 직파(씨앗을 바로 뿌림)를 하면 노동력도, 메탄 발생도 줄일 수 있습니다"라고 했다.

한마디로 한국에서 땅에 물을 대지 않고 볍씨를 직접 뿌려 쌀농사를 짓는 사람이 있다는 이야기다. 가을걷이를 앞둔 10월의 어느 날, 건답직파, 혹은 태평농이라고 하는 농법을 40년간 이어온 농부 이영문 씨를 만나러 경남 사천을 찾았다.

그가 알려준 주소지에 도착하자 귀여운 강아지가 처음 보는 나를 보고 겁도 없이 꼬리를 흔들며 다가와 발라당 드러눕는다. 강아지를 쓰다듬으며 창문 안을 들여다보는데 컴컴해서 잘 보이지 않는다. 전화를 거니 들어오란다.

"아니 불 좀 켜놓고 계시지. 아무도 안 계신 줄 알았어요."

그는 대답이 없었다. 머쓱해진 나는 간단한 인사를 마치고 바로 본론으로 들어갔다.

원래 논농사는 어떻게 지었을까. 국사편찬위원회의 인터넷 『조선왕조실록』을 보면 논은 수전水田, 밭은 한전旱田이라고 해서 다양한 기록이 남아 있다. 『세종실록』에서는 임금이 도승지에게 "모든 수전에는 물이 흡족하거든 종자를 뿌리면 좋은데 금년 봄은 어떤가"라고 묻고, 『문종실록』에선 임금이 도사(종5품 벼슬)에게 "수전을 할 만한 곳에는 모름지기 제방으로 물을 끌어들여서 농업을 일으키라"라고 당부한다.[8] 경운에 대해서도 선조 대의 한 신하가 "근래 국가에 일이 많아서 작년과 재작년에 백성들이 모두 경운하지 못한지라 금년의 농작은 크게 관계가 됩니다"라고 걱정하는 내용이 나온다. 조선시대에도 경운과 물대기는 있었다는 사실을 알 수 있다.

그런데 이 씨는 굳이, 왜 갈지 않은 마른 땅에 볍씨를 뿌리기 시작했을까. 일찌감치 온실가스 문제에 눈을 떠서? 농업의 기계 사용을 최소화하기 위해서?

그는 스스로 "배운 게 짧다"고 하면서 처음부터 기후 대응이라는 거창한 뜻을 품고 시작한 건 아니라고 했다. 하긴 그가 농사를 시작한 1980년대는 신문에 '지구온난화냐, 냉각화냐'란 기사가 실릴 정도로 기후변화의 실체가 수면 아래에 있던 시절이다.

그는 오히려 정반대 입장 즉, 농기계 회사에서 경력을 시작했다. 농기계 특허도 여럿 보유했으며 비교적 젊은 나이에 농기계 회사의 제품개선 위원이 됐다. 지금도 그렇지만, 1970~1980년대에도 농기계는 일제가 많았는데 이상하게 같은 기계도 한국에서 쓸 때와 일본에서 쓸 때 수명이 크게 차이가 났다. 일본에서 쓰는 농기계는 한국보다 2배 더 오래 갔다. 그 이유를 찾기 위해 땅을 임대해서 화학비료 투입량도 달리해 보고, 땅을 한 번만 갈 때와 두세 번 갈 때, 땅을 깊이 팔 때와 얕게 팔 때 등 여러 가지 상황을 대조해 실험했다. 그 과정에서 땅을 덜 가는 곳에서 오히려 작물이 잘 자라는 모습을 보고 본격적으로 농사를 짓고자 1980년대 말 아예 벼 전업농이 된다. 더 잘 팔리는 기계를 만들려고 농사를 시작했다가 기계와 작별하고 전문 농사꾼이 된 셈이다.

"처음엔 시행착오가 있었어요. 파종할 때 얼마나 뿌려야 하는지도 몰랐고, 이런 농법에 대해 자료도 없으니 다 경험으로 체득한 거지. 한 3~4년 지나니까 그다음부턴 자리를 잡겠더라고요."

일반적인 벼농사는 3월쯤 땅을 10~15cm 깊이로 파서 뒤집은 다음 해충이나 잡초를 막는 약을 뿌린다. 날이 더워지면 물을 대면서 모내기를 하고 틈틈이 해충을 방제한다. 날씨를 봐가며 물을 댔다 뺐다 하다 추수가 가까워지면 물을 완전히 뺀다.

태평농은 재배법이 전혀 다르다. 우선 가을에 보리나 밀을 파종한다. 이듬해 5~6월 밀과 보리를 수확할 때가 되면 땅에 호기성 미생물이 많아 흙이 부슬부슬해지는데 이때 볍씨를 뿌린다. 모종을 옮기는 게 아니라 말 그대로 씨를 그냥 뿌린다. 며칠 뒤 밀과 보리는 수확하고 짚은 그대로 남겨둔다. 짚은 분해되면서 땅에 양분을 공급하고, 또 잡초가 자라는 일을 막아준다. 지푸라기 사이로 빗물이 고여 다습한 환경이 되면 볍씨는 땅에 뿌리를 내리고 자라기 시작한다.

"보릿짚이 분해될 때 비누처럼 미끈미끈한 물질이 나오는데 이게 자연 제초제 역할을 해요. 또 썩으면서 유기물이 공급되니까 화학비료나 농약을 칠 필요도 없어요. 그러니까 노동력이 들어갈 일도 없는 거죠. 가장 많이 농사를 지을 때는 3만 6000평을 지었는데, 나 혼자서 다 했다니까요."

뒤늦게 안 사실이지만, 그의 농법은 1990년대 이미 여러 언론에서 소개가 됐다. 유기농이 대중적으로 알려지기 시작한 때라 주로 농약, 화학비료, 기계, 노동력이 들지 않거나 최소한만 필요한 '4무 농법' 측면에서 보도됐지만, 기후변화 시대에서 바라보면 온실가스도 크게 줄이는 효과가 있다.

물 담긴 논, 흙을 갈아엎는 경운이 왜 온실가스를 발생시키는지는 앞에서 자세히 언급했으니 여기서는 몇 가지 자료를 소개하려고 한다. 2019년 발표된 IPCC의 '기후변화와 토지 특별보고서'라든가 1~5차 보고서를 보면, 무경운이나 최소경운은 대체로 온실가스를 감축시켰고, 관개를 줄이는 데도 도움이 됐다. 여기서 '대체로'라고 한 것은 경운의 경우 땅을 갈지 않으면 메탄 발생이 줄고, 농기계를 쓰지 않아도 되니 이산화탄소 배출을 줄이는 효과가 있지만 또 다른 주요 온실가스인 아산화질소는 기후나 토양 상태에 따라 늘거나 줄기도 해서다. 그러나 경운과 메탄 발생 관계를 밝힌 239개 논문을 종합한 연구 결과를 보면, 경운을 중단한 뒤 아산화질소 배출이 늘어난 곳에서도 10년쯤 지나면 다시 배출량이 줄어든다고 한다.[9] 기계로 눌렸던 땅이 서서히 회복되면서 산소 유입이 많아져서 그런 것으로 짐작된다[10](기억을 떠올리자면, 산소가 없는 혐기 상태에선 메탄이, 산소가 있다 없다 할 땐 아산화질소가, 산소가 충분할 땐 이산화탄소가 만들어진다).

한국에서도 국립식량과학원이 2014~2015년 진행한 연구가 있다. '기존 벼재배 방식'이라고 할 수 있는 경운+이앙, 벼를 못자리에서 기르지 않고 질퍽질퍽한 논에 직접 볍씨를 뿌리는 경운+무논점파, 최소경운+건답직파 그리고 이영문 씨가 하는 방식인 무경운+건답직파를 비교했는데 '경운+이앙'의 메탄 발생량을 100이라고 하면, '최소경운+건답직파' 그리고 '무경운+건답직파'는 23 정도로 낮았다. 농민 입장에서 제일 중요한 건 쌀 생산량일 텐데 이 연구에서는 경운+이앙보다는 최소경운+건답직파, 무경운+건답직파의 생산량이 다소 적었지만 통계적으로 유의미한 수준은 아니었다. 사실상 별 차이가 없었다는 뜻이다.[11]

농촌진흥청과 강원대 연구진의 실험에서도 벼 재배할 때 논의 담수량을 절반 정도 줄인 경우 온실가스가 72% 줄어드는 것으로 나타났다.[12]

일흔을 내다보는 이 씨는 지금은 농사를 짓지 않고 태평농법 교육에 전념하고 있다. 농사는 아들이 이어받았는데, 본인처럼 게으르게 일한다고 했다.

"이건 한번 씨를 뿌리면 그다음엔 별로 손이 갈 게 없거든. 보통 논을 보면 일렬로 벼가 쭈르륵 심어져 있고 깔끔하잖아요? 근데 우리는 아침에 논에 가보면 위에 거미줄도 쳐 있고, 줄도 없이 비뚤비뚤해요. 그래도 그냥 둬요. 따로 약 칠 일도 없고 힘쓸 일도 없는데, 그런데도 우리 아들은 그것도 귀찮다고 드론을 사다가 그걸로 씨를 뿌리대."

이 씨 논에 기계가 들어오는 건 벼를 재배할 때만이다. 그런데 벼가 여기저기 어지럽게 자란 곳에서도 기계로 추수할 수 있을까?

"사람 머리가 일자로 열 맞춰 나요? 그냥 막 났어도 바리캉으로 미는 데 아무 문제없잖아요?"

이쯤 되면 의문이 고개를 든다. 정말 노동력도 안 들고, 농약·비료 값도 덜 들고, 온실가스도 줄이고, 더구나 생산량에도 차이가 없다면 왜 태평농 혹은 건답직파가 대세가 되지 않는가.

태평농업으로 기르는 벼. 여느 논과 달리 잡초처럼 곳곳에 벼가 자라고, 위로는 거미줄이 걸려 있다.

출처: 이영문 씨 제공

이씨가 나에게 뭔가 숨기고 있는 게 아닐까라는 합리적인 의심이 들기 시작했다. 그는 "지역 농업 지도기관에서 농약과 비료를 팔기 위해서 나처럼 농사짓는 사람을 왕따시킨다"라고 했지만 내 농촌 지식이 깊지도 않고, 어쩐지 음모론처럼 들리기도 해서 어디까지 사실인지 알 수 없었다. 그래서 다른 전문가를 찾았다.

수원대 이원영 교수는 벼농사 실험재배를 하고 있다. 원래 방식대로 짓는 관행농과 이영문 씨 방식의 건답직파, 그리고 그 중간 형태로 재배 중이다. 그에게 여전히 농민들이 관행농을 따르는 이유를 물었다.

"관행농에서 무경운 건답직파로 넘어가는 전환기가 어려워요. 관행농으로 기르던 땅에 갑자기 태평농을 하게 되면 잡초가 많이 나는데 벼가 어릴 때는 잡초인지 피인지 구분이 안 돼요. 그래서 시작하고 한 2~3년은 약도 치고 해야 하고 고비가 좀 있어요. 그동안에는 엄청난 생산량 감소를 겪어야 되죠. 잘하면 그런 과정 없이도 무경운으로 넘어갈 수 있다고는 하는데, 기술적으로 쉽지 않아요."

그는 정부 정책도 바뀔 필요가 있다고 했다.

"예전에는 수확량을 늘리는 게 제일 중요한 과제였겠죠. 그렇지만 이제는 질이나 환경도 생각할 때잖아요."

무경운이 논에만 적용되는 건 아니다. 밭도 땅을 갈지 않고 농사를 지을 수 있다. 이영문 씨는 밭작물도 궁합이 잘 맞는 것끼리 기르면 사람이 인위적으로 교란을 일으켜 농사를 지을 필요가 없다고 했다. 땅을 갈거나, 농약이나 비료를 치거나, 비닐로 흙을 덮는 멀칭도 필요 없다는 것이다.

"고추랑 열무, 마늘이랑 상추 뭐 이렇게 짝이 맞는 것끼리 기르면 인위적으로 뭘 할 필요가 없어요. 왜 자꾸 화학적인 걸 뿌리고, 자재 장사가 이쪽으로 들어오고 하는지 모르겠어요. 기후변화가 걱정되면, 기후에 변화가 없도록 해야 하는 거 아니에요?"

"만약에 정책을 하나 만들 수 있다면, 어떤 정책이 있었으면 하세요?"

"탄소배출권. 무경운 건답직파해서 온실가스를 감축하는 만큼 탄소배출권을 주면 좋겠어요. 태평농에 대해서 기대를 갖게 해야지."

미국에서는 탄소 배출을 줄이는 농민이 탄소배출권을 팔 수 있다.[13] 마이크로소프트는 2021년 1월 농업 기반의 20만 탄소배출권(1배출권은 이산화탄소 1t을 의미)을 비공개 가격에 샀다. 미국에서도 일반 농민이 배출권을 확보하는 절차가 복잡하다는 지적이 있어 이를 개선하는 법안도 통과됐다. 호주에서도 비슷한 제도가 시행된 적이 있다.[14]

한국도 온실가스 감축에 인센티브를 주는 정책이 있다. 먼저 저탄소 농축산물 인증 사업으로, 유기농축산물처럼 인증을 해주는 제도가 있다. 그리고 탄소 배출을 1t 줄일 때마다 1만 원의 인센티브를 주는 자발적 감축사업이 있다. 이 씨가 말한 탄소배출권을 주는 사업도 있다. 그런데 그 실적은 처참해서 듣는 이를 숙연하게 만들 정도다.

2020년 저탄소 인증을 받은 농가는 약 4700곳으로 전체 농가의 0.5%뿐이고,[15] 자발적 감축사업은 2019년 12건 82농가(하나의 사업에 여러 농가가 참여하는 경우가 있어 건수와 농가 수가 차이가 난다), 2020년엔 35건 221농가였다. 담당 공무원조차 무안했는지 "수치를 말씀드리기가…… 이게 얼마 안 돼서요. 그래도 꾸준히 늘고 있습니다"라고 했다.

탄소배출권도 마찬가지다. 일반적인 농가는 덩치 큰 기업들이 참여하는 '배출권거래제' 대신, 2부 리그 성격의 '배출권거래제 외부사업'에 참여하게 되는데 2021년 여기에 등록된 농가는 195개다. 아무리 농가 수가 줄었다고 해도 전국에 100만 호가 있는데 온실가스 감축에 참여하는 건 몇십, 몇백, 몇천 단위다. 신청절차가 복잡하거나 제도 홍보가 안 됐다는 얘기다. 그리고 홍보는 대개 정부의 관심도를 반영한다.

대화를 마치고 자리에 일어서다가 처음부터 궁금했던 질문을 던졌다.

"그런데 불은 왜 안 켜고 계신 거예요? 금방 눈이 적응해서 괜찮긴 한데 처음에 들어왔을 땐 아무도 안 계신 줄 알았어요."

그가 의미심장하게 웃으며 갑자기 리모컨으로 TV를 켰다.

"이거 여기서 만든 전기예요. 우리는 한전 전기 안 써요. 위층에 전기요가 있는데 그것만 한전 전기를 쓸까? 여기 불은 저기 있는 저 센서가 설정된 조도를 감지해서 켜지는 거예요."

둘러보니 3층짜리 건물에는 창가에, 옥상에 태양광 패널이 설치돼 있었다. 보통 태양광 전기를 쓰려면 직류를 교류로 바꾸는데 이때 전력손실이 발생한다. 그는 직접 만든 장비를 이용해 직류 전기를 그대로 쓴다고 했다. 기후변화가 걱정되면 기후에 변화가 없도록 하라는 그의 말이 예사로 들리지 않았다.

수직농장에
답이 있다?

이주가 완료된 후 호주의 인구밀도가 $1km^2$당 500명 남짓으로 이주 전 일본의 인구밀도보다 조금 높은 정도였다. 인류는 호주에서 고효율의 농업 공장을 기반으로 생존할 것으로 예상했다. 이민 기간 동안 농업 공장이 호주로 대거 이전하고 일부는 이미 다시 지어져 있었다. … 자연적인 햇볕으로는 이렇게 빠른 생장에 필요한 에너지를 충분히 공급할 수 없기 때문에 인공으로 만든 초강력 조명을 사용했다. 물론 이런 조명에는 대량의 전력이 필요했다.[16]

중국의 유명 SF작가 류츠신劉慈欣의 『삼체』는 11차원과 2차원을 오가는 양성자(이 단어를 쓰면서도 무슨 말인지 모르겠다)로

지구를 정복하는 외계 문명과 그에 맞서는 지구의 운명을 그린
다. 지구인은 호주로 강제 이주되고 살아남은 인간들은 식물 공
장에서 농작물을 빠른 속도로 대량 생산한다. 외계인 침공이란
설정을 기후변화로 바꾸면 지구인의 먹거리 생산 방식도 이와
비슷해질지 모른다. 작물의 생육 한계선은 극지를 향해 올라가
고, 궁지에 몰린 인간은 결국 수직농장에서 식량을 기르게 될 것
이란 이야기는 낯설지 않다.

생육 조건을 철저히 통제하는 수직농장은 미래 기술 같지
만, 사실 인간은 오래전부터 변덕스런 날씨를 통제하고 싶어 했
다. 제일 먼저 온실을 만든 인물은 로마 황제 티베리우스Tiberius
Caesar Augustus(서기 14~37년 재위)로 알려져 있다. 어떤 데서는 그가
매일 오이에 이상할 정도로 집착했다고 하고, 어떤 데서는 황실
의사들이 건강을 위해 그에게 매일 오이를 먹도록 권했다고 한
다.[17, 18] 아무튼 그는 매일 오이를 먹었는데, 1년 내내 황제에게
그 식물을 진상하려면 노지 재배로는 불가능했다. 그래서 정원사
들과 당시 공학자들은 수레에 반투명 재질로 지붕을 만들어 초
보적인 단계의 미니 온실을 탄생시켰다.

〈브리태니커 백과사전〉에서 온실에 대해 찾아보면 곧바로
17세기 이야기부터 시작하는데, 사실 티베리우스와 17세기 온
실 사이에 나오는 두 가지 중요한 온실 기록이 있다. 하나는 바티
칸이고, 하나는 놀랍게도 조선이다. 바티칸에서는 13세기 이탈리

아 탐험가들이 가져온 열대작물과 식물을 진열하기 위해 온실을 지었고, 조선의 온실은 1450년에 편찬된 『산가요록』이라고 하는 책에 소개돼 있다. 여기에는 온실 만드는 법에 대해서도 나온다.

> 제일 먼저 임의의 크기대로 집(온실)을 짓되 3면을 쌓아 가리고 종이를 발라 기름을 먹인다. 구들을 놓되 연기가 새어나오지 않게 하고 온돌 위에 한자 반 높이의 흙을 쌓고 봄나물(채소)을 심는다. … 날씨가 심하게 차가워지면 반드시 편비개(오늘날의 멍석과 같은 농사도구)를 두텁게 덧대어 창을 가리고 날씨가 따뜻하게 풀리면 철거한다.[19]

『산가요록』의 온실은 단순히 햇빛을 가두는 데 그치지 않고 가온 기능까지 갖췄다는 점에서 앞선 기술일 뿐 아니라 기존 서구 위주의 온실 역사 기록에 아시아의 이야기를 더했다는 점에서도 높은 평가를 받는다.[20]

17세기부터는 네덜란드와 영국 등 유럽에서 부유층을 중심으로 온실을 사용했다. 그리고 산업혁명으로 유리 가격이 내려가면서 일반 농민들도 온실을 사용할 수 있었다. 처음 온실이 비와 바람을 막고 햇볕을 오래 유지시키는 수동적인 역할에 그쳤다면 요즘엔 히터로 온도를 올리고, 더우면 팬을 돌려 열을 식히고, 습도를 조절하는 식으로 더욱 적극적으로 날씨를 조절한다. 여기서 더 나아간 게 〈한국 농촌이 비닐밭인 이유〉 편에서 소개한 칠곡의 딸기 하우스(210쪽)처럼 흙 대신 딸기에 필요한 비료만 물에 풀어 키우는 양액 재배다. 비와 온도, 바람, 습도, 그리고 땅까지 인간이 통제하게 됐다. 이제 남은 건? 햇빛이다. 삼체의 식물 공장처럼 인공조명을 사용하면 인공 재배의 마지막 퍼즐인 햇빛마저 사람 마음대로 조절할 수 있다.

가을비가 부슬부슬 내리던 10월의 어느 날, 식물 공장의 '실사판'을 보기 위해 경기도 평택의 팜에이트를 찾았다.

무미건조한 조립식 공장이 지루하게 줄지어 있는 고속도로를 지나 비닐하우스가 도열한 좁은 도로를 따라가니 왼쪽에 팜에이트 본사가 보였다. 언뜻 평범한 창고형 건물 같아 보이는데 안쪽에 청록색 컨테이너와 유리로 된 좀 더 모던한 건물이 모습을 드러냈다.

팜에이트의 플랜티팜은 우리나라에서 가장 규모가 큰 수직 농장 회사다. 입구엔 자동문이 두 개 있었는데, 한 직원이 나오면서 문이 열리기에 얼른 들어가려 했더니 나를 막아섰다. 좀 무안한 상태로 인터뷰를 약속한 직원이 나올 때까지 기다렸다가 신발을 갈아 신고, 에어커튼을 통과해 안으로 들어갔다. 플랜티팜이 출입을 통제하는 건 바로 여기서 식물들이 자라고 있어서다. 실내로 들어서자마자 2층짜리 농장이 거대한 위용을 자랑한다. 전시용인가 싶었는데 판매용으로 재배되고 있었다.

팜에이트의 플랜티팜.

출처: 저자 촬영

채소들은 흡사 인큐베이터 속 신생아처럼 모든 걸 사람에게 맡긴 채 보랏빛 조명을 받으며 열심히 자라는 중이었다. 인터뷰를 하러 들어간 회의실 벽에는 남극 세종기지 전단이 붙어 있다. 남극에도 실내 농장이 설치됐다더니 이 회사의 것이었다.

팜에이트는 2004년 샐러드 채소를 키워 유통시키는 회사로 설립됐다. 그러다 보니 채소를 안정적으로 공급할 필요가 있었고, 스마트팜으로 사업 영역을 확장했다.

"여름에 보면, 상추가 1만 원에서 갑자기 4만~5만 원으로 뛰고 그러거든요. 그런데 샐러드를 공급하는 입장에서 상추 가격이 네다섯 배로 뛰었다고 샐러드 값을 네다섯 배 높게 받을 순 없잖아요. 그래서 연중 균일하고 안정적으로 생산할 수 있는 시스템을 들이게 된 거죠."

직원의 말이다.

플랜티팜이 주로 생산하는 채소는 엽채류 중에서도 비교적 고부가가치 작물이다. 로메인과 이자벨, 이자트릭스, 스텔릭스, 카이피라 같은 채소 이름인지, 사람 이름인지 모를 샐러드 재료들이다. 수직농장 한 층은 6단으로 구성됐는데 바닥 면적 100평 (즉, 연면적 600평)당 한 달에 80t을 재배할 수 있단다.

일본에선 수직농장을 식물 공장이라고 부르는데[21] 공장식 축산과 마찬가지로 식물 공장은 생산성 향상과 대형화를 지향한다.

"수직농장은 영양분부터 빛까지 다 사람이 조절하기 때문에 수확주기도 빠르고 생산량도 더 많아요. 생산성을 비교하면 노지 대비 40~50배 정도가 더 높습니다. 그런데 시설비가 좀 들죠. 아직은 많이 비싼 편이에요. 백화점이나 마트에서 인테리어형으로 설치하기도 하는데, 본격적으로 수익을 내기보단 신선하고 깨끗하게 재배된다는 걸 보여주려는 목적이 더 크죠. 학교도 교육용으로 들이는 곳도 있고, 베란다형도 있긴 있어요."

"아, 저도 얼마 전에 어떤 집 베란다가 밤에 보라색 불빛을 띠는 걸 봤어요. 그게 뭘까 궁금했는데 아마 베란다형 수직농장이었나 보네요."

"어쩌면요. 그런데 개인이 하기에는 비용 부담이 커요. 베란다형은 평당 700만~800만 원이고, 대규모로 가야 평당 500만 원으로 떨어져요."

"아, 네. 그럼 최소 어느 정도 규모로 설치해야 수지가 맞다고 보나요?"

"아무리 작아도 최소 100평 이상은 돼야 할 거예요."

최근 LG에서 출시한 초소형 와인 냉장고 크기의 식물재배기도 150만 원 정도 한다. 수직농장은 초기 자본도 많이 드는데다 A부터 Z까지 제어하려면 특화된 기술도 필요하다. 이렇다 보니 수직농장은 같은 농업이되 기존의 농촌이나 농민이 쉽게 진입할 수 있는 분야가 아니다. 여기서 자라는 푸른 잎을 보고도 뭔가 낯선 느낌이 든 건 아마 이런 상황 때문이리라. 농업인데(이 회사의 업종은 시설작물 재배업이다) 농업보다는 제조업 같은 느낌이 크다.

하지만 인위적인 생육 환경 덕에 수직농장은 남극부터 사막까지 어디서든 작물 재배를 가능하게 한다. 〈마션〉이나 〈스토어웨이〉 같은 SF영화에는 우주에서 식물을 기르는 장면이 종종 나오는데, 실제 국제우주정거장ISS에선 진작부터 각종 식물을 길렀다. 요즘 한국에서 수직농장 기사를 검색했을 때 자주 나오는 장소는 땅속, 즉 지하철 역사다. 서울에는 2021년 말 기준으로 상도역과 천왕역, 답십리역 등 5곳에 '메트로팜'이 있다. 기사에서는 지하 역사가 단열이 잘돼 온도 유지가 잘되는 걸 장점으로 꼽는다. 어차피 '실내' 농장인데, 지하까지 들어올 필요가 있었을까?

"외부 기온에 노출이 덜 되는 환경이라면 아무래도 전력 소모가 줄겠죠. 그런데 홍보 효과를 고려한 결정이기도 해요. 사실 지하철은 안전 기준이 높아서 공사하기 어려운 공간이에요. 하다못해 전기선도 불연성을 써야 한다는 식이어서 자재비도 많이 들고, 공사도 더 어렵죠. 공간이 그리 넓지도 않고요. 그런데 사람이 많이 지나다니는 곳이니 홍보 효과는 좋죠. 실제로 저희도 메트로팜을 구축하고 나서 이렇게 취재도 나오시고, 해외에서도 문의가 오고 그래요."

어쩐지, 방송 취재진에 외부 손님까지 붐벼 속으로 날을 잘못 골랐다고 여겼는데 그게 아닌 모양이다.

이곳에서 키운 채소는 샐러드로 가공돼 완제품 형태로 팔리거나 식자재로 납품된다. 현대백화점이나 홈플러스, 롯데마트에서 샐러드를 샀거나 서브웨이 샌드위치, 버거킹 버거를 먹었다면 팜에이트 채소를 먹었을 가능성이 크다. 이곳 제품은 모두 B2B나 B2C로 거래돼 가락시장으로 가는 물량은 없다. 특별한 사고가 발생하지 않는 한 사시사철 안정적으로 채소를 길러 안정적으로 납품할 수 있다. 그 덕에 이 회사 매출은 2015년 193억 원에서 2020년 532억 원(이 해에 분할한 플랜티팜 매출까지 합하면 614억 원)으로 늘었다.[22]

정부는 2009년부터 원예시설 현대화 사업을 추진해왔다. 사업 내용은 다양한데, 크게 보면 현대적이고 자동화된 시설을 지향한다. 2019년부터는 스마트팜을 따로 떼어내 별도 사업으로 진행하고 있다. 온실의 스마트화나 수직농장이 여기 포함된다. 2022년까지 7000ha(온실 기준)를 보급한다는 계획인데 2020년까지 5985ha를 보급해 목표 달성은 무리 없어 보인다.

좋다. 공부하고, 일하고, 먹고, 노는 것까지 모두 스마트해지는 이 시대에 농업이라고 예외란 법은 없으니. 더구나 농촌 일손이 줄고, 기후변화로 노지 재배 생산성이 자꾸 떨어지는 상황을 감안하면 수직농장은 불가피한 선택으로 보인다.

문제는 류츠신의 말처럼 '대량의 전력이 필요하다'는 점이다. 여기서 전력이 필요하다는 건, '전기차가 전기를 먹는다'는 것과 의미가 좀 다르다. 전기차는 화석연료(휘발유·디젤차)를 전기로 대체하는 것이지만, 수직농장의 전력은 새로이 추가되는 것이다. 식물이 살아가려면 잎으로는 햇빛과 이산화탄소를 받아들이고, 뿌리로는 물과 영양분을 빨아들여야 한다. 수직농장은 이 모든 걸 사람이 제공한다.

햇빛을 대신하는 건 LED다. 백열등이나 형광등, 할로겐등을 써도 되지만, LED가 에너지효율도 좋고 수명이 길기 때문이다. 그리고 무엇보다 식물을 조절할 수 있다. 잠깐. 조절이라니? 알다시피 식물 광합성은 엽록소에서 일어난다. 엽록소는 좋아하는 파장이 있다. 그런데 LED는 특정 파장만 정확히 만들어낼 수 있다. 이런 성질을 이용해 작물이 언제 꽃피울지, 비타민과 항산화 물질 함량은 얼마로 할지, 유통기한은 더 늘릴지 줄일지, 작물의 색깔과 수확량은 물론 맛도 조절할 수 있다. 미시건 주립대 에릭 런클Erik Runkle 교수 연구팀이 수행한 연구를 보면, 빨간색을 내는 파장을 120μmol(마이크로몰), 파란색을 내는 파장을 60μmol에 맞춰 상추를 기르면 조그만 적상추가 되지만, 파란빛 대신 같은 강도의 초록색 파장 아래 자란 상추는 꼭 로메인상추처럼 크고 녹색을 띤 상추로 자란다.[23, 24]

하지만 이런 LED도 발열은 피할 수 없다. 다른 인공조명에 비하면 그나마 나은 편이지만, 책상 위 LED 스탠드처럼 오래 쓰면 따뜻해지는 건 어쩔 수 없다.

"LED만 그냥 계속 켜두면 실내 온도가 40도 가까이 올라가요. 그걸 식히기 위해서 공조설비가 들어가는데 에어컨으론 안 되고 대형 공조시설이 필요해요. 강원도처럼 겨울에 추운 곳은 겨울철 난방도 필요할 수 있지만 보통은 그렇지 않고 냉방이 주예요. 그렇다 보니 전기 사용량이 꽤 되죠."

내가 방문한 건물에는 바닥 면적 500평짜리 수직농장이 2개 층에 걸쳐 있었는데, 쉽게 말하면 푹푹 찌는 2층 건물에 연중 에어컨을 돌리는 셈이다. 가장 더운 8월 이곳에서 사용되는 전력량은 18만kWh다. 사업장과 가정을 나란히 비교하는 게 썩 타당해 보이지는 않지만 18만kWh가 얼마만큼인지 감이 잡히지 않아 가구당 평균 전력사용량을 살펴봤다. 서울의 가정집에서는 8월에 평균 300kWh의 전력을 쓴다.[25] 그러니 18만kWh란

600가구의 한여름 전력소모량이라고 보면 되겠다.

또 수직농장에서는 물과 흙을 대신해 양액을 사용한다. 흙에다 키우면 바이러스와 병균 관리가 어렵기 때문이다. 식물에 필요한 성분을 물에 녹여 배관을 통해 순환시킨다. '철저히 통제된 수경재배' 환경은 '뜨거운 아이스 아메리카노'나 '차가운 핫초코'처럼 어쩐지 모순적인 상황으로 이어진다. 해충이나 잡초에서 자유롭기 때문에 농약은 일절 쓰지 않지만(100% 무농약!), 화학비료 없인 살 수 없는(100% 화학농!) 것이다. 그리고 앞서 말했듯 화학비료 제조에는 상당한 에너지가 투입된다.

이산화탄소도 넣어주어야 한다. 식물은 대기 중 이산화탄소를 빨아들이지만, 외부 공기가 통하지 않는 수직농장에선 이산화탄소를 공급해줘야 한다. 플랜티팜에선 이산화탄소 제조공장에서 사온다. 어차피 수직농장을 '닫힌 계'라고 보면, 여기에 들어가는 이산화탄소는 100% 작물에 다 흡수되겠지만, 바깥에선 남아돌아서 골치인 이산화탄소를 이곳에선 사다 먹어야 한다는 게 특이하게 느껴진다.

이렇게 수직농장은 에너지 집약적으로 작물을 기르지만, 이걸 비교 평가할 기준이나 근거는 없다. 생산성 대비 에너지를 많이 쓴다고 봐야 할지, 생각보단 양호하다고 봐야 할지, 또 노지재배나 일반 시설(하우스) 재배에 비해 단위 면적당 전력을 많이 쓰는지 아닌지 판단할 기준이 없다. 수직농장의 에너지 사용에 대한 연구는 거의 진행된 게 없기 때문이다.

수직농장(혹은 스마트팜)의 평균 에너지 사용에 대한 정보를 찾아 농림축산식품부 과학기술정책과에서 시작해 "저희는 그런 업무를 하지는 않고요, ○○과에 문의하시면 답변을 들으실 수 있을 거예요."라는 대답을 들으며 연결, 연결을 거쳐 한 열 번째쯤 손을 거쳤을 때 겨우 시설농업에 관한 정보를 얻을 수 있었다. 그리고 한 번 더 연결된 국립농업과학원 관계자와의 전화통화에선 수직농장에 관한 에너지 정보는 찾을 수 없을 거란 이야기를 들었다.

"체계화된 공정이 있거나 시설 표준화가 된 게 아니잖아요. 그러니까 원하시는 자료는 구하실 수 없을 거예요. 학계에도 없는 걸로 알고 있어요"

외국에도 관련 연구가 많다고 볼 순 없다. 호주와 뉴질랜드 학계와 언론인이 협업해서 만든 《더 컨버세이션》이라는 매체의 한 기사는 양상추 재배 면적 제곱미터당 연간 에너지 사용량이 가온 기능을 갖춘 일반적인 온실에서는 250kWh인 데 비해 수직농장에서는 3500kWh에 달한다고 전한다.[26]

하지만 여기에 쓰인 자료들의 발간 기관도 서로 다르고, 연구 간 시차도 많이 벌어져 수직농장이 에너지가 많이 든다 정도로만 받아들이면 될 것 같다.

그러나 수직농장도 얼마든지 탄소중립에 가까워질 수 있다.

덴마크의 농업 스타트업 노르딕 하베스트는 코펜하겐 인근에 커다란 수직농장을 세웠다. 7000m²에 14개 단으로 구성된, 규모 면에서 세계 최대 수준이다. 이 업체는 100% 풍력 전기를 쓰고, 화학비료 대신 미생물비료bio fertilizer를 쓴다고 홍보한다.[27, 28] 수직농장은 대도시나 그 주변에 설치할 수 있어 수송 과정에서 배출되는 온실가스를 줄인다는 이점도 있다.

플랜티팜도 태양광 발전이나 아파트 난방용 폐열을 냉방에 활용하는 방법, 수소 생산 시 발생하는 이산화탄소를 쓰는 법을 검토 중이다.

"저희 농장에서 탄소배출이 얼마나 되는지 계산된 자료는 없어요. 그렇지만 ESG에 대한 사회적인 관심이 커지고 있어서 여러 가지 논의하고 있는 건 있어요. 탄소중립까지 보고 있진 않지만요."

정부에 수직농장의 에너지 사용에 관한 정보를 물었을 때 가장 많이 들은 대답은 "수직농장은 아직 초기 단계여서⋯⋯"였다. 스마트팜에 관한 연구개발 사업을 찾아봐도 무인자율형 모델 개발이나 로봇 개발 같은 기술에 관한 내용이 대부분이다. 기후변화 때문에 수직농장이 필요하다고 말하면서, 정작 기후변화에는 무관심한 게 아닌가 걱정된다. 수직농장이 기후위기 시대에 어울리는 대안이 되려면 에너지에 대한 고민을 함께 가져가야 한다. 거대한 덩치의 에너지 포식자가 되지 않으려면 말이다.

배에도
테슬라가 있다

나는 가수 서태지의 광팬이었다. 콘서트가 끝날 때쯤이면 반실신하는 그런 부류 말이다. 서태지가 22살에 하여가를 들고 나왔을 때 팬이 됐는데 그에게 빙의한 나머지, 나도 22살이 되면 뭔가 대단한 사람이 돼있을 줄 알았다.

안타깝게도 그런 일은 일어나지 않았고, 대신 유명인이나 잘나가는 사람을 보면 내 나이와 비교해보는 버릇이 생겼다. 그 사람이 나보다 나이가 많으면 아직 늦지 않았다는 희망을 품고, 나보다 어리면 역시 나는 틀렸다고 낙담하는 식이다. 자기 발전에도, 정신 건강에도 도움이 되는 것 같지는 않다.

이노마드의 박혜린 대표는 나를 낙담하게 만드는 사람이다.

85년생인 그는 서른 살에 창업한 '사장님'이면서 녹색성장위원회, 탄소중립위원회 등에서도 활동했다. 내가 그를 보며 특별하다고 느낀 부분은 그가 사업 아이템을 고르는 방식에 있다. 그는 탄소 저감이라는 가치를 추구하면서 동시에 그것을 통해 수익을 창출하고자 한다.

박혜린 대표는 전기배에 크게 매력을 느꼈다. 어선계의 테슬라를 꿈꾼달까. 연안에서 조업하는 5t 미만의 소형 어선을 기름이 아닌 전기로 다니도록 하는 것이다. 실제 제원도 테슬라 모델 3과 비슷하다.

한 번 나가서 4~5시간 정도 고기를 잡고 돌아와 4시간 정도 충전하면 완충이 된다. 고압으로는 1시간 반이면 충전된다. 차와 마찬가지로 디젤엔진을 쓰는 배보다 승선감이 뛰어나고, 센서와 IT 기술을 융합해 자율주행이 가능한 '스마트 선박'이 될 수도 있다.

이노마드를 창업했을 때부터 전기배 사업을 했던 건 아니다. 그는 부산에서 대학을 다녔는데 그래서일까, 대학생 논문 공모에서 '글로벌 경쟁력 향상을 위한 조선산업의 친환경 공급망 시스템 도입 제안'을 주제로 수상했다고 한다. 그가 봤을 때 육상에서 할 수 있는 에너지 저감, 전환 기술은 이미 충분히 개발된 반면, 해상 수송 부문은 회색 지대였다.

'전력망 없는 오지에서 전기를 쓸 수 있는 방법'을 고민하던 그는 흐르는 물에 담그면 전기가 만들어지는 세계 첫 휴대용

수력발전기 우노를 만들었다(그의 우노 발명기는 이미 기사로도 많이 나왔으니 더 자세히 알고 싶으면 인터넷을 검색해보길 바란다). 이걸로 2017년 《포브스》가 선정한 '아시아 태평양 지역 30세 이하 리더 300명'으로 뽑혔고, 대통령도 만났다(난 여태 뭐했나……).

우노는 유속에 비례해 전기를 만든다. 반대로 말하면, 전기가 만들어지는 패턴으로 유속을 알 수 있다는 얘기다. 만약 우노를 배에 부착해 곳곳에 띄운다면 동력 없이도 데이터를 얻을 수 있지 않을까. 미국 해군 산하의 한 연구소에서 이런 점에 착안해 우노로 유속 데이터를 얻고 싶다는 제안을 해왔다. 그래서 배에 우노를 붙여 수자원 모니터링을 하게 됐는데 그러다 보니 자연히 배에 눈이 갔다.

"배에서 배출되는 탄소에 대한 대안이 없다는 생각을 하게 됐어요. 곧 해상 수송도 순배출 제로화 이야기가 나올 텐데, 그러면 이것도 시장이 되겠다 싶었죠."

박 대표는 2019년부터 시장조사에 들어가 2020년은 오롯이 전기배에 모든 걸 바쳤다.

"제가 2020년에는 엄청 배에 미쳐서 주말마다 어촌계에 가서 배에 대해서 알아보고, 어민들 만나서 수요 조사도 하고, 뭐가 필요한지, 어떤 조건에서 전기배로 바꿀 건지 물어보고, 수협에 가서 금융지원은 뭐가 가능한지, 보험 이런 것까지 다 알아봤어요. 정말 매주 내려갔던 것 같아요. 준비는 다 끝났어요. 2021년

10월에 파일럿 만들어 띄우는 일만 남겨두고 있었죠."

우리나라 연근해 어선은 소형어선이 유독 많다. 연근해 어선의 94%, 3만 8000대가 소형어선으로 분류되는 10t 미만이다. 연근해어업에서 쓰는 기름은 한해 600만~700만 배럴[29]로 올림픽 규격 수영장 380~450개를 채울 만큼 사용된다.

어선 수가 많은 것도 있지만, 워낙 노후해서 그렇기도 하다. 자동차처럼 배도 나이를 먹을수록 연비가 떨어진다. 국내 연근해 어선은 마치 어촌 고령화를 대변하듯 노후화가 심각하다. 2000년엔 45%가 5년 이하 '신상'이었던 데 비해 2010년엔 5년 이하 선박 비중은 18%로 줄고, 11~15년 이하가 31%로 가장 많게 된다. 2020년엔 16~20년짜리가 대세다. 현재 우리나라 고깃배 2대 중 1대는 16년 넘은 노후 선박이다. 26년 넘은 것도 12%나 된다.[30] 새로 들어오는 선박도 일본에서 몇 년 쓴 중고 선박인 경우가 많다고 한다. 한국이 조선업 강국으로 알려져 있지만, 그건 커다란 상선 이야기이고, 연근해 작은 고깃배는 완전히 판이 다르다. 영세하고 규제도 허술하다 보니 불법 개조도 흔하다.

"한국 어선은 일본에서 가져와요. 신규 건조 배는 많지 않아요. 배 뒷부분에 모터가 달려 있는데 그것만 바꿔서 계속 쓰는 거예요. 만약 2.5t짜리 배를 샀는데 크기를 더 키우고 싶다, 그러면 어떻게 하는지 아세요? 그냥 배를 잘라서 중간에 이어 붙여서 더 키우는 거예요."

"그게 가능해요? 불법 아니에요?"

"당연히 법적으론 안 되죠. 그런데 문제제기를 하는 주체가 없다 보니 그런 일이 계속 벌어지고 있어요."

배를 잘라 크기를 키운다니, 마티즈를 잘라 리무진을 만드는 것처럼 황당하게 들리지만 실제로 그런 일은 종종 벌어진다. 기사를 찾아보면 '9.7t 소형 낚시 어선의 뒷부분을 불법 증축해 18t까지 배를 키웠다'[31]거나 '7.93t짜리 연안어선을 20t 이상으로 증축했다'[32]는 보도를 볼 수 있는데 바로 그런 경우다.

어민들은 어민들대로 예전만큼 고기가 안 잡히기 때문에 불법 증개축이 어쩔 수 없다고 하소연한다. 더 멀리 나가려면 선체가 더 커야 하고 어구를 싣거나 선원이 쉴 공간도 필요한데 배를 사는 건 경제적 부담이 크니 위험을 감수하고라도 불법 증축을 하는 쪽으로 마음이 기운다는 것이다.

배의 노후화와 불법 개조는 모두 기름 사용을 늘리는 요인이다. 박 대표는 전기배를 통해 선박 표준화도 하고 온실가스도 줄이고 싶었다. '기름 대신 전기를 쓰면 친환경이냐'고 물을 수 있지만, 그렇기 때문에 깨끗하게 전기를 만드는 에너지 전환이 중요하다. 에너지 전환과 전기배 보급이 함께 간다면 어선의 온실가스를 줄일 수 있다.

자, 이제 박 대표의 전기배는 물살을 가르는 일만 남았을까? 그는 10월 파일럿 공개를 석 달 정도 남겨두고 사업을 중단했다.

아니, 왜?

"일단 면세유가 컸어요. 현재 전기배는 어떤 지원금이 붙을지 불확실해요. 그런데 면세유가 있으니까 전기배가 파고 들어가기 어려운 거예요. 시장이 바뀔 것 같지 않더라고요. 배는 만들수 있겠지만, 과연 시장에서 쓸지 의문이 들더라고요."

곰곰이 생각해보면, 어민이 전기배를 살 이유는 많지 않다. 자동차를 생각해보자.

자동차는 보통 10년 정도면 바꾼다. 연비가 떨어지거나 배출가스 정밀검사에서 문제가 발견되거나 잔고장이 늘어나는 등 기능상의 문제로 바꾸기도 하지만, 단지 싫증이 나거나 나의 지위와 재력을 과시하기 위해 새 차를 뽑을 때도 많다.

하지만 배는 어떤가. 바닷가에 가서 보면 알겠지만, 어선은 다 비슷비슷하게 생겼다. '요트 플렉스'는 있어도 '어선 플렉스'는 없다. 고깃배는 고기를 잡는 배일 뿐이다. 기름은 일반 휘발유보다 절반 이상 싼 면세유가 있다. 5년에 한 번씩 정기검사와 그 사이 중간검사도 받아야 하지만 검사원이 부족해 부실 검사가 우려된다는 지적은 국정감사 단골 소재다. 중고 어선 매매 사이트를 보면 10년 넘은 배(4~5t 기준)도 1억 원을 호가하는 경우가 많은데 이것저것 따져 보면 가라앉지 않는 한 지금 배를 계속 타는 게 이득이다. 노후 선박이 많은 데는 다 이유가 있다.

정부는 전기자동차를 보급하기 위해 구매 보조금도 주고, 충전 요금과 고속도로 통행료, 주차요금 할인에 세재 혜택도 준다. 그렇게 10년이 흘렀는데도 전체 승용차 등록대수 중 전기차 비중은 1%에 불과하다.[33] 신차 중에서도 전기차는 고작 100대 중 6대꼴이다.[34]

전기배는 아직 구체적인 보급 계획이 없다. 친환경 선박을 개발하고 보급하겠다는 큰 그림은 나왔고, 대양을 오가는 커다란 상선이나 대형 어선은 더디게나마 움직이는데 연근해 어선은 '5년 내 하이브리드 어선 개발' 정도만 나온 상태다. 당연히 아직 직접적인 구매 혜택은 나온 것이 없고, 간접적인 것들이 제시돼 있다.

이에 대해 해양수산부 관계자는 다음과 같이 밝혔다.

"아무래도 하이브리드니까 기름이 적게 들지 않겠습니까. 그게 어민들한테는 혜택이지요. 또 지금 어선은 선원실이 배 밑에 들어가 있는데 이걸 선원 복지 차원에서 위쪽으로 올리고 배 무게에서도 빼줄 계획이에요. 그리고 지금은 어민들이 배를 살 때 설계비도 부담을 하거든요? 그런데 하이브리드 선박은 국가에서 개발하는 거니 설계 도면을 공개하면 그만큼 비용이 절감되겠지요. 뭐, 그래도 처음 하는 거니까 건조 단가가 일반 선박보다 비싸겠지만 보조금 같은 건 2026년쯤 결정하게 될 겁니다."

현재 정부가 목표로 삼고 있는 하이브리드 선박의 연비 향상률은 15%다. 쏘나타 하이브리드는 쏘나타 가솔린보다 연비가

50% 좋고, 개별소비세와 취득세 면제, 공영주차장 할인 혜택도 받는다. 그런데도 가솔린이 8배 더 잘 팔린다. 15% 연비 향상이 어민들에게 배를 바꿀 이유가 될지 잘 모르겠다.

만약 전기배 충전 요금을 대폭 할인해주면 어떨까. 박 대표의 전기배는 일반전기를 쓰면 매달 15만 원 정도 충전 요금이 들 것으로 보인다. 여기에 할인이 붙으면 경비 부담을 크게 줄일 수 있겠지만, 그렇다고 어업 분야(어민뿐 아니라 어업 전반)에서 두 팔 벌려 환영할지는 두고 볼 일이다. 불법 면세유라는 음지의 시장이 있어서다.

이유는 모르겠지만, 면세유는 공개된 정보가 별로 없다. '불법 면세유가 문제다'라는 얘기는 누구나 하는데 불법 면세유는 고사하고, 전체 면세유 공급량을 파악하는 것도 힘들다. 퍼즐조각을 찾듯 보도자료나 국감자료, 혹은 부처의 메타 데이터 속에서 찾아야 한다. 당연히 어업용 면세유 불법 유통 물량을 파악하기도 어려운데 2020년 국감 자료를 보면 2016년부터 2020년 8월까지 약 1052만ℓ가 부정 유통됐다고 한다. 금액으로 치면 73억 5000만 원이다. 그런데 연도별로 보면 2019년 적발량이 2016년보다 99%나 줄었다가 이듬해(1~8월) 다시 4배로 뛰는 걸 보면, 이것도 실제 부정 유통량에 근접했다기보다 운 나쁘게 적발된 빙산의 일각일 가능성이 크다.

즉, 면세유 불법 거래 시장은 생각보다 크게 형성돼 있고, 이 시장이 존속하려면 기름으로 움직이는 선박이 있어야 하므로 전기배를 달가워하지 않을 누군가가 있을 수 있다. 기우이길 바란다.

결국 두드려도 시장이 열리지 않을 거라 판단한 박 대표는 방향을 틀었다. 어선에서 요트로.

"ESG 경영이 부각되면서 롤스로이스 같은 기업에서 파트너십을 찾고 있어요. 그래서 일단 해외 쪽을 노려보려고요."

"예전에 할리우드 배우가 토요타 프리우스를 탔을 때 외신에서 이런 기사를 봤어요. '부자들이 친환경이라는 이미지를 사고 싶어 한다'는 기사요. 그게 생각나네요."

"맞아요. 레저 쪽에서는 그런 이미지를 위해 전기배를 사고 싶어 하는 사람이 많아요."

박 대표는 전기 어선의 꿈을 완전히 접은 것은 아니다. 다만 시간을 길게 보기로 했다.

"전기배는 시간이 걸리겠지만 하긴 할 거예요. 10년 내다보고 있어요. 지금 서른일곱이니까, 10년 뒤에도 뭐 늦지는 않겠죠."

고기인 듯, 고기 아닌, 고기 같은

사실, 여기까지가 '어떻게 기를 것인가'에 해당하는 내용이다. 그러나 중요한 이야기 하나가 빠졌다. 먹거리 탄소 배출과 관련해 가장 흔하게 등장하는 대안, 대체육 말이다.

고기에 불편함을 느끼는 사람들이 늘면서 콩고기라는 이름으로 등장한 대체육은 이제 대기업도 눈독을 들이는 큰 시장이 됐다. 여러분 중에도 대체육, 비건○○ 식의 음식을 한번쯤은 먹어본 경험이 있을 것이다. 최근에는 '착한 소비' 대열에도 합류해 외연을 더욱 넓히고 있다.

이런 대체육을 내가 맨 마지막 순서로 미룬 까닭은 고백건대 마지막까지 대체육에 대한 생각을 정리할 수 없었기 때문이다. 소, 닭, 돼지의 희생을 줄인다는 점에서 놓고 보면 대체육이 착한 고기인 것은 맞지만, 과연 지구 입장에서도 그럴까, 확신이 없었다. 자본력을 등에 업고 무럭무럭 성장하는 시장에서 '대체육이 미래다'라는 메시지는 계속 나오지만 이를 뒷받침할 학술 근거는 많지 않고, 여기에 고기 아닌 고기에 대한 지극히 개인적인 낯설음이 더해져 결론을 내리기 힘들었다. 그래서 대체육에 관한 부분은 함께 고민했으면 한다.

한국 대체육 회사들은 주로 콩(분리대두단백 추출물)으로 대체 고기를 만든다. 분리대두단백 추출물은 쉽게 말하면 대두에서 기름을 짜내고 난 부산물이다. 그렇지만 아무리 신의 손을 가졌다 한들 진짜 신이 아닌 이상 콩만으로 고기를 만들 수는 없다. 다양한 부가재료가 들어간다.

내가 먹어본 A사의 양념 갈비에는 밀글루텐과 색소, 스모크향이 들어갔고, B사의 패티에는 분말셀룰로스, 메틸셀룰로스, 향료, 말토덱스트린, 아라비아검, 비트과즙추출물, 홍화적색소 등이 들어갔다. 이런 첨가물 때문에 '식물성 고기가 진짜 고기보다 몸에 좋다는 근거가 뭐냐'라고 지적하는 목소리도 있는데, 내가 질문을 던지는 건 영양이 아니라 에너지 사용에 관한 쪽이다.

식물성 고기는 가공식품이다. 콩이 저절로 고기가 될 수는 없으니 당연한 얘기다. 가공을 하려면 에너지가 필요하다. 부가되는 원료를 재배 혹은 제조하고, 운송하고, 식품공장에서 배합하는 데 필요한 에너지다. 다시 말하면, 식물을 식물로 먹으면 들이지 않아도 될 에너지를 '고기로 만들기 위해' 추가로 들여야 한다는 소리다. 그럼에도 불구하고 대체육이 쇠고기보다는 온실가스를 덜 발생시키기는 한다.

레오나르도 디카프리오가 투자했다고 해서 유명해진 비욘드미트가 의뢰한 연구 결과를 보면 비욘드 버거(햄버거 패티)는 쇠고기로 만든 패티보다 온실가스를 90%나 덜 배출한다고 한다.[35] 회삿돈으로 이뤄진 연구이니 믿음이 가지 않을 수 있다. 그래서 유럽연합 자금지원 프로그램[H2020]의 지원을 받은 또 다른 연구도 찾아봤다. 여기서는 식물성 패티가 기후변화 부담을 64% 낮추는 것으로 나온다.[36]

하지만 《네이처》에 실린 또 다른 연구를 보면 식물성 고기의 온실가스 배출량은 닭고기와 비슷하고 콩이나 다른 식물을 바로 먹을 때보단 5배 더 많다. 한창 연구 단계인 세포 배양육의 배출량은 거의 쇠고기에 근접한다.[37, 38] 대체육에 관한 온실가스 배출 연구는 많지 않아 단정적으로 말할 수는 없지만 '쇠고기보단 덜하나 닭에 비하면 그닥' 정도이지 싶다.

식물이 고기를 닮고자 할수록 에너지가 많이 들 수밖에 없다. 이런 경향은 한국 기업보단 미국 기업에서 더 강한 듯하다. '이것은 콩으로 태어났으나 피가 도는 고기가 되어 잠들다'라는 최면을 걸기 위해 유전자 조작[GM] 효모로 만든 레그헤모글로빈을 넣기도 한다. 레그헤모글로빈은 동물 피에 있는 헤모글로빈처럼 붉은색을 내는 식물의 색소다. 이 기술을 쓰는 임파서블 푸드는 "콩을 길러 얻는 것보다 유전자 조작 효모를 활용하면 토지와 물 사용량을 줄이고 이산화탄소 배출을 줄일 수 있다"라고 말한다.

이 지점이 바로 근본적인 의문이 드는 대목이다. 기후변화가 걱정돼 대체육을 먹는다면 그냥 고기 섭취를 줄이고 콩을 콩으로 먹는 게 더 효율적이고 자연스럽다는 게 솔직한 생각이다. 하지만 달리 생각해보면, 같은 식재료도 갈아먹고, 튀겨 먹고, 부쳐 먹고, 쪄먹는데 식물로 고기 흉내 좀 냈다고 고개를 갸웃하는 건 새로운 음식 문화에 저항하는 촌스럽고 편협한 생각일 수도 있겠다 싶다. 또 대체육은 육식에서 채식으로 넘어가려는 사람들에게 징검다리가 될 수도 있다. 그러니 대체육이 장점을 십분 발휘하면서 생산 과정에서 온실가스 저감 방안을 함께 가져갔으면 하는 바람이다.

어떻게 먹을 것인가

여기 식탁에 식사가 차려져 있다.

김이 모락모락 나는 잡곡밥과 달콤하고 시원한 깍두기, 칼칼한 고등어조림과 후식으로 먹을 포도까지. 국물도 좀 있으면 좋겠는데, 뜨끈한 설렁탕을 먹을까, 뽀얗게 국물이 우러난 미역국을 먹을까. 구수한 청국장도 끌리는데…….

자, 무얼 먹을까?

농업기술실용화재단 홈페이지에는 '밥상의 탄소발자국'이란 메뉴가 있다. 1인분의 음식이 밥상에 오르기까지 얼마만큼의 이산화탄소가 배출됐는지 알려주는 코너다. 잡곡밥은 285g, 깍두기는 68g, 고등어조림은 232g, 포도는 42g의 이산화탄소가 나온단다. 설렁탕은 1만g(10kg!), 미역국은 663g, 청국장은 893g이다.

내가 잡곡밥에 고등어조림, 미역국을 먹는다면 한 끼 식사의 탄소발자국은 1180g이 된다. '그래, 그렇구나…….' 나의 느낌은 여기까지다. 숫자에 무딘 탓인지, 알고 보니 환경감수성이 떨어지는 건지 몰라도 이런 발자국 계산이 크게 마음을 울리는 건 아니다. 물론 설렁탕 10kg이란 수치는 놀랍다. 무엇보다 이런 숫자가 실질적인 행동으로 얼마나 이어질 수 있을지 의문이다. 카페 모카의 칼로리가 아메리카노보다 20~30배는 더 많다는 사실을 알지만 달콤한 휘핑크림을 포기하지 못하듯 말이다.

탄소발자국을 계산했을 연구자들의 노고를 깎아내리는 것은 당연히 아니다. 조심스러운 말이지만 (수치라는 것이 그렇듯) 저 수치들은 재배 과정의 디테일한 배경을 반영하진 못한다. 노르웨이산 냉동 고등어를 하우스에서 기른 무와 함께 조렸다면 쇠고기 대신 바지락을 넣고 끓인 미역국보다 더 많은 탄소발자국을 찍었을지 모를 일이다. 건답직파 방식으로 재배한 쌀로 지은 잡곡밥은 고등어조림보다 탄소 배출이 적을 수 있지만, 여기에 미국산 병아리콩을 넣었다면? 같은 포도라도 노지에서 키운 것과 시설 재배한 것, 같은 오이라도 그냥 기른 것과 수확시기를 앞당겨 기른 것은 탄소 배출량이 다르다. 물론 설렁탕 한 그릇을 넘어서긴 어렵겠지만 말이다. 이렇게 촘촘하게 배출량을 계산할 수 있다면 좋겠지만, 그보다 중요한 건 탄소배출을 늘이고 줄이는 저간의 사정을 이해하는 것이라 생각한다. 그것이 이 책을 쓴 이유다. 글을 읽는 동안 당신의 머리에 단 하나의 느낌표라도 찍혔다면 더할 나위가 없겠다. 원산지와 친환경 여부를 따지던 마음으로 이제 탄소발자국도 가늠해줬으면 한다.

물론 인간은 절대 아는 대로 행동하지 않는다. 다음 주 시험을 잘 보려면 지금 공부해야 한다는 걸 알지만, 난 리그 오브 레전드를 하고 있다. 내일 일찍 출근하려면 지금 잠들어야 하는 걸 알지만, 아직까지 넷플릭스를 보는 중이다. 왜? 알지만 그럴 마음이 들지 않기 때문이다. 더구나 우리의 입맛은 얼마나 보수적인가.

내가 육고기를 끊었다고 말하면 99% 이런 반응이다. "그래? 왜? 어우, 난 고기 없으면 못 살겠더라." 마치 'How are you?' 엔 'I'm fine thank you. And you?'가 자동으로 따라 나오듯 말이다. 오늘 점심에는 매콤한 주꾸미 볶음밥이 땡긴다. 저녁에는 치킨에 맥주 한잔해야지. 아침, 점심, 저녁 메뉴를 고르는 건 나의 취향이다. 나는 골이 떵하도록 매운 맛을 좋아하고, 저녁에 간단한 술과 맛있는 안주로 하루의 스트레스를 푸는 게 소소한 행복이다. 내 입과 내 마음이 그걸 원한다. 그러니까 이건 '나의 결정'이다.

정말 그런가?

물론 결정을 내린 것은 당신이다. 그러나 그런 결정을 내린

맥락은 어떨까. 입맛과 취향을 다룬 자료를 찾아보니 이미 꽤나 많은 분석이 있었다. 그 가운데 제목부터 『음식과 먹기의 사회학』 이라는 책에서는 음식과 취향에 관한 사회학적 관점을 소개한다.[1]

먼저 '음식 선호는 생태학적으로 결정된다'는 영양학적 관점이 있다. 음식 선택은 생물학적 욕구가 좌우한다는 것인데, 사실 다른 동물들도 뭘 먹을지 본능적으로 안다는 점에서 인간의 음식 선호를 충분히 설명해주지 못한다.

기능구조주의라든가 비판구조주의, 후기구조주의에서는 음식을 문화, 권력관계, 자아의식 등과 엮어 설명한다. 무엇에 방점을 찍고, 그것의 영향력을 얼마나 절대적인 요소로 볼지는 달라도 먹는 행위를 사회적 맥락 속에서 해석한다는 공통점이 있다.

문화자본이란 단어를 만든 프랑스 사회학자 부르디외Pierre Bourdieu는 음식 선호에서 사회 계급의 차이를 발견했다. 노동자 계층은 샤르퀴트리(가공육 요리)와 포토푀·카술레(스튜)가 차려진 배불리 먹을 수 있는 푸짐한 밥상을 선호했고, 노동자를 감독하는 사람이나 상인들은 노동자와 비슷한 취향을 가졌으면서도 와인과 푸아그라를 곁들이길 좋아했다. 아주 부유하진 않지만 문화자본을 소유한 사무직 근로자나 교사들은 이국적인 음식을 즐겼고, 돈과 문화자본 모두를 갖춘 전문직 종사자는 신선한 채소를 먹으며 지방 섭취를 줄였다.

개인적으로 입맛과 취향에 대해 가장 와 닿은 견해는 『식탁의 기쁨』에 나오는 다음과 같은 구절이다. 이름부터 허기를 연상시키는 애덤 고프닉_{Adam Gopnik}은 이렇게 말한다.

> 음식은 사회적 가치로 꾸준히 변하는 감각적 쾌락이라는 것이다.
> … '취향'은 결국 유행과 가치 사이에서 저울질하도록 만드는 사회적 가치와 그 용례를 의미한다.[2]

오늘날 우리에게 물이나 공기만큼이나 친숙한 음식들도 시대의 흐름 속에서 우리의 미각을 사로잡은 것들이다. '마성의 음식' 라면과 떡볶이. 이 둘이 사랑받는 건 당연히 맛있기 때문이지만, 한국인의 식탁에 이렇게 깊숙이 파고든 건 정부의 분식 장려 정책 덕이 크다. 한국이 6·25전쟁 이후 삼시세끼를 걱정할 만큼 빈곤에 허덕일 때 식량이 남아돌아 걱정이던 미국은 PL-480이라고 하는 잉여농산물 원조법을 만든다. 자국 농산물 가격을 안정적으로 유지하고 저소득 국가를 미국 자본주의로 끌어들이기 위한 일환이었다. 값싼 미국산 곡물이 밀려들자 정부는 대대적으로 분식장려운동을 벌였다. 이런 분위기 속에 1963년 우리나라 최초의 라면인 삼양라면이 선보였고, 곳곳에 분식집이 들어섰다. 1967년 6월 3일《매일경제》신문에는 〈분식의 총아 식량난 해결의 역군 '삼양라면'〉이란 제목으로, 라면 생산량이 서울 인구의 25일간 양곡에 맞선다며 라면을 보릿고개 해결사로 한껏 치켜세우는 글이 실린다.[3] 1971년엔 전국주부궐기대회를 열어 일주일에 3회 이상 가루음식(분식)을 먹자는 캠페인도 벌였다. '하루 한 끼 분식이 나라 경제를 돕습니다'란 구호가 돌던 때였다.[4]

인스턴트 커피는 광복 후 한국에 주둔하게 된 미군 부대에서 시작됐다. 미군 PX에서 흘러나온 불법 유통 물량이 시장에 풀리면서 비싼 커피 가격이 크게 낮아졌다. 여기저기서 다방이 생겨났고, 1976년엔 동서식품이 세계 최초로 커피믹스를 출시한다. 달달한 믹스커피는 1990년대까지 '국민 음료'로 한 시대를 풍미했고, 2000년대에는 커피전문점이 왕좌를 잇는 중이다.

삼겹살은 가장 대표적인 회식 메뉴지만, 1970년대까지만 해도 정부는 돼지고기 소비를 늘리려 안간힘을 썼다. 그 당시 한우는 여전히 농우로 사용되는 경우가 있었고, 또 금방 공급을 늘릴 수 있는 것도 아니어서 돼지와 닭이라도 먹어 부족한 단백질을 채웠으면 좋겠는데[5] 국민들은 일편단심 쇠고기만 찾았기 때문이다. 오죽하면 1973년엔 이런 기사도 나온다.

> 돼지고기에 대한 기피 내지 금기 성향은 합리적인 영양 관리와 국민 보건을 위해선 반드시 시정돼야 하겠다. … 이런 돈육의 기피 현상은 과학적인 조리법이 보급되지 못해 생겨난 결과에 불과하다. … 확실히 우리나라의 돈육 기피 경향은 도저히 합리적으로는 이해하기 어려울 정도이다.[6]

정부는 대기업의 축산 진출을 장려했고, 삼성은 1970년대 중반 아시아 최대 규모의 양돈장을 세운다. 양돈업에 진출한 기업들은 수퇘지 거세와 배합사료로 돼지고기의 최대 약점인 냄새를 잡았고, 이런 사육방식이 보편화하면서 삼겹살 시대가 열린다.[7]

우리가 어떤 맛을 즐긴다는 건 맛을 느끼는 세포가 모여 있는 혀의 미뢰가 뇌로 신경전달물질을 보내는 것 그 이상이다. 우리의 입맛은 정부 정책과 기업의 광고, 사회적 압력, 나의 경제적 신분 등이 빚어낸 총체다. 그러므로 음식을 고르기 전에 기후위기 시대의 고민을 조금 담아 보자는 주장이 그리 유별난 소리는 아니라고 생각한다. '난 고기 없이 못 살아', '밥 좀 편하게 먹으면 안 되냐'라고 문을 걸어 잠그지는 말자는 얘기다. 그럼 어떻게 먹을 것인가.

식단에서 고기의 비중을 줄이자. '기후변화가 소 때문'이라고 말한다면 과장이지만, '육식을 줄이면 기후변화를 늦출 수 있다'는 사실이다. 2022년 4월 IPCC는 기후변화 완화에 관한 보고서를 내놨는데, 붉은 고기를 최대한 줄이고 견과류, 통곡물 위주의 식사를 하면 한 사람이 연간 최대 2t의 이산화탄소를 줄일 수 있다고 이야기한다. 한국인의 1인당 이산화탄소 배출량은 13t쯤 되는데 식단만 바꿔도 15%를 줄일 수 있단 뜻이다.

못생겼지만 비료와 농약을 덜 쓴 식재료를 사는 것도 도움이 된다. 유기농으로 겉보기에 멀끔한 작물을 기르는 건 힘든 일이다. 일반 농가가 유기농업으로 전환하기 어려워하는 주된 이유다.

가급적 지역사회에서 난 식품을 고르면 운송 과정에서 발생하는 온실가스 배출을 줄일 수 있다. 그런데 꼭 이렇게 먹어야만 저탄소 밥상이 실현되는 건 아니다.

소비자를 넘어 시민으로서 당신이 해야 할 중요한 역할이 있다. 바로 저탄소 밥상을 차릴 수 있도록 정책을 요구하는 일이다.

한번은 기후변화와 심리에 관한 기획기사를 준비하면서 이런 설문을 한 적이 있다. 각 주체들이 기후변화 대응을 위해 얼마나 노력하는지 평가해달라는 물음이었다. 언론은 26.6%만 '노력한다'는 평가를 받아 최하점을 받았다. 이어 우리 국민 개개인(28.7%)-우리 정부(40.9%)-국제사회(48.4%)-환경단체(51.8%) 순으로 노력한다는 응답률이 올라갔고, 가장 후한 점수를 받은 건 바로 '나 자신'(57.1%)이었다.[8]

기사를 쓸 때만 해도 나는 이 결과를 다소 냉소적으로 받아들였다. 그런데 시간이 흐르며 생각이 바뀌었다. 분명, 나는 열심히 하고 있고 열심히 할 것이다. 화장실에서 나올 땐 꼭 불을 끄고, 분리수거도 열심히 한다. 장바구니도 들고 다니고 가급적 자가용 대신 대중교통을 이용하려 노력한다. 무엇보다 지구를 걱정하는 내 마음은 진심이다. 그럼 뭐가 문제일까. 나는 이렇게 무언가를 하고 있는데 세상은 그대로다. 우리나라는 여전히 석탄으로 전기를 만들고, 쓰레기는 산더미처럼 쏟아진다. 분리수거 해봐야 나중에 다 섞인다고 하고, 도로변 미세먼지는 언제나 나쁨이다. 나만 빼고 다들 아무것도 안 하는 모양이다.

나는 노력하는데, 노력하는 '나'들이 모여 기후악당이 되는 나라. 이런 모순이 생긴 건 나의 노력을 제도화하려는 목소리가 부족했기 때문이라고 생각한다. 당신이 환경을 생각해 안 쓰는 스위치를 내리고, 장바구니를 들고, 채식의 비중을 늘리는 건 바람직한 행동이지만, 그것만으론 세상을 바꾸지 못한다. 전기를 친환경적으로 만들고, 포장재를 최소화하고, 축사와 재배시설, 양식장을 탄소중립으로 만드는 움직임이 함께 가야 한다. 이런 목소리를 내기 위해 시민단체와 언론이 있는 것이겠지만, 결국은 시민의 역할이 중요하다. 국민의 여론을 얻지 못한 시민단체와 언론의 주장은 금세 묻히기 쉽다. 농축어업은 시민의 목소리가 특히나 절실한 분야다. 책을 쓰는 내내 나는 한국의 농축어업이 '3無'라는 생각을 떨칠 수 없었다. 데이터가 없었고, 정책이 없었다. 그리고 정책이 있는 곳엔 감시가 없었다. 소비자로서 저탄소 먹거리를 고르고, 시민으로서 탄소를 줄이는 시스템을 요구하는 것, 그 두 가지가 탄소를 발생시키는 '탄소로운 식탁'을 바꿀 것이다. 이제 잘 먹고, 잘 요구하자.

제로 칼로리 말고, 제로 탄소 밥상도 받고 싶지 않은가.

감사의 글

'들어가며'를 쓸 때부터 '감사의 글'을 쓸 날만 기다렸다. 오지 않을 것 같은 그날을 기다리는 간절함과 초조함은 감히 말하건대 수능 해방을 기다리는 고3에 견줘도 덜하진 않을 것이다. 그런데 막상 그날이 되니 마음이 한없이 무거워진다. 취재하며 만난 여러 농어민과 전문가, 정부 관계자에게 진 마음의 빚 때문일 것이다.

일면식도 없던 나에게 몇 시간씩 할애해 일터를 보여준 농어민 분들께는 무슨 말로 감사의 뜻을 전할 수 있을까 싶다. 만난 분들 대부분 실명 사용을 허락해주셨지만, 혹시라도 누가 될까 싶어 웬만하면 가명을 썼다. 이 글은 관행농의 탄소발자국을 지적하고 있지만 그 책임을 농민과 어민 개인에게 돌리는 것은 부당한 일이다. 이들은 누구보다 성실하고 진심 어린 마음으로 먹거리를 길러 내왔을 뿐이고, 여기에 탄소 권하는 시스템이 있는 것이다.

얼치기 기자의 물음에 친절한 설명을 들려준 전문가분들이 없었다면 이 책은 완성될 수 없었을 것이다. 1년에 1000끼 넘는 식사를 하면서도 내 밥상에 올라오는 것들이 어디서 어떻게 자라는지는 별로 궁금해하지 않았다. 먹거리와 탄소라는 두 이야기를 하나로 엮으려다 보니 대기과학과 농업, 축산업, 어업, 에너지 등 다양한 분야의 지식을 끌어와야 했다. 대학 교재, 대중 서적, 논문, 보고서, 기사 등을 부지런히 읽어 지식의 저수용량을 늘렸지만 전문가들의 설명을 오롯이 담아내기엔 내 그릇이 턱없이 작았을 것이다. 혹시라도 글에서 오류가 발견된다면 그건 순전히 나의 앎이 설익었기 때문이다.

이 글의 비판은 정부를 향한다. 그런 탓에 출입기자도 아닌 기자의 물음에 성심껏 답변해준 공무원분들께는 미안함이 앞선다. 하지만 먹거리 온실가스에 대한 정부의 빈약한 문제의식과 정책 부재는 짚고 넘어가지 않을 수 없었다. 지금까지 그래왔듯 앞으로의 식탁도 여러분께 달렸다. 나를 적이 아닌 탈탄소 식탁을 위한 아군으로 받아들여줬으면 하는 바람이다.

15년간 기사를 썼지만 하루만 지나도 구문이 되는 게 기사인지라 늘 아끼는 무언가를 흐르는 강물에 띄워 보내는 아쉬운 마음이 있었다. 흘려보냈을 생각들을 책으로 담을 수 있게 기회를 준 한국여기자협회와 졸고를 받아준 세종서적에도 진심으로 감사를 전한다.

끝으로, 나보다 나를 더 높이 평가하며 종종 바닥을 뚫고 지하로 곤두박질치는 내 자신감을 어떻게든 지상으로 끌어올리고야 마는 고마운 남편 이건택 씨와 겉과 속이 나와 너무도 닮은, 그래서 더 사랑스럽고 애틋한 첫째 유호, 작은 몸에 무슨 비밀이 있기에 가만 안고만 있어도 그리 위로가 되는지, 내 힘의 원천 호담이. 세 사람에게 이 책을 바친다.

들어가며 | 먹거리는 기후변화의 피해자인가, 가해자인가

1 기후변화행동연구소, http://climateaction.re.kr/index.php?document_srl=178987&mid=news01#0

2 동물해방물결, https://donghaemul.com/story_veganism/?idx=166

3 통계청, '지역별 고용조사', https://kostat.go.kr/portal/korea/kor_nw/1/3/3/index.board

4 전자공시시스템, http://dart.fss.or.kr

5 농사로, 친환경인증통계, https://www.nongsaro.go.kr/portal/ps/psz/psza/contentMain.ps?menuId=PS00096

6 정학균·성재훈·이현정, 〈2019 국내외 친환경농산물 생산 및 소비 실태와 향후 과제〉, 한국농촌경제연구원, 2019

7 한승태, 『고기로 태어나서』, 시대의 창, 2018

1장 탄소가 왜?

1 Miriam Rossi, 〈How can graphite and diamond be so different if they are both composed of pure carbon?〉, 《사이언티픽 아메리칸scientificamerican》, 2007.10.9 기사

2 Raymond Dessy, 〈Could silicon be the basis for alien life forms, just as carbon is on Earth?〉, 《사이언티픽 아메리칸》, 1998.2.23 기사

3 Ed Hawkins, 〈John Tyndall: founder of climate science?〉, 클라이밋 랩 북climate-lab-book, 2018.4.26 포스트

4 나사, 미해양대기청

5   칼 세이건, 『코스믹 커넥션』, 사이언스북스, 2018

6   제프리 베넷, 『지구온난화의 모든 것』, 사람의 무늬, 2020

7   나사, 기후변화 홈페이지 https://climate.nasa.gov

8   IPCC, 〈제6차 보고서 제1 실무그룹 보고서-technical summary〉의 TS-47

9   Gosh and Brand, 〈Stable isotope ratio mass spectrometry in global climate change〉, International Journal of Mass Spectrometry, 2003

10 IPCC, 〈제6차 보고서 제1 실무그룹 보고서-Chapter 07 Supplementary Material〉의 Table 7.SM.7

11 미국국립대기연구센터NCAR, 대기연구대학연합UCAR

12 Bogaard et al., 〈Crop manuring and intensive land management by Europe's first farmers〉, PNAS, 2013

13 에번 프레이저·앤드루 리마스, 『음식의 제국』, 알에이치코리아, 2012

14 William M. Denevan, 〈The Pristine Myth: The Landscape of the Americas in 1492〉, Annals of the Association of American Geographers, 1992

15 유발 하라리, 『사피엔스』, 김영사, 2015

16 McHugo et al., 〈Unlocking the origins and biology of domestic animals using ancient DNA and paleogenomics〉, BMC Biology, 2019

17 내셔널 지오그래픽 교육용 홈페이지, https://www.nationalgeographic.org/encyclopedia/domestication

18 Trut, 〈Early Canid Domestication: The Farm-Fox Experiment〉, American Scientist, 1999

19 제임스 스콧, 『농경의 배신』, 책과함께, 2019

20 유발 하라리, 『사피엔스』, 김영사, 2015

21 제임스 스콧, 『농경의 배신』, 책과함께, 2019

22 세계식량기구 통계 사이트, http://www.fao.org/faostat/en/#data/EF/visualize

23 Mengyao Yuan, 〈Managing Energy in Fertilizer Production and Use〉, Stanford University, 2014

24 Smith et al., 〈Current and future role of Haber-Bosch ammonia in a carbon-free energy landscape〉, Energy and Environmental Science, 2020

25 문갑순, 『사피엔스의 식탁』, 21세기북스, 2018

26 한국은행 국민계정 중 '가계의 목적별 최종소비지출(계절조정, 명목, 분기)', https://ko-sis.kr/search/search.do?query=%EC%86%8C%EB%B9%84%EC%A7%80%EC%B6%9C

27 에번 프레이저·앤드루 리마스, 『음식의 제국』, 알에이치코리아, 2012

28 Willett et al., ⟨Food in the Anthropocene: the EAT-Lancet Commission on healthy diets from sustainable food systems⟩, The Lancet Commissions, 2019

29 오후, 『나는 농담으로 과학을 말한다』, 웨일북, 2019

30 Rosenzweig et al., ⟨climate change responses benefit from a global food system approach⟩, Nature Food, 2020

2장 어쩌다 소 방귀까지 걱정하게 됐을까

1 IEA 통계 사이트, https://www.iea.org/data-and-statistics/charts/trans-port-sector-co2-emissions-by-mode-in-the-sustainable-develop-ment-scenario-2000-2030

2 세계식량기구, http://www.fao.org/ag/againfo/resources/en/publications/tackling_climate_change/index.htm

3 세계식량기구, ⟨Five practical actions towards low-carbon livestock⟩, FAO, 2019

4 김창현 외, 『반추동물 영양생리학』, 서울대학교출판문화원, 2013

5 아워월드인데이터, OurWorldInData.org/meat-production

6 Woodward and Borenstein, ⟨AP Fact Check: Unraveling the mystery of whether cows fart⟩, AP, 2019.4.29

7 IPCC, ⟨2019 Refinement to the 2006 IPCC Guidelines for National Green-house Gas Inventories⟩, IPCC, 2019

8 IPCC, ⟨Revised 1996 IPCC Guidelines for National Greenhouse Gas Invento-ries: Reference Manual⟩, IPCC, 1996

9 IPCC, ⟨Good Practice Guidance and Uncertainty Management in National Greenhouse Gas Inventories⟩, IPCC, 2001

10 IPCC, ⟨2019 Refinement to the 2006 IPCC Guidelines for National Green-house Gas Inventories⟩, IPCC, 2019

11 국가통계포털, https://kosis.kr/statisticsList/statisticsListIndex.do?vwcd=MT_
ZTITLE&menuId=M_01_01#content-group

12 경제협력개발기구, 세계식량기구, 〈OECD-FAO Agricultural Outlook 2020-2029〉,
OECD/FAO, 2020

13 온실가스종합정보센터, http://www.gir.go.kr/home/index.do?menuId=36

14 유용희, 〈가축분뇨 처리 현황과 개선방안〉, 한국사료협회, 2013

15 e나라지표, https://www.index.go.kr/potal/main/EachDtlPageDetail.do?idx_
cd=1475

16 김명섭, 〈"투기 해역에서 발암물질 검출"〉, KBS, 2005.11.4

17 환경부, 〈장마철 가축분뇨 불법처리 시설 125곳 적발〉, 2012.8.12 보도자료

18 변재훈, 〈완도해경, 가축분뇨 해상 무단방류 농가 적발… 합동점검〉, 《뉴시스》, 2021.1.21

19 IPCC, 〈2019 Refinement to the 2006 IPCC Guidelines for National Green-
house Gas Inventories-Chapter 10: Emissions from Livestock and Manure
Management〉, IPCC, 2019

20 농사로, http://www.nongsaro.go.kr/portal/ps/psg/psga/psgaa/exhstwonUnit-
Calc.ps?menuId=PS03232

21 국립축산과학원, 《축산현장 애로기술 해결을 위한 돼지사육 100문 100답집》, 휴먼컬처
아리랑, 2018

22 강원대학교, 〈국가 온실가스 데이터 확충용 양돈시설 유래 CH_4과 N_2O 배출량 조사〉,
농촌진흥청, 2017

23 IPCC, 〈Revised 1996 IPCC Guidelines for National Greenhouse Gas Invento-
ries: Reference Manual〉, IPCC, 1996

24 통계청, 〈통계로 본 축산업 구조 변화〉, 2020.12.4 보도자료

25 김현중 외, 〈가축분뇨 자원화 여건 변화와 대응과제〉, 한국농촌경제연구원, 2020

26 한국농촌경제연구원, 〈2017 보조사업 모니터링: 공동자원화시설 사업〉, 2017

27 조을생·이소라, 〈지속가능성을 고려한 가축분뇨관리 정책방안 연구〉, 한국환경정책평
가연구원, 2019

28 Thran et al., 〈Governance of sustainability in the German biogas sector—
adaptive management of the Renewable Energy Act between agriculture
and the energy sector〉, Energy Sustain Soc, 2020

29 Ellen Gray, 〈NASA Satellite Reveals How Much Saharan Dust Feeds Ama-

zon's Plants〉, NASA 홈페이지, 2015 포스트

30 Robert G. Hummerstone, 〈Cutting a Road Through Brazil's 'Green Hell'〉, 《뉴욕타임스》, 아카이브, 1972.3.5

31 Cruz et al., 〈An Overview of forest loss and restoration in the Brazilian Amazon〉, New Forests, 2021

32 미국 농무부USDA, 〈Livestock and Products Annual-Brazil〉, 2021

33 앰네스티 인터내셔널, 〈Fence off and Bring Cattle〉, 2019

34 브라질지리통계청, https://www.ibge.gov.br/estatisticas/economicas/agricultura-e-pecuaria/9107-producao-da-pecuaria-municipal.html?=&t=series-historicas

35 Pendell and Berbel, 〈Feed Costs: Pasture vs Non Pasture Costs〉, Kansas State University Department of Agricultural Economics, 2015

36 Nadia Pontes, 〈Amazon rainforest: European car manufacturers linked to illegal deforestation, says report〉, DW, 2021.4.16

37 마이티어스, https://www.mightyearth.org/soy-and-cattle-tracker

38 Sal Gilbertie, 〈The World's Two Largest Soybean Exporters Have Depleted Their Supplies〉, 《포브스》, 2021.1.25

39 농림축산식품부 · 한국사료협회, 〈2020년 사료편람〉, 2021

40 관세청 수출입 무역통계, https://unipass.customs.go.kr/ets

41 농림축산식품부 · 한국사료협회, 〈2020년 사료편람〉, 2021

42 Brian D. Colwell, 〈A Giant-Sized History of Soybeans〉, Brian D. Colwell, 2017.4.8 포스트

43 제레미 리프킨, 『육식의 종말』, 시공사, 2008

44 Susan E. Place, 〈Tropical Rainforest: Latin American Nature and Society in Transition〉, Rowman & Littlefield, 2001

45 마이티어스, https://stories.mightyearth.org/amazonfires/index.html

46 Alexandra Heal 외, 〈soya linked to fires and deforestation in Brazil feeds chicken sold on the British high street〉 Unearthed, 2020.11.25 포스트

47 Hiroko Tabuchi 외, 〈Amazon Deforestation, Once Tamed, Comes Roaring Back〉, 《뉴욕타임스》, 2017.2.24

48 지에스칼텍스 미디어 허브, https://gscaltexmediahub.com/energy/energylife-prod-

uct-heavyoil

49 온실가스종합정보센터, 〈2019년 국가 온실가스 인벤토리 보고서〉, 2020

50 Clean Cargo-BSR, 〈2019 Global Container Shipping Trade Lane Emissions Factors〉, 2020

51 통계청, 〈통계로 본 축산업 구조 변화〉, 2020.12.4 보도자료

52 아워월드인데이터, https://ourworldindata.org/grapher/per-capita-meat-consumption-by-type-kilograms-per-year?country=~OWID_WRL

53 Rhett A. Butler, 〈Amazon Destruction〉, Mongabay 2021.11.23 포스트

54 Qin, Y., Xiao, X., Wigneron, JP. et al. 〈Carbon loss from forest degradation exceeds that from deforestation in the Brazilian Amazon〉, Nature Climate Change, 2021

55 France24, 〈Since 2010, Amazon forest emitted more CO2 than it absorbed: study〉, 《AFP기사》 재인용, 2021.4.30

3장 탄소가 차오른다, 논밭에

1 조너선 사프란 포어, 『우리가 날씨다』, 민음사, 2020

2 아워월드인데이터, https://ourworldindata.org/emissions-by-sector#agriculture-forestry-and-land-use-18-4

3 Ontl and Schulte, 〈Soil Carbon Storage〉, Nature Education Knowledge, 2012

4 미국 국립해양대기청NOAA 홈페이지, https://gml.noaa.gov/outreach/info_activities/pdfs/TBI_the_carbon_budget.pdf

5 Mangalassery, S., Sjögersten, S., Sparkes, D. et al. 〈To what extent can zero tillage lead to a reduction in greenhouse gas emissions from temperate soils?〉, Scientific Reports, 2014

6 John Flesher, 〈Carbon storage offers hope for climate, and cash for farmers〉, AP, 2021.5.21

7 문갑순, 『사피엔스의 식탁』, 21세기북스, 2018

8 L.T.에반스, 『백억 인구 먹여 살리기』, 고려대학교출판부, 2008

9 이완주, 『흙에서 시작하는 농사과학』, 씨앗을뿌리는사람, 2018

10 오후, 『나는 농담으로 과학을 말한다』, 웨일북, 2019

11 한국비료협회, https://fert-kfia.or.kr:50018/new/02_info/list.asp page_
name=view&code=bbs02_2&An_num=7337&PageNo=1&Start-
Page=1&id=6403&ref=7337&re_step=0&re_level=0&key=&keyfield=&SubNum=4

12 국가온실가스종합관리시스템, 〈2020년도 업체별 명세서 주요정보〉, 각 기업 공시정보

13 전자공시시스템 각 기업 2020.12 사업보고서, http://dart.fss.or.kr

14 John A. Moranowski, 〈Energy Consumption in US Agriculture〉, RePEc, 2006

15 L.T.에반스, 『백억 인구 먹여 살리기』, 고려대학교출판부, 2008

16 문갑순, 『사피엔스의 식탁』, 21세기북스, 2018

17 Heap and Duke, 〈Overview of glyphosate-resistant weeds worldwide〉, Pest
Management Science, 2018

18 국제 제초제 저항성 잡초 데이터베이스, http://www.weedscience.org/Pages/
MOA.aspx?MOAID=12

19 유엔기후변화협약UNFCCC, https://di.unfccc.int/detailed_data_by_party

20 이희용, 〈이희용의 글로벌시대-보릿고개 없앤 '통일벼 아버지' 허문회〉, 《연합뉴스》,
2020.11.23

21 〈농촌에 비료품귀〉, 《매일경제》, 1973.5.22

22 (지방부), 〈비료난… 영농에 '영양실조'〉, 《동아일보》, 1974.5.23

23 이완주, 〈흙에서 시작하는 농사과학〉, 씨앗을뿌리는사람, 2018

24 국립산림과학원, 〈도시 숲의 건강을 해치는 토양산성화〉, 2008

25 성정홍, 〈논 산성화 가속 지력 쇠진/쌀생산점 한계점에〉, 《경향신문》, 1984.1.18

26 송선근, 〈과다한 비료는 '환경 학대'〉, 《동아일보》, 1999.11.3

27 세계식량기구, https://www.fao.org/faostat/en/#data/EF

28 세계식량기구, https://www.fao.org/faostat/en/#data/EP

29 농림수산식품부, 〈녹색성장, 친환경농식품에서 답을 찾다!〉, 2011.1.17 보도자료

30 농림축산식품부, 〈친환경농산물 시장, 2020년까지 2.5조원으로 확대〉, 2016.3.10 보도
자료

31 〈채소농사지어 중간상만 배불려 청과물시장서 값조작〉, 《동아일보》, 1979.6.21

32 서울시농수산식품공사, 〈경매제 중심의 공영도매시장 거래질서 개혁 필요성〉, 2020.10

33 가락동 농산물 시세, https://www.garakprice.com

34 정혁훈, 〈경매제의 배신… '35년 독점' 가락시장 청과회사 고배당잔치〉, 《매일경제》, 2020.9.20

35 전자공시시스템, http://dart.fss.or.kr

36 식품의약품안전처, 〈2021 수입식품 등 검사연보〉, 〈2020 수입식품 등 검사연보〉

37 이지원, 〈네덜란드 시설원예산업 동향〉, 세계농업, 2015

38 Elsner et al., 〈Review of Structural and Functional Characteristics of Greenhouses in European Union Countries〉, Journal of Agricultural Engineering Research, 2000

39 통계청 농업면적 조사, https://kosis.kr/statHtml/statHtml.do?orgId=101&tblId=DT_1ET0017

40 세계식량기구, 〈Good Agricultural Practices for greenhouse vegetable production in the South East European countries〉, 2017

41 남윤일, 〈시설원예 산업의 현황과 개발전략〉, KCID Journal, 2003

42 경계영, 〈2년 7개월 만에 1600원대… 휘발윳값 2000원 시대 오나〉, 《이데일리》, 2021.7.6

43 《매일경제》, 〈지나친 잉여전력〉 1970.7.30

44 정연제, 〈농사용 전기요금 체계 개선방안 연구〉, 에너지경제연구원, 2017

45 농촌진흥청 농산물 소득조사, https://kosis.kr/statisticsList/statisticsListIndex.do?vwcd=MT_ZTITLE&menuId=M_01_01&outLink=Y&entrType=#content-group

46 조영탁, 〈생태경제와 그린 뉴딜을 말하다〉, 보고사, 2021

47 정연제·조성진, 〈농사용 전기요금 체계의 문제점 및 개선방안〉, 에너지경제연구원, 2016

48 김병욱, 〈농사·산업용 전기 불법 사용 여전〉, 《투데이에너지》, 2020.10.12

49 농촌진흥청 농산물 소득조사, https://kosis.kr/statisticsList/statisticsListIndex.do?vwcd=MT_ZTITLE&menuId=M_01_01&outLink=Y&entrType=#content-group

50 농촌진흥청, 〈시설원예〉, 2014

51 농림축산식품부 예산·기금 사업 설명자료, https://www.mafra.go.kr/mafra/325/subview.do

52 변재연, 〈농가소득 증진을 위한 농촌태양광 사업 분석〉, 국회예산정책처, 2021

53 한국환경연구원, 〈육상태양광 발전사업의 환경평가 현황과 환경적 수용성〉, 2019

54 〈경자유전의 원칙 재확립을 위한 농지법 개정 방안 모색 토론회〉 자료집, 2017

55 변재연, 〈농가소득 증진을 위한 농촌태양광 사업 분석〉, 국회예산정책처, 2021

56 2021 에너지 통계 연보, http://www.kesis.net/sub/sub_0003.jsp?M_MENU_
    ID=M_M_002&S_MENU_ID=S_M_012

57 〈농민 주도의 에너지 전환 어떻게 할 것인가〉 토론회 중에서, 2021.5.3

4장 무엇을 상상하든 그 이상! 어업의 세계

1 자크 아탈리, 『바다의 시간』, 책과함께, 2021

2 최덕근, 『지구의 일생』, 휴머니스트, 2018

3 피터 워드·도널드 브라운리, 『지구의 삶과 죽음』, 지식의숲, 2006

4 윤지로, 〈연료·환경보전 '두 토끼'… '녹조라떼' 미세조류의 재발견〉, 《세계일보》,
   2018.10.11

5 Simon Poulton, 〈Earth's 'boring billion' years of stagnant, stinking oceans
   might actually have been rather dynamic〉, The Conversation, 2019.7.26

6 최덕근, 『지구의 일생』, 휴머니스트, 2018

7 조천호, 『파란하늘 빨간지구』, 동아시아, 2019

8 NASA-The Slow Carbon Cycle, https://earthobservatory.nasa.gov/features/
   CarbonCycle/page2.php

9 IPCC, 〈제6차 보고서 제1 실무그룹 보고서〉의 Figure 5.12

10 Fry et al., 〈Feed conversion efficiency in aquaculture: do we measure it cor-
    rectly?〉, Environmental Research Letters, 2018

11 ANN GIBBONS, 〈The World's First Fish Supper〉, Science Magazine, 2010. 6.1

12 O'Connor et al., 〈Pelagic Fishing at 42,000 Years Before the Present and the
    Maritime Skills of Modern Humans〉, Science, 2011

13 Charles Q. Choi, 〈World's Oldest Fish Hooks Show Early Humans Fished
    Deep Sea〉, Live Science, 2011.11.25

14 브리태니커 백과사전, https://www.britannica.com/technology/ship/
    The-steamboat

15 자크 아탈리, 『바다의 시간』, 책과함께, 2021

16 타이타닉 팩트, https://titanicfacts.net/titanic-ship

17 Encyclopedia Titanica, https://www.encyclopedia-titanica.org/community/threads/titanics-proposed-coal-consumption.17843

18 David Lagesse, 〈Last U.S. Coal-Fired Steamship Sails On, Aiming for a Cleaner Wake〉, National Geographic, 2014.7.10

19 Nishan Degnarain, 〈What Is Heavy Fuel Oil, And Why Is It So Controversial? Five Killer Facts〉, Forbes, 2020.8.14

20 Tickler et al., 〈Far from home: Distance patterns of global fishing fleets〉, Science Advances, 2018

21 세계식량기구, Global Capture Production 1950-2019 https://www.fao.org/fishery/statistics-query/en/capture/capture_quantity

22 Pauly and Zeller, 〈Catch reconstructions reveal that global marine fisheries catches are higher than reported and declining〉, Nature Communications, 2016

23 세계식량기구, Global Capture Production 1950-2019 https://www.fao.org/fishery/statistics-query/en/capture/capture_quantity

24 Tickler et al., 〈Far from home: Distance patterns of global fishing fleets〉, Science Advances, 2018

25 세계식량기구, https://www.fao.org/3/W3244E/w3244e09.htm

26 Muir, 〈Fuel and energy use in the fisheries sector〉, FAO, 2015

27 해양수산부, 〈제1차 수산 식품산업육성 기본계획〉, 2021

28 Sumaila et al., 〈Updated estimates and analysis of global fisheries subsidies〉, Marine Policy, 2019

29 서울특별시·서울연구원, 〈서울시 수송부문 에너지 사용 현황〉, 2020

30 국민권익위원회, 〈농·임·어업용 면세유 공급·관리의 사각지대 해소〉, 2021.5.24

31 해양수산부 수산정책과 답변. 여기서 면세유는 수협을 통해 공급되는 것을 의미. 원양어선도 면세유를 사용하나 수협을 통해 공급받지 않음.

32 e나라지표 어업생산통계 및 어류양식현황조사, https://www.index.go.kr/potal/main/EachDtlPageDetail.do?idx_cd=2748

33 에너지 전환포럼, 〈전기요금 정상화-이행 방안과 과제〉 토론회, 2020

34 세계식량기구, 〈Greenhouse gas emissions from aquaculture A life cycle as-

sessment of three Asian systems〉, 2017

35 MacLeod et al., 〈Quantifying greenhouse gas emissions from global aquaculture〉, Scientific Reports, 2020

36 한국농촌경제연구원, 〈2019 식품수급표〉, 2020

37 관세청 수출입 무역통계, https://unipass.customs.go.kr/ets(HS코드 03에 해당)

38 전자공시시스템, http://dart.fss.or.kr, 사조산업, 〈사업보고서〉

5장 어떻게 기를 것인가

1 이도헌, 『나는 돼지농장으로 출근한다』, 스마트북스, 2016

2 손효림, 〈"남들이 다 가는 길 무슨 재미… 돈 불리다 돈 키우고 있어요"〉, 《동아일보》, 2016.10.10

3 AHDB, 〈2020 pig cost of production in selected countries〉, 2021

4 대한한돈협회, 〈2020년 전산성적 2022년 수급전망〉, 2021

5 환경부, 〈2020년 유기성폐자원 바이오가스화시설 현황〉, 2021

6 박하늘, 〈퇴비부숙도 검사 의무화… 과태료 최대 200만원〉, 《농민신문》, 2021.3.27

7 농사로, http://www.nongsaro.go.kr/portal/ps/psg/psga/psgaa/exhstwonUnitCalc.ps?menuId=PS03232

8 조선왕조실록, http://sillok.history.go.kr

9 Kessel et al., 〈Climate, duration, and N placement determine N2O emissions in reduced tillage systems: a meta-analysis〉, Global Change Biology, 2012

10 Ula Chrobak, 〈The world's forgotten greenhouse gas〉, BBC, 2021.6.4

11 김숙진 외, 〈벼 재배 시 경운 및 재배방법에 의한 메탄발생 양상〉, 한국작물학회지, 2016

12 김건엽 외, 〈논에서 SRI 물 관리 방법을 적용한 온실가스 저감 효과〉, 한국토양비료학회지, 2012

13 Karl Plume, 〈Farmers struggle to break into booming carbon-credit market〉, 로이터, 2021.4.28

14 김지강, 〈탄소 잡는 '탄소농업'〉, 《조선일보》, 더나은미래, 2021.7.6

15 김원, 〈저탄소 농가 고작 0.5% 불과〉, 《환경일보》, 2021.10.21(국회 농림축산식품해양수산위원회 이원택 의원실 자료)

16 류츠신, 『삼체-3부』, 자음과모음, 2020

17 아만다 리틀, 『인류를 식량 위기에서 구할 음식의 모험가들』, 세종서적, 2021

18 Mark Crumpacker, 〈A Look Back at the Amazing History of Greenhouses〉, 미디엄, 2019.6.28 포스트

19 농사로, http://www.nongsaro.go.kr/portal/ps/psx/psxa/mlrdCurationDtl. ps?menuId=PS03974&curationNo=357&totalSearchYn=Y

20 Yoon and Woudstra, 〈Advanced Horticultural Techniques in Korea: The Earliest Documented Greenhouses〉, Garden History, 2007

21 이강오, 《즐거운 농업의 시작, 스마트팜 이야기》, 넥센, 2019

22 전자공시시스템, http://dart.fss.or.kr

23 Adrian Higgins, 〈Growing the future〉, 워싱턴 포스트, 2018.11.6

24 미시간주립대, https://www.canr.msu.edu/profiles/dr_erik_runkle/cell

25 전력데이터 개방 포털시스템, https://bigdata.kepco.co.kr/cmsmain.do?scode=S01&p-code=main&pstate=L&redirect=Y

26 Andrew Jenkins, 〈Food security: vertical farming sounds fantastic until you consider its energy use〉, The conversation, 2018.9.10

27 France24, 〈Giant vertical farm opens in Denmark〉, AFP기사 재인용, 2020.12.7

28 노르딕 하베스트, https://www.nordicharvest.com

29 한국석유공사, 〈연도별 어업관련 연간 석유소비량〉, 2021(직접 받음)

30 통계청, 업종별 선령별 어선 척수, https://kosis.kr/statHtml/statHtml.do?orgId=146&t-blId=DT_MLTM_5002642

31 편상욱, 〈낚시 어선 불법증축 조선소 대표·선주 17명 검거〉, sbs, 2014.9.15

32 구석찬, 〈'세월호식' 불법 증축 무더기 적발…여전한 안전불감증〉, Jtbc, 2015.10.28

33 국토교통부, 2022년 2월 자동차 등록현황, http://stat.molit.go.kr/portal/cate/stat-FileView.do?hRsId=58&

34 국토교통부, 〈21년말기준 자동차 등록대수 2,491만 대… 전기차 신규등록 10만 대 돌파〉, 2022.1.28 보도자료

35 Heller and Keoleian, 〈Beyond Meat's Beyond Burger Life Cycle Assessment〉, Center for Sustainable Systems University of Michigan, 2018

36 Saget et al., 〈Comparative life cycle assessment of plant and beef-based patties, including carbon opportunity costs〉, Sustainable Production and

Consumption, 2021

37 Springmann et al., 〈Options for keeping the food system within environ-
mental limits〉, Nature, 2018

38 Daphne Ewing-Chow, 〈Not all 'meatless meats' are good for your health or
the environment〉, 《포브스》, 2020.6.28

나가며 | 어떻게 먹을 것인가

1 데버러 럽턴, 『음식과 먹기의 사회학』, 한울아카데미, 2015

2 애덤 고프닉, 〈식탁의 기쁨〉, 책읽는수요일, 2014

3 《매일경제》, 〈분식의 총아 식량난해결의 역군 '삼양라면'〉, 1967.6.3

4 《동아일보》, 〈식생활개선의 몸부림 '혼·분식 장려'〉, 1971.8.9

5 김재민 외, 『대한민국 돼지산업사』, 팜커뮤니케이션, 2019

6 허정, 〈상식의 허실 건강-돼지고기는 쇠고기에 뒤지지 않는다〉, 《조선일보》, 1973.12.14
기고

7 김재민 외, 『대한민국 돼지산업사』, 팜커뮤니케이션, 2019

8 윤지로, 〈뜨거운 지구, 차가운 관심〉, 《세계일보》, 2019.7.22

탄소로운 식탁

초판 1쇄 발행 2022년 5월 16일
　　　8쇄 발행 2024년 10월 15일

지은이 윤지로
펴낸이 오세인 | **펴낸곳** 세종서적(주)

주간 정소연 | **편집** 박혜정
표지 디자인 co*kkiri | **본문 디자인** 김미령
마케팅 조소영 | **경영지원** 홍성우
인쇄 탑프린팅 | **종이** 화인페이퍼

출판등록　　1992년 3월 4일 제4-172호
주소　　　　서울시 광진구 천호대로132길 15, 세종 SMS 빌딩 3층
전화　　　　(02) 775-7011
팩스　　　　(02)776-4013
홈페이지　　www.sejongbooks.co.kr
네이버 포스트　post.naver.com/sejongbooks
페이스북　　www.facebook.com/sejongbooks
원고모집　　sejong.edit@gmail.com

ISBN 978-89-8407-981-6　03330

• 이 책은 한국여성기자협회의 후원을 받아 저술출판되었습니다.
• 잘못 만들어진 책은 바꾸어드립니다.
• 값은 뒤표지에 있습니다.